AMERICAN FRIENDS OF YESHIVAT KIRYAT ARBA

Dedicate this Sefer
to the memory of those who gave
their lives על קידוש ה׳ during the
"Intifada" - Recent Arab Uprisings

Their dedication to Eretz Yisrael and
Am Yisrael is an inspiration to us all

ה׳ יצרור את נפשם בצרור החיים

115 West 28 Street, Suite 4F
New York, New York, 10001
Tel: (212) 465-1355

מגילת אסתר

•

מקראות גדולות

ESTHER

מקראות

אסתר

תורגם מחדש לאנגלית

מתורגם ומבואר עם כל דבורי רש"י
ולקט המפרשים על ידי
הרב אברהם י. ראזענברג

הוצאת יודאיקא פרעסס
נו יורק • תשנ"ב

ESTHER

A NEW ENGLISH TRANSLATION

TRANSLATION OF TEXT, RASHI
AND COMMENTARY BY
Rabbi A. J. Rosenberg

THE JUDAICA PRESS
New York • 1992

ISBN 1-880582-00-7

Manufactured in the United States of America

CONTENTS

Lovingly dedicated
to the memory
of

דאבע לאה ויצחק אייזיק שולמאן ע״ה

Dr. and Mrs. Irving Shulman ע״ה
of Bayonne, New Jersey

דֹּרֵשׁ טוֹב לְעַמּוֹ וְדֹבֵר שָׁלוֹם לְכָל זַרְעוֹ (אסתר י:ג)

Their lives epitomized dedication
to family and Jewish community welfare.

With heartfelt gratitude from
their children and grandchildren

Shifra and Ezra Hanon
Vivian and Yale Shulman
Syma and Jerry Levine
Sandra and Ira Greenstein
Carole and Elliot Steigman
Andrea and Ronald Sultan
Gayle and David Newman
Vickie and Elliot Shulman

and Families

RABBI MOSES FEINSTEIN
455 F. D. R. DRIVE
New York 2, N. Y.
ORegon 7-1222

משה פיינשטיין
ר"מ תפארת ירושלים
בנוא יארק

בע"ה

הנה ידוע ומפורסם טובא בשער בת רבים ספרי הוצאת יודאיקא פרעסס על תנ"ך שכבר יצא לאור על ספרי יהושע ושמואל ועכשיו בחסדי השי"ת סדרו לדפוס ג"כ על ספר שופטים והוא כולל הפירושים המקובלים בתנ"ך הנקוב בשם מקראות גדולות ועל זה הוסיפו תרגום אנגלית שהוא השפה המדוברת במדינה זו על פסוקי תנ"ך וגם תרגום לפרש"י מלה במלה עם הוספות פירושים באנגלית הנצרכים להבנת פשוטו של קרא והכל נערך ע"י תלמידי היקר הרב הגאון ר' אברהם יוסף ראזענבערג שליט"א שהוא אומן גדול במלאכת התרגום, והרבה עמל השקיע בכל פרט ופרט בדקדוק גדול, וסידר את הכל בקצור כדי להקל על הלומדים שיוכלו לעיין בנקל ואפריון נמטיה למנהל יודאיקא פרעסס מהור"ר יעקב דוד גאלדמאן שליט"א שזוכה ומזכה את הרבים בלימוד התנ"ך שמעורר לומדיה לאהבה וליראה את שמו הגדול ולהאמין בו ובעבדיו הנביאים שהוא יסוד ושורש בעבודתו יתברך ואמינא לפעלא טבא יישר ויתברכו כל העוסקים בכל ברכות התורה וחכמינו ז"ל בברוך אשר יקים את דברי התורה הזאת.

וע"ז באתי עה"ח ביום ה' שבט תשמ"ה

משה פיינשטיין

PREFACE

This volume, the Book of Esther, or Megillath Esther, is translated according to *Rashi*'s commentary. In addition to the translation of the text, *Rashi* is translated verbatim. We have also drawn from *Ibn Ezra* and the *Targum*, which appear in the *Mikraoth Gedoloth* edition of the *Chumash*, or Pentateuch.

After these standard commentaries, we have quoted *Targum Sheni*, an extensive, paraphrased account of the narrative, in addition to much background material. We have also drawn from *Midrash Abba Gurion*, *Midrash Lekah Tov*, the commentaries of such medieval scholars as Rabbi Isaiah da Trani, and Rabbi Eleazar of Worms, and modern commentators including the *Malbim* and the *Gra*.

We have also enclosed a diagram of Ahasuerus's palace, showing the location of Esther's quarters in the house of the women, from where she could approach Ahasuerus only by way of the forbidden inner court, whereas Haman had easy access to Ahasuerus's throne room by way of the outer court.

We hope that this volume will enhance the reader's understanding of the narrative and the observance of the festival of Purim.

We wish to thank Lewin-Epstein Publishers of Jerusalem for permission to use their Hebrew edition of the Five Megilloth.

We also wish to thank the following who have contributed unstintingly to the editorial and typographical aspect of this volume: Michael Brown, Aaron Friedman, and Chava Shulman.

A. J. R.

DIAGRAM OF AHASUERUS'S ROYAL PALACE

Revealed in an archeological dig directed by French engineer M. Dieulafoy and described in the book *Kadmoniyoth* by Aharon Marcus

DIAGRAM OF AHASUERUS'S ROYAL PALACE

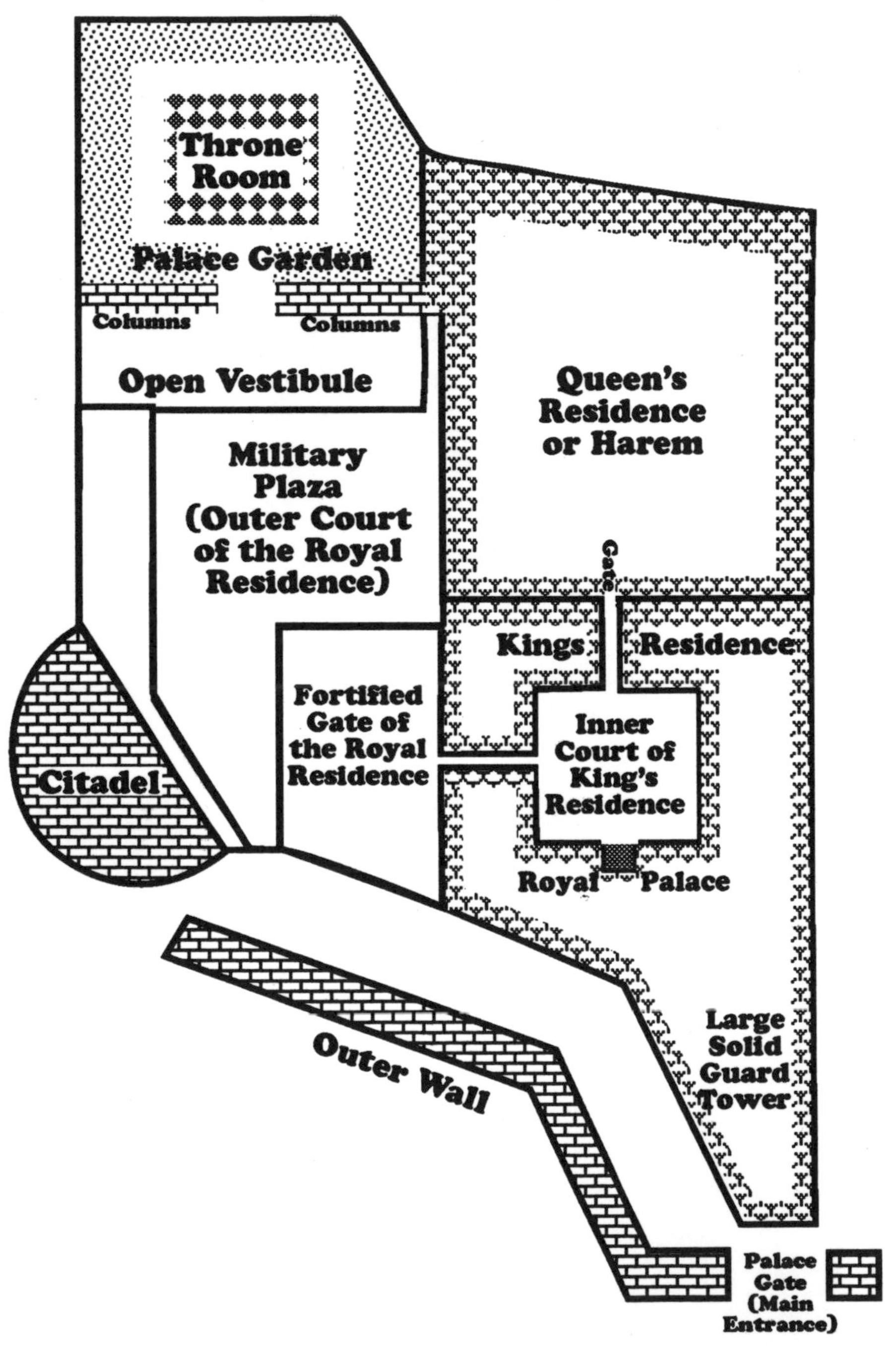

INTRODUCTION

INTRODUCTION

I. Authorship

It is stated explicitly in the text (9:20) that the Book, or Scroll of Esther, was written by Mordecai, and rewritten in collaboration with Queen Esther (ibid. 29). The Talmud *(Bava Bathra 15a)* states that it was authored by the Men of the Great Assembly, either referring to Mordecai, who was one of its members, or suggesting that the entire body subsequently edited the Book prior to its canonization. According to Rashi (9:20), Mordecai wrote the Megillah in its present form, and (ibid. 32), Esther requested of the Sages to commemorate her for all generations by incorporating the Book with the Holy Writings.

According to Akedath Yizhak, Esther requested of the Sages to copy the story of the miracle of Purim from the book of the chronicles of the kings of Persia and Media. According to Ibn Ezra, the narrative was copied from the Jewish document to the chronicles of the kings of Persia and Media.

II. Divine Character

The Talmud *(Meg. 7a)* states: The Scroll of Esther was written with divine inspiration. Many phrases in the Book are presented as evidence of its divine origin. Rabbi Eliezer bases this premise on (6:6): "and Haman said to himself." (i.e., How would the writer know Haman's private thoughts?) Rabbi Akiva bases it on (2:15): "and Esther obtained grace in the eyes of all who beheld her." (The question is, how could an ordinary writer perceive everyone's personal thoughts?) Rabbi Meir bases it on (ibid. 22): "And the matter became known to Mordecai, and he told [it] to Queen Esther," meaning that he became aware of the plot to assassinate the king through the divine spirit. Rabbi José ben Durmaskith bases it on (9:15): "but on the spoils they did not lay their hands." (How did the writers know what had transpired in the distant provinces?)

Samuel, a rabbi of a later generation, suggests a different proof. "Had I been there," says Samuel, "I would have given a reason that is superior to them all: (9:27) 'The Jews ordained and took upon themselves,' means that they ordained above that which they took upon themselves below." The Rabbis lauded Samuel's proof over those of all his predecessors. Rava goes so far as to state, "They can all be refuted, with the exception of Samuel's, which cannot be refuted."

Rabbi Eliezer's proof can be refuted because it can logically be inferred that Haman was thinking these thoughts since there was no one as esteemed by the

king as he, and all the good that he suggested was only for himself. Rabbi Akiva's proof can be refuted because it was known that every person who saw her thought that Esther was of his nationality, and they stated so. We can therefore assume that each one liked her. Rabbi Meir's proof can be refuted according to Rabbi Hiyya bar Abba, who says that Bigthan and Teresh were two Tarseans and were conversing in Tarsean, which, unknown to the plotters, Mordecai understood.

Rabbi José ben Durmaskith's proof can also be refuted. Perhaps a messenger was sent from whom they received the information. Samuel's proof, however, cannot be refuted. [Apparently, the superfluous language is what gave Samuel the idea that "they ordained above what they took upon themselves below," i.e., the heavenly tribunal approved of the Jews' taking upon themselves the observance of the Purim festival.]

Akedath Yizhak writes that the authors of Esther copied it from the chronicles of the kings of Persia and Media. Divine inspiration directed them to select only authentic material and to reject all other material. However, he does not mean that the divine inspiration was limited to helping them select authentic material from spurious material. They were also inspired to write original material, as is evidenced from the Talmudic passage quoted above.

III. Position In Canon

According to the Talmud *(Bava Bathra 14b)*, Esther follows Daniel and precedes Ezra. This order is chronological, since Daniel flourished during the reigns of Nebuchadnezzar, Belshazzar, Darius, and Mordecai and Esther flourished during the reign of Ahasuerus, and Ezra flourished during the reign of Darius II, Ahasuerus's successor. In printed copies of the Bible, the entire Five Scrolls precede Daniel, Esther being the last one. Perhaps this order was adopted in order to keep all five scrolls together since they are all read as part of the liturgy. The basis for this supposition is that they appear according to their use in the calendar year, commencing with the Song of Songs, which is recited on Passover, Ruth, recited on Shavuoth, Lamentations, recited on the Ninth of Av, Ecclesiastes, recited on Succoth, and finally, Esther, recited on Purim.

IV. Position In Liturgy

As mentioned above, the Book of Esther is read in the synagogue on the festival of Purim. [If one cannot attend the synagogue, he is obligated to read it at home from a duly qualified parchment scroll, or listen to someone else reading it.] As is the ruling of the Talmud *(Meg. 4a)* in the name of Rabbi Joshua ben Levi, one is required to read it twice, once at night and once during the day. However, the importance of the night reading is secondary to that of the day.

The Tosafists (ad loc. s.v. חייב) rule that the principal reading is that of the day. Consequently, although a person has already read the Megillah at night, he must nevertheless repeat the blessing שֶׁהֶחֱיָנוּ before the reading by day because

he has not yet fulfilled the main commandment of the reading of the Megillah.

Responsa *Noda Biyhudah* (vol.1:41) and *Turei Even* go a step further and explain that only the morning reading was ordained by the Men of the Great Assembly and alluded to in the Book of Esther. The evening reading, however, was ordained by the Rabbis of the Talmud and does not possess the stringency of a Biblical law, but that of a Rabbinic enactment.

Responsa *Binyan Shlomo*, ch. 58, goes still further and writes that the obligation to read the Megillah at night was not an enactment of the Rabbis of the Mishnah, but originated with Rabbi Joshua ben Levi to commemorate the prayers that the people prayed day and night to God to save them from their straits.

V. The Omission of God's Name

A unique feature of the Book of Esther is the omission of God's name. Even where it is obvious that the author is referring to Divine Providence, he takes pains to avoid mentioning God's name. Several reasons are suggested for this peculiarity. The most popular is that of Abraham Ibn Ezra. He maintains that our Book was originally written by Mordecai to be sent to the Jews of all the provinces and was subsequently copied by the Persians and incorporated into the annals of their kings. Lest the latter substitute the name of their pagan deity for the Divine Name, as indeed the Cutheans did when they substituted the name of Ashima for God's name in the account of the Creation, he omitted it entirely, giving the narrative the semblance of a secular account of a nation narrowly escaping annihilation and proclaiming a festival to commemorate their deliverance. Since the Book recorded in the canon is a copy of these letters, it remains without any mention of God's name.

Akedath Yizhak suggests two other reasons. In the introduction, he states that the Men of the Great Assembly, in compliance with Esther's request, copied the narrative from the annals of the kings of Persia and Media. Since it was a copy of a non-Jewish document, the Divine Name was not present.

At the end of the commentary, he writes the following: And what appears to me as the solution of the difficulty of why Mordecai and Esther did not write the name of the Holy One, blessed be He, is in brief, as follows: As the Rabbis say *(Gen. Rabbah 84)*: Why did Isaac not reveal to Jacob that his son Joseph had been sold, since it seems to me that he was aware of it? The reason is that he argued: If the Holy One, blessed be He, Who reveals secrets, desired that he should know, He would surely have revealed it to him, since He spoke also to him. It appears to me to be the same in the case of the Book of Esther. Since there were still three prophets in the exile (Haggai, Zechariah, and Malachi), God would have publicized the miraculous nature of the Purim story through them had He so desired. It appears that for some reason, He wished to keep it a secret, perhaps to teach us that there are hidden miracles which God reveals only to the wise. Mordecai and Esther followed suit and did not write God's name explicitly but alluded to it. Now you may ask, "Was not the Book of

Esther written with divine inspiration?" Indeed it was, but the Divine Name was omitted because the incident took place through a hidden miracle, as explained above.

Based on this principle, the Kabbalists found many instances of the Divine Name hidden in the Megillah, either in the first letters of four consecutive words or in the last letters of four consecutive words, to show that God was indeed hiding in the words of the Megillah and directing the acts of the Purim story. A few instances of this phenomenon are as follows:

(1:20) הִיא וְכָל הַנָּשִׁים יִתְּנוּ This was from God, as the Rabbis said that were it not for these words, [which demonstrated Ahasuerus's foolishness, since any man is the boss in his house], there would be no remnant left of Israel.—[*Rokeach*]

(2:5) יְהוּדִי הָיָה יְהוּדִי הָיָה God's name is hinted at from both sides.—[*Rokeach*]

(5:4) יָבוֹא הַמֶּלֶךְ וְהָמָן הַיּוֹם For God put His mind to the matter, so to speak.—[*Rokeach*] Esther came to Haman with the power of the Ineffable Name, to overpower Haman and destroy him from the world.—[*Kad Hakemach*]

(5:13) זֶה אֵינֶנּוּ שֹׁוֶה לִי Haman's intention was: I do not care for the Holy One, blessed be He.—[*Rokeach*] Although Haman knew that the power of Israel is the Supreme Power, he despised the matter and hardened his heart, saying, "I do not care about all this."

(7:7) כִּי כָלְתָה אֵלָיו הָרָעָה This means that evil was decided against him by the King of the universe.

In many congregations, the reader reads these groups of words quickly to show that they have special significance.

OUTLINE

OUTLINE OF ESTHER

I. Ahasuerus's feast (ch. 1)
- A. Feast for the nobles and dignitaries (verses 1-4)
- B. Feast for the people of Shushan (verses 5-22)
  1. Vashti's refusal to appear before the multitude (verses 9-12)
  2. Vashti's death sentence and the king's decree (verses 13-22)

II. The search for a new queen (2:1-19)
- A. Suggestion to appoint officers to search for a new queen (verses 1-4)
- B. Mordecai and Esther in Shushan (verses 5-7)
- C. Esther taken to the king (verses 8-16)
- D. Ahasuerus's choice of Esther (verses 17-20)

III. Assassination plot of Bigthan and Teresh (2:21-23)

IV. Haman's promotion and decree against the Jews (ch. 3)
- A. Haman's promotion and Mordecai's refusal to bow to him (verses 1-5)
- B. Haman's plot to destroy the Jews (verses 6-15)

V. Mordecai's and Esther's plan to avert the calamity (ch. 4)

VI. Esther's appearance to Ahasuerus and her banquet (5:1-8)

VII. Haman's plan to hang Mordecai (verses 9-14)

VIII. Mordecai's honor (ch. 6)

IX. Esther's confrontation with Haman at the second banquet and Haman's downfall (ch. 7)

X. The new decree in favor of the Jews (8:1-14)

XI. Mordecai's honor and the Jews' joy (verses 15-17)

XII. Execution of the decree and proclamation of the festival (ch. 9)

XIII. Conclusion (ch. 10)

BLESSINGS BEFORE AND AFTER READING THE MEGILLAH

BLESSINGS BEFORE READING THE BOOK OF ESTHER

Before reading the Megillah, the following blessings are said.

Blessed are You, Lord our God, King of the Universe, Who has sanctified us with His commandments, and commanded us concerning the reading of the Megillah.

בָּרוּךְ אַתָּה יְהֹוָה אֱלֹהֵינוּ מֶלֶךְ הָעוֹלָם, אֲשֶׁר קִדְּשָׁנוּ בְּמִצְוֹתָיו, וְצִוָּנוּ עַל־מִקְרָא מְגִלָּה:

Blessed are You, Lord our God, King of the Universe, Who performed miracles for our fathers in days of old, at this season.

בָּרוּךְ אַתָּה יְהֹוָה אֱלֹהֵינוּ מֶלֶךְ הָעוֹלָם, שֶׁעָשָׂה נִסִּים לַאֲבוֹתֵינוּ בַּיָּמִים הָהֵם בַּזְּמַן הַזֶּה:

Blessed are You, Lord our God, King of the Universe, Who has kept us in life, and has preserved us, and has enabled us to reach this season.

בָּרוּךְ אַתָּה יְהֹוָה אֱלֹהֵינוּ מֶלֶךְ הָעוֹלָם, שֶׁהֶחֱיָנוּ וְקִיְּמָנוּ וְהִגִּיעָנוּ לַזְּמַן הַזֶּה:

BLESSINGS AFTER READING THE BOOK OF ESTHER.

After reading the Megillah, the reader says:

Blessed are You, Lord our God, King of the Universe, Who champions our cause, and judges our claim, and Who wreaks vengeance for us, and Who metes out retribution upon all our mortal enemies, and Who punishes our oppressors for us. Blessed are You, Lord, Who punishes for His people Israel all their oppressors, O redeeming God.

בָּרוּךְ אַתָּה יְהֹוָה אֱלֹהֵינוּ מֶלֶךְ הָעוֹלָם, הָרָב אֶת רִיבֵנוּ, וְהַדָּן אֶת דִּינֵנוּ, וְהַנּוֹקֵם אֶת נִקְמָתֵנוּ, וְהַמְשַׁלֵּם גְּמוּל לְכָל־אֹיְבֵי נַפְשֵׁנוּ, וְהַנִּפְרָע לָנוּ מִצָּרֵינוּ. בָּרוּךְ אַתָּה יְהֹוָה, הַנִּפְרָע לְעַמּוֹ יִשְׂרָאֵל, מִכָּל צָרֵיהֶם, הָאֵל הַמּוֹשִׁיעַ:

The following paragraph is said in the evening only.

Who foiled the counsel of the nations and frustrated the plans of the cunning. When a wicked man arose against us, a scion of wickedness of the seed of Amalek. He was haughty with his wealth and dug himself a pit, and his own greatness ensnared him. He designed to trap but was trapped, he designed to destroy but was quickly destroyed. Haman displayed the hatred of

אֲשֶׁר הֵנִיא עֲצַת גּוֹיִם, וַיָּפֶר מַחְשְׁבוֹת עֲרוּמִים: בְּקוּם עָלֵינוּ אָדָם רָשָׁע, נֵצֶר זָדוֹן מִזֶּרַע עֲמָלֵק: גָּאָה בְעָשְׁרוֹ, וְכָרָה לוֹ בּוֹר, וּגְדֻלָּתוֹ יָקְשָׁה לּוֹ לָכֶד: דִּמָּה בְנַפְשׁוֹ לִלְכֹּד, וְנִלְכַּד. בִּקֵּשׁ לְהַשְׁמִיד, וְנִשְׁמַד מְהֵרָה: הָמָן הוֹדִיעַ

his forefathers, and the brotherly hatred upon the children. He did not remember Saul's compassion, for thanks to his pity on Agag the foe was born. The wicked planned to cut off the righteous, and the unclean was trapped by the hands of the pure. Kindness overcame the father's error, but the wicked one added sin upon his sins. In his heart he hid his cunning thoughts and devoted himself to committing evil. He stretched forth his hand against God's holy ones, he gave his money to cut off their remembrance. When Mordecai saw that wrath had gone forth. and that Haman's decrees were issued in Shushan, He donned sackcloth and bound himself in mourning, decreed a fast and sat down in ashes. Who will rise up to atone for error, to gain pardon for our fathers' iniquity? A blossom from a palm branch; behold! Hadassah stood up to arouse the sleeping. Her servants hastened Haman to give him to drink the venom of serpents. He rose by his wealth and fell by his wickedness; he made himself a gallows and was hanged on it. All the dwellers of the earth opened their mouths, for Haman's lot was turned in our favor. The righteous was extricated from the hand of the wicked, the enemy was substituted for him. They undertook to celebrate Purim to rejoice every year. You noted the prayer of Mordechai and Esther; Haman and his sons You hanged on the gallows.

אֵיבַת אֲבוֹתָיו, וְעוֹרֵר שִׂנְאַת אַחִים לַבָּנִים: וְלֹא זָכַר רַחֲמֵי שָׁאוּל, כִּי בְחֶמְלָתוֹ עַל־אֲגָג נוֹלַד אוֹיֵב: זָמַם רָשָׁע לְהַכְרִית צַדִּיק, וְנִלְכַּד טָמֵא, בִּידֵי טָהוֹר: חֶסֶד גָּבַר עַל שִׁגְגַת אָב, וְרָשָׁע הוֹסִיף חֵטְא עַל־חֲטָאָיו: טָמַן בְּלִבּוֹ, מַחְשְׁבוֹת עֲרוּמָיו, וַיִּתְמַכֵּר לַעֲשׂוֹת רָעָה: יָדוֹ שָׁלַח בִּקְדוֹשֵׁי אֵל, כַּסְפּוֹ נָתַן לְהַכְרִית זִכְרָם: כִּרְאוֹת מָרְדְּכַי, כִּי יָצָא קֶצֶף, וְדָתֵי הָמָן נִתְּנוּ בְשׁוּשָׁן: לָבַשׁ שַׂק וְקָשַׁר מִסְפֵּד, וְגָזַר צוֹם, וַיֵּשֶׁב עַל הָאֵפֶר: מִי זֶה יַעֲמֹד לְכַפֵּר שְׁגָגָה, וְלִמְחֹל חַטַּאת עֲוֹן אֲבוֹתֵינוּ: נֵץ פָּרַח מִלּוּלָב, הֵן הֲדַסָּה עָמְדָה לְעוֹרֵר יְשֵׁנִים: סָרִיסֶיהָ הִבְהִילוּ לְהָמָן, לְהַשְׁקוֹתוֹ יֵין חֲמַת תַּנִּינִים: עָמַד בְּעָשְׁרוֹ, וְנָפַל בְּרִשְׁעוֹ, עָשָׂה לוֹ עֵץ, וְנִתְלָה עָלָיו: פִּיהֶם פָּתְחוּ כָּל יוֹשְׁבֵי תֵבֵל, כִּי פוּר הָמָן נֶהְפַּךְ לְפוּרֵנוּ: צַדִּיק נֶחֱלַץ מִיַּד רָשָׁע, אוֹיֵב נִתַּן תַּחַת נַפְשׁוֹ: קִיְּמוּ עֲלֵיהֶם לַעֲשׂוֹת פּוּרִים, וְלִשְׂמֹחַ בְּכָל שָׁנָה וְשָׁנָה: רָאִיתָ אֶת תְּפִלַּת מָרְדְּכַי וְאֶסְתֵּר, הָמָן וּבָנָיו עַל הָעֵץ תָּלִיתָ:

The following is said both in the evening and in the morning.

The Jews of Shushan shouted and rejoiced, when they jointly saw Mordecai's blue robes. You were their salvation forever and their hope throughout all generations, to let know that all who hope in You will not be ashamed forever, neither will those who take shelter in You be humiliated to eternity. Cursed be Haman, who sought to destroy me; blessed be Mordecai the Jew. Cursed be Zeresh, the wife of him who frightened me; blessed be Esther, my protectress, and may Harbonah, too, be remembered for good.

שׁוֹשַׁנַּת יַעֲקֹב, צָהֲלָה וְשָׂמֵחָה, בִּרְאוֹתָם יַחַד תְּכֵלֶת מָרְדְּכָי: תְּשׁוּעָתָם הָיִיתָ לָנֶצַח וְתִקְוָתָם בְּכָל דּוֹר וָדוֹר: לְהוֹדִיעַ, שֶׁכָּל־קֹוֶיךָ לֹא יֵבֹשׁוּ, וְלֹא־יִכָּלְמוּ לָנֶצַח כָּל הַחוֹסִים בָּךְ: אָרוּר הָמָן אֲשֶׁר בִּקֵּשׁ לְאַבְּדִי, בָּרוּךְ מָרְדְּכַי הַיְּהוּדִי. אֲרוּרָה זֶרֶשׁ, אֵשֶׁת מַפְחִידִי, בְּרוּכָה אֶסְתֵּר בַּעֲדִי, וְגַם חַרְבוֹנָה זָכוּר לַטּוֹב:

מגילת אסתר

●

מקראות גדולות

Esther

א

א וַיְהִי בִּימֵי אֲחַשְׁוֵרוֹשׁ הוּא אֲחַשְׁוֵרוֹשׁ הַמֹּלֵךְ

תו"א ויהי בימי אחשורוש. מגילה פ"א: הוא אחשורוש המלך. שם:

תרגום

א ויהי והוה ביומי אחשורוש הוא אחשורוש דביומוהי בטילת עבידת בית אלהנא רבא והות בטילא עד שנת תרתין לדריוש בגין עטיתא דושתי חייבתא ברתיה דאויל מרודך בר נבוכדנצר ועל דלא שבקת למבני ית בית מוקדשא אתגזר עלה לאתקטלא ערטילתא ואוף איהו על דצית לעיטא אתקצרו יומוהי ואתפליג מלכותיה דמן קדמת דנא הוון כל עממיא אומיא ולישניא ואפרכיא כבישן תחות ידוי וכען לא אשתעבדו ליה מן בגלל הכי ובתר כדון אתגלי קדם יי דעתידא ושתי לאתקטלא ועתיד הוא למסב ית אסתר דהיא מבנת שרה דחיית מאה ועשרין ושבע שנין אתיהבת ליה ארכא ומלך מן הנדיא רבא ועד כוש מן מדינחא דהנדיא רבא ועד מערבא דכוש מאה ועשרין ושבע פלכין: תוספתא חמשה כתיב בהון ויהי לישנא דוי ואלו אינון ויהי בימי אמרפל דאתכנשו מלכין ולא הוה ריבא וחרבא בעלמא עד דאתא אמרפל ויהי בימי שפוט השופטים וכל ני הוה ביומיהון ומן ני הוה מטול דהוה כפנא בארעא דכתיב ויהי רעב בארץ ויהי בימי אחז ני הוה ביומוי ומן ני הוה דכתיב עלה רצין מלך ארם ומה כתיב בתריה נעלה ביהודה ונקיצנה מכאן אתה למד כולהון דכתיב ויהי בימי לישנא דוי והוה מן יומי עלמא מן שנין קדמיתא כד הוו צקן אהיין על בית ישראל הנן מצלן קדם אבוהון דבשמיא ועני יתהון דכתיב ויהי עד לא יקרון אנא

רש"י

(א) ויהי בימי אחשורוש. מלך פרס א היה שמלך תחת כורש לסוף שבעים שנה של גלות בבל: הוא אחשורוש. הוא ברשעו ב מתחלתו ועד סופו: המלך. שמלך מעצמו ג ולא היה מזרע המלוכה: מהודו ועד כוש וגו'. המולך על מאה ועשרים ושבע מדינות כמו שמלך מהודו ועד כוש שעומדים זה ד אצל זה וכן (מלכים א ה) כי הוא רודה בכל עבר הנהר מתפסח ועד עזה שהיה רודה בכל עבר הנהר כמו שהוא רודה מתפסח עד עזה:

שפתי חכמים

א דק"ל איזה אחשורוש ה"א אם אביו של דריוש הראשון זה לא היה מלך והם בני של דריוש אם כן מתי היה מלכותו הלא אחר דריוש מלך כורש ונמשך מלכותו עד סוף ע' שנה שאלו מבבל ומרדכי היה מעולי גולה ובזמן המלך הזה עדיין היה מרדכי בגולה לכ"פ מלך פרס וכו'. אי נמי דק"ל למה ליה לכל הסימנים הל"ל ויהי בימי שמלך אחשורוש כשבת המלך וגו' לכ"פ מלך פרס היה ומלך תחת כורש ע"כ היה צריך להבדילו מאחשורוש אחר שהיה במלכי פרס הקודמים ואמר שזה המלך האחרון מלך מהדו ועד כוש נוסף על פרס ומדי וכ"ה דעת הרא"ב"ע ז"ל: ב דק"ל אם כוונתי רק להבדילו הל"ל רק ויהי בימי אחשורוש שמלך מהודו ועד כוש הוא ל"ל לכ"פ הוא כו': ג דק"ל הל"ל כמלך בקתן. לכ"פ המולך מעצמו וכו' וכ"כ ברבות המולך ועדיין לא מלך וכי' פורו להסבר עד עבדיו לא ירש מלכותו: ד דק"ל הרי אמר שבע ועשרים ומאה מדינה למה פ' מהודו ועד כוש לכ"פ המולך על

אבן עזרא

לְשֵׁם אֵל יֶאֱתֶה כָּל הַגְּדֻלָּה. מְאֹד הוּא נַעֲלָה עַל כָּל תְּהִלָּה.
לְאַבְרָהָם בְּנוֹ מֵאִיר יָצוּ עוֹז. אֲשֶׁר הוֹאִיל לְפָרֵשׁ הַמְּגִלָּה:

נאם אברהם הספרדי הנקרא בן עזרא אין עזרה כי אם מהשם החוקק חוקת עולם על לב המשכיל בהקיצו גם בחלום ידבר בו ובו יתמוך בהתהילו לעשות כל מעשה גם יזכרנו תמיד טרם מוצאי פיו והנה אין במגלה הזאת זכר השם והיא מספרי הקדש ורבים השיבו כי הוא ממקום אחר וזה איננו נכון כי לא נקרא השם מקום בכל ספרי הקודש רק נקרא מעון שהוא לעולם גבוה וקדמונינו ז"ל קראוהו מקום בעבור שכל מקום מלא כבודו ועוד מה טעם למלת אחר והנכון בעיני שזאת המגלה חברה מרדכי וזה טעם וישלח ספרים וכולם משנה ספר אחד שהוא המגלה כטעם כהשגן והעתיקוה הפרסיים ונכתבה בדברי הימים של מלכיהם והם היו עובדי ע"ג והיו כותבין תחת השם הנכבד והנורא שם תועבותם כאשר עשו הכותים שכתבו תחת בראשית ברא אלהים ברא אשימא והנה כבוד השם שלא יזכרנו מרדכי במגלה:

(א) ויהי בימי זה אחשורוש היה אחרי כורש וזרובבל עם הגולה בבית שני רק לא נבנה הבית ולפי דעתי שהוא *ארתחשתא וזה פירוש ובמלכות אחשורוש בתחלת מלכותו כאשר אפרש בס' עזרא וטעם ויהי בימי על כל הדברים תהלה שספר במגלה הזאת. וטעם הוא אחשורוש איננו כמו אברם הוא אברהם ויתכן שהיה במלכי פרס הקדמונים מלך שמו אחשורוש ושניהם היו מלכים על פרס ומדי רק זה אחשורוש השני מלך על מדינות אחרות שהיו כין

קיצור אלשיך

(א) ויהי בימי אחשורוש וגו'. רז"ל אמרו ויהי בימי אינו אלא צרה. בל יעלה על לב איש לדבר ולומר הנה אשר היה מבקש רעתנו היה המן הרע שביקש להשמיד וכו' ועלינו לשבח למלך אחשורוש שהטיב עמנו ואותו תלה ויתן יד ליהודים להנקם ממבקשי רעתם ואת עשרת בני המן תלה. וגם מתחלה לא פירש למלך המן הרע ההוא על איזה עם היה גוזר הגזרה הרעה ההיא רק אמר שהם ישנו עם ואולי אם היה מגלה להמלך מיד על איזה עם הוא נוזר לא מכרם לו. באופן דההוי והצרה בימים ההם לא למלך תתייחס כ"א להמן צורר היהודים. אך ההצלה והששון והשמחה אשר נהפכה לנו אח"כ היא תתייחס אל המלך כי היטב הטיב עמנו. ומה גם אחרי אשר ה' הראה לו את כל הרעה ההיא. כי מתחלה מלך על ר"מ מדינות ובבטלו עבודת בהמ"ק אבד קי"ג מדינות ולא השליטו הקב"ה מאז רק על קכ"ז מדינות הנותרות. ע"כ ירא לעשות עוד רעה לישראל. ובכן יקל בעינינו גודל נסו יתברך. כי לא מהמלך היתה שומה להשמיד את ישראל. ע"כ בא ויאמר דעו איפא כי ההוי והצרה אל אחשורוש התייחס.
כי

לקוטי אנשי שם

כפי הנראה מהפסוקים לא עשה אחשורוש המשתה להכני' השרים והפרתמים במאכלים ערבים במעדני מלכים ויין מלכות. אלא העיקר היה אלו להראות העמים והשרים את גודל עשרו. ואם היה מכריז ואומר בכל מדינותיו שכל העמים והשרים יבואו אליו לראות עשרו. בטח לא היה מי שיתעורר לבא. ע"כ היה מכריז שרוצה לעשות משתה וכולם באו לשמח לבבם ולהשתעשע כל השרים יחדו במשתה שמנים. ובעת שכולם ישבו אל המסבה בשמחה וטובי לב יראם אוצרותיו וגודל עשרו וזה יהי' לו לתפארת מלכותו ולתועלתו. שכולם יכבדוהו מחמת עשרו ויראו מלפניו. ומשמת שהי' גלוי וידוע לכל העמים את גודל ויופי העשירות שהיה בהיכל ה' ע"כ רצה אחשורוש להראות השרים והעמים שגם העושר הזה הי' ע"כ כל זמן שהיה לו עוד עושר להראות נמשכו ימי המשתה. ולאשר כלו הכלים כלו ימי המשתה. הנה איתא במדרש ובתרגום ששה תשבורות [אוצרות] הראה להם בכל יום מכלי המקדש ועשו לדרש זה שמניין מן המקרא שנאמר את עושר. כבוד. מלכותו. יקר. תפארת. גדולתו הרי ששה תיבות. ועתה צריכין אנו לדעת כמה כלים היו בכל אוצר מהששה אוצרות שהראה בכל יום. איתא במסכת שבת

1

1. Now it came to pass in the days of Ahasuerus—he was the Ahasuerus who reigned

1

1. **Now it came to pass in the days of Ahasuerus**—*He was the king of Persia who reigned instead of Cyrus at the end of the seventy years of the Babylonian exile.*—[*Rashi*] *Ibn Ezra*, too, states that Ahasuerus reigned after Cyrus during the time of the Second Temple, but the Temple was not built during his reign, as is related in the Book of Ezra (4:6). *Ibn Ezra* identifies Ahasuerus with Artahshasta, or Artaxerxes, during whose reign the construction of the Temple was suspended. This follows the view of the Sages, that this Ahasuerus was the second monarch over the united Persian empire, (i.e., from the time that Persia united with Media, which is from the death of Darius the Mede, who also reigned over the Babylonian empire). According to them, the first king was Cyrus, who sanctioned the rebuilding of the Temple, and he was succeeded by this Ahasuerus, who suspended its construction.—[*Yahel Ohr*]

Rashi (Ezra 4:7) identifies him with Cyrus, denoting that Israel's neighbors fabricated a false accusation about them and caused the construction of the Temple to be suspended already during Cyrus's reign.

The initial clause, "Now it came to pass in the days of Ahasuerus," presents some difficulty to the commentators, because this is appropriate only if Scripture is telling us the background of the following story, but in this case, the entire story revolves around Ahasuerus. *Ohr David* presents a profound insight into the story of Esther and explains that this Book teaches that it was not Ahasuerus who did evil or good to Israel, but that everything was divinely ordained, and Ahasuerus was merely "an axe in the hands of its wielder"; when Israel was condemned to annihilation, God inclined his heart to decree it, and when they repented, He inclined his heart to repeal that decree.

he was the Ahasuerus—*He was equally wicked from beginning to end.*—[*Rashi* from *Meg.* 11a] Although Ahasuerus repealed the decree to annihilate the Jews, he did not permit the resumption of the construction of the Temple.—[*Iyyun Yaakov*] Indeed, the *Targum* paraphrases: he was the Ahasuerus in whose days the work of the great Temple of our God was suspended, and it was suspended until the second year of Darius.

Ibn Ezra conjectures that there was another Ahasuerus among the ancient kings of Persia who also reigned over Persia and Media. However, he did not reign over other countries as did Ahasuerus II, the main character of the Book of Esther. Therefore, Scripture states: He was the Ahasuerus who reigned, etc. one hundred twenty-seven provinces.

מֵהֹדּוּ וְעַד־כּוּשׁ שֶׁבַע וְעֶשְׂרִים וּמֵאָה מְדִינָה׃
ב בַּיָּמִים הָהֵם כְּשֶׁבֶת | הַמֶּלֶךְ אֲחַשְׁוֵרוֹשׁ עַל כִּסֵּא
מַלְכוּתוֹ אֲשֶׁר בְּשׁוּשַׁן הַבִּירָה׃ ג בִּשְׁנַת שָׁלוֹשׁ
לְמָלְכוֹ עָשָׂה מִשְׁתֶּה לְכָל־שָׂרָיו וַעֲבָדָיו חֵיל | פָּרַס
וּמָדַי הַפַּרְתְּמִים וְשָׂרֵי הַמְּדִינוֹת לְפָנָיו׃ ד בְּהַרְאֹתוֹ

ת"א מהודו ועד כוש. שם: שבע ועשרים ומאה מדינה. שם: בימים ההם. שם: בשנת שלש למלכו. שם: חיל פרס ומדי. שם: בהראותו את עשר כבוד מלכותו. שם: ואת יקר תפארת שם:

תרגום

עֲנֵי עַד לָא יִמַלְלוּן אֲנָא אֶשְׁמַע
ב בְּיוֹמַיָּא הָאִנוּן כַּד בְּעָא מַלְכָּא אֲחַשְׁוֵרוֹשׁ לְמִיתַב עַל כּוּרְסֵי מַלְכוּתָא דִשְׁלֹמֹה דְאִשְׁתְּבָא מִן יְרוּשְׁלֵם עַל יְדוֹהִי דְשִׁישַׁק מַלְכָּא דְמִצְרַיִם וּמִמִּצְרַיִם אִשְׁתְּבָא עַל יְדוֹי דְסַנְחֵרִיב וּמִן יְדוֹי דְסַנְחֵרִיב אִשְׁתְּבָא עַל יְדוֹי דְחִזְקִיָּה יְתָב לִירוּשְׁלֵם
וְתוּב מִן יְרוּשְׁלֵם אִשְׁתְּבָא עַל יְדוֹי דְפַרְעֹה חֲגִירָא מַלְכָּא דְמִצְרַיִם וּמִמִּצְרַיִם אִשְׁתְּבָא עַל יְדוֹי דִנְבוּכַדְנֶצַּר וּנְחַת לְבָבֶל וְכַד צְדָא כוֹרֶשׁ מָדָאָה יַת בָּבֶל אַחֲתֵיהּ לְעֵילָם וּבָתַר כֵּן מְלַךְ אֲחַשְׁוֵרוֹשׁ וּבְעָא לְמִיתַּב עֲלוֹהִי וְלָא הֲוָה יָכִיל וְשַׁדַּר וְאַיְתִי אַרְדִיכְלִין מִן אַלֶכְסַנְדְרִיָּא לְמֶעְבַּד כְּוָתֵיהּ וְלָא יְכִילוּ וַעֲבָדוּ אוֹחֲרָן אַרַע מִינֵיהּ וְאִתְעַסְקוּ בֵיהּ תְּרֵין שְׁנִין וּבְשַׁתָּא תְּלִיתָאָה דְמַלְכוּתֵיהּ יְתִיב עֲלוֹי הַהוּא כּוּרְסֵי מַלְכוּתֵיהּ דַעֲבָדוּ לֵיהּ אַרְדִיכְלִין בְּשׁוּשַׁן בִּירַנְתָּא׃ ג בְּשַׁתָּא דִתְלַת לְמַלְכוּתֵיהּ דַאֲחַשְׁוֵרוֹשׁ עֲבַד מִשְׁקְיָא וּמְטוּל מָה עֲבַד מִשְׁקְיָא אִית דְאָמְרִין דְמָרְדִין עֲלוֹהִי אִפַּרְכַיָא וַאֲזַל וְכַבְּשִׁנּוּן וּבָתַר דְאַכְבְּשִׁינוּן אֲתָא וַעֲבַד מִשְׁקְיָא וְאִית דְאָמַר יוֹמָא דְאֵידָא הֲוָה לֵיהּ וּשְׁדַר אִגַּרְתָּא לְכוּלְהֶן מְדִינָתָא לְמֵיתֵי לְמֶעְבַּד קֳדָמוֹי חֶדְוְתָא שְׁלַח וְזַמֵּן כָּל רַבְרְבָנֵי מְדִינָתָא דְיֵיתוּן וְיֶחְדוּן עִמֵּיהּ וַאֲתוּ קֳדָמוֹי מְאָה וְעַסְרִין וּשְׁבַע מַלְכִין מִן מְאָה וְעַסְרִין וּשְׁבַע מְדִינָן וְכוּלְהוֹן קְטִירֵי תָּגֵי בְּרֵישֵׁיהוֹן וַהֲוֹן סְמִיכִין לֵיהּ עַל גְּנָזֵי מִילָתָא וְאָכְלִין וְחַדְיָין קֳדָם מַלְכָּא וַהֲוֹן פַּרְתּוּנָאֵי וְרַבְרְבָנֵי מְדִינָתָא קֳדָמוֹי וּמִן רַבְרְבָנֵי יִשְׂרָאֵל הֲווֹ תַמָּן מְטוּל בְּחָזוּ תַמָּן מָאנֵי בֵית מַקְדְּשָׁא הֲוֹן בָּכְיָן וּמַסְפְּדָן תַּמָּן׃ ד וּבָתַר דַאֲכָלוּ וְשָׁתוּ וְאִתְפַּנְקוּ אַחֲוֵי

שפתי חכמים

מאה וגו' ורש"י נמשך אחר הדרשות דאלו בגמרא במגילה איכא פלוגתא בדבר וחד אמר כי רחוקים היו ומאחר דהדרשות הפכים כמ"ד קרובים היו כתב רש"י רק חד מ"ד והפשט לשון הדרשות: ת דק"ל ומי דוקא בטחתו על כסא עשה. ועוד מאי נפקא לן מיניה אם ישב או עמד. לכן פירש כשנתקיים וכו'. א"נ דק"ל כשבת המלך משמע בתחלת מלכותו והדר כתיב בשנת שלש למלכו. לכ"פ כשנתקיים

רש"י

(ב) כשבת המלך אחשורוש וגו'. כשנתקיים ה המלכות בידו. ורבותינו פירשוהו בענין אחר במסכת מגילה: (ג) הפרתמים. שלטונים בלשון

אבן עזרא

הודו ובין כוש כי ארץ מדי ופרס נכונות לארץ ישראל והודו רק כוש דרומית: (ב) וטעם בימים ההם. אחר שאמר בימי אחשורוש תחלת הדברים הראשון כלל. וטעם כשבת המלך אחשורוש ששקט ממלחמת הודו וכוש כי גבור היה וככה כתוב במגל' על כן בשנת שלש למלכו: בשושן הבירה. שם ארמון כמו כי לא לאדם הבירה וזה הארמון היה בתוך עילם המדינה כתוב בס' דניאל וכאשר תמצא במגילה הזאת שושן הוא שם מדינה קרובה אל עילם ורוב המדינה ישראל כאשר אפרש: (ג) עשה משתה. רבים אמרו כי עשה משתה בעבור שחשב כפי חשבונו וראה שלא יגאלו ישראל. וי"א

לקוטי אנשי שם

(דף קכ"ו) חמשה כלים המונחים במקום אחד נקרא אי"ל. כדי שראה להם בכל יום שלשים כלים. וכתיב כלים מכלים שונים שבכל יום הראה להם כלים חדשים של בהמ"ק מה שלא הראה להם אתמול. וכמה כלים של בהמ"ק היה ת"י חמשת אלפים וארבע מאות. שכן מצינו בספר עזרא א' כל כלים לזהב ולכסף חמשת אלפים וארבע מאות. וא"כ כשהראה להם שלשים כלים בכל יום מימי המשתה הולך לעשות המשתה ק"פ יום כי בק"פ יום היה יכול להראות כל כלי בהמ"ק ה' אלפים וד' מאות כלים. וזה שאמר בהראותו את עושר. כבוד. מלכותו ואת יקר תפארת. גדולתו. שהם שש אוצרות מכלי בהמ"ק. לכן היה המשתה ימים רבים שמונים ומאת יום דוקא לא פחות ולא יותר כי כן מכוון החשבון:
(ג) בשנת שלש למלכו וגו' יש אומרים שעמדו עליו איפרכיות והלך לכבשן וכשכבשן עשה משתה וי"א גימוסיא שלו היה ושלח אגרות לכל המדינות ולכל עיר ועיר ולכל שרי המדינות לבא ולעשות לפניו שמחה באו לפניו קכ"ז בני מלכים מן קכ"ז מדינות שהיה שליט בהם. וכלם עטופים אצטלאות לבנים והיו מסובין על מטות זהב ושל כסף. ומבני ישראל ג"כ היו שם ובשביל שראו שם כלי בית המקדש היו בוכים וסופדים. ולא היו רוצים להסב לפניו. אמרו לו אין היהודים רוצים להסב בשביל שהם רואים כלי בית המקדש ועשו להם מסבה לעצמם ובשביל שהיו ישראל מלמטרין לפיכך קרא אותם ימים רבים של צער:
(ד) בהראותו את עושר. את עשרו אין כתיב כאן אלא את עושר. אמר הקב"ה אין עושר לב"י אלא שלי הוא. שנאמר לי הכסף ולי הזהב. נאום ה' צבאות. ומהיכן הי' לאחשורוש

קיצור אלשיך

כי לבבו היה למרע על ישראל. וזהו "ויהי בימי אחשורוש". כלומר הוי היה לנו בימי אחשורוש. כי אליו תתייחם ולא אל המן בלבד. כי יד המלך היה במעל ראשונה. הגם שהמן היחל. הוא היה חפץ יותר. באשר משלו משל רז"ל לבעל התל ובעל החריץ. וגם הוא נתן טבעתו בידו. עד היותו הוא המוכר. ולא כדרך המוכרים. כי הם יקבלו ערבון. אך הוא שיותר היה חפץ למכור מהמן לקנות. ואל ישיאך לבך לאמר הלא לא יבצר מהכנע לב המלך על אבדן קי"נ מדינות. כי הלא דע לך כי "הוא אחשורוש" כלומר הוא בהויתו הראשונה עם היותו עתה "המולך מהודו ועד כוש שבע ועשרים ומאה מדינה". בלבד. ולא בר"מ מדינות כאשר בתחלה. אעפ"כ עודנו בהויתו כי לא נכנע לבו על אבדן לעד חצי המלכות. והנה יתחמץ לב השומע. היתכן כי לא נעצב המלך אל לבו על אבדן קי"נ מדינות. ע"כ אמר ראה בעיניך כי כן הוא כי הנה "בימים ההם כשבת וגו'". כלומר בימים ההם. שהוא בימים אשר לא השלימו הקב"ת רק בקכ"ז מדינות הגדיל לעשות משתה ושמחה רבת מאד. וע"כ לא היחל בזמן מסוים לומר בשנת ג' למלכו כשבת המלך. רק אמר בימים ההם. על לא דבר. כי באומרו בשנת שלש וגו' במה יודע אם היה טרם אבדן קי"נ מדינות או אח"כ. ע"כ נאמר בימים ההם. לומר בימים ההם שלא משל ממשל רב כאשר בתחלה רק על קכ"ז מדינות. עכ"ז היה מה שאומר לך בשנת שלש וגו' עשה משתה. מחמת "כשבת המלך על כסא מלכותו". כי ראה שנתיישבה מלכותו. והיה בטוח שימלוך על קכ"ז המדינות ולא ימרדו בו. כי עם היותו יושב בשושן הבירה יהיה מלכותו בכל משלה ואין מכלים. וזהו "על כסא מלכותו אשר בשושן הבירה". ובמה היה בטוח שהקכ"ז מדינות לא ימרדו בו. לז"א הפרתמים ושרי המדינות לפניו. יושבים לפניו. וחיל פרס ומדי ושריו ועבדיו כולם באו אל המשתה. איש איש ממקומו. אלה מרחוק אלה מקרוב. וכולם סרים למשמעתו: (ד) בהראותו
את

from Hodu to Cush, one hundred twenty-seven provinces. 2. In those days, when King Ahasuerus sat on the throne of his kingdom, which was in Shushan the capital. 3. In the third year of his reign, he made a banquet for all his princes and his servants, the army of Persia and Media, the nobles, and the princes of the provinces [who were] before him. 4. When he showed

who reigned—*He reigned on his own, and was not of royal seed.*—[*Rashi* from *Meg.* 11a] The Talmud proceeds to elaborate on this statement: Some say that it is complimentary to Ahasuerus, for there was no one as fit to rule as he. Others say that it is derogatory, namely that he did not deserve the throne but bribed the people to make him king.

from Hodu to Cush, etc.—*He reigned over one hundred twenty-seven provinces as he reigned from Hodu to Cush, which are situated alongside one another, and so* [we explain] *(I Kings 5:4); "For he had dominion over all [the inhabitants of] this side of the river, from Tiphsah even to Gaza," meaning that he had dominion over all the inhabitants of this side of the river, just as he had dominion from Tiphsah to Gaza.*—[*Rashi* from *Meg.* 11a] The *Targum* paraphrases: From the great India to Ethiopia, from the east of the great India until the west of Ethiopia.

one hundred twenty-seven provinces—According to the *Targum*, these were the provinces from India to Ethiopia. According to the Talmud (*Meg.* 11a), he first reigned over seven provinces, then over twenty, and finally over one hundred.

2. **when King Ahasuerus sat, etc.**—*when the kingdom was firmly established in his hand. Our Sages, however, explained it differently in Tractate Megillah* (11b).—[*Rashi*] *Rashi* alludes to the Rabbinical interpretation: when King Ahasuerus's mind was put at ease. He had been worried that the Jews in his empire would be redeemed from their exile and return to the land of Israel. Since it was known that the prophets had predicted that they would return after seventy years, he computed the end of the seventy years. He said: Belshazzar computed and erred. His error was that he figured from the inception of the Babylonian empire, which commenced with Nebuchadnezzar's reign. He figured the 45 years of Nebuchadnezzar's reign, the 23 of Evil-Merodach's, and the two of his own reign, totaling 70. When he perceived that the Jews were not redeemed, he concluded that they would never be redeemed. So he took out the Temple vessels and used them. On that night, he met his end. Ahasuerus was convinced that he would not make Belshazzar's mistake. He figured from the exile of Jeconiah, which occurred 8 years later. He reckoned 37 years of Nebuchadnezzar's reign, the 23 of Evil

אֶת־עֹשֶׁר כְּבוֹד מַלְכוּתוֹ וְאֶת־יְקָר תִּפְאֶרֶת גְּדוּלָּתוֹ

לְהוֹן יַת עֻתְרֵיהּ דִּי יִשְׁתְּאַר בִּידֵיהּ מִן כּוֹרֶשׁ מָדָאָה וְאוּף כּוֹרֶשׁ אַשְׁכַּח הַהוּא עֻתְרָא בִּצְדָאוּתֵיהּ דְּבָבֶל חֲפַר בִּסְפַר פְּרָת וְאַשְׁכַּח תַּמָּן שִׁית מְאָה וְתַמְנָן אַחְמָתִין דִּנְחָשָׁא מַלְיָין דְּהַב טָב יוּהֲרִין וּבוּרְלִין וְסַנְדַּלְכִּין וּבְהַהוּא עֻתְרָא תְּקֵף יְקָרֵיהּ יוֹמִין סַגִּיאִין וּמִשְׁתְּיָא

קיצור אלשיך

את עושר כבוד מלכותו וגו'. הראה לפניהם כי לא נעצב על הקי"נ מדינות שנחסרו לו. כי עושרו די והותר. וכבוד מלכותו לא נגרע ממנו וגם להראות כי איננו ירא מהקב"ה על אשר בטל עבודת בהמ"ק. לקח כלי ביהמ"ק להשתמש בהם הוא ושריו. ראו נא כי שונא ישראל היה כי הלא אחר שהזמין שריו ועבדיו וגו' ושרי המדינות לפניו מה לו לחזור ולהזמין כל העם הנמצאים בשושן כל המון עם הארץ בכבוד גדול בחצר גנת ביתן המלך חור כרפס וגו' על רצפת אבנים טובות ומרגליות. אם לא שלבו הלך בעצת המן כמפורש במדרש חזית שנועצו לב יחדיו להחטיא את ישראל וכן מאמרם ז"ל בגמרא שאמר המלך ליהודים אוכלי לחמו על שלחנו אלהיכם יעשה לכם סעודה כזו? הנה אין זה כ"א רוע לבלהביא את לב ב"י מאחרי הקב"ה וכמאז"ל שזולת מאכליו ומשתיו העמיד זונות נגד פניהם להחטיאם. ואחרי כי ראינו שאחשורוש היה שונא לישראל עוד יותר מהמן כנ"ל ע"כ מי הפך את לבו לטובת ישראל רק הקב"ה. ע"כ אמרו חז"ל שצריכים לקרות המגלה מן ויהי בימי אחשורוש להורות שהצרה היתה גם מאחשורוש. ולא היה לנו על מי להשען רק על אבינו שבשמים.

אמנם אומר כי הנה השתלשלות ספור כל ההקדמה הזאת מראש המגלה עד איש יהודי הן המה פתח עינים לראות מפלאות תמים דעים כי בהמה יגדל נא כח הנס ופלא אשר הפליא לעשות הוא ית' עם ישראל עמו בימים ההם. כי הלא היה מקום לאשר לא חלק לו בבינה להביט והתבונן נפלאות אל אשר הפליא חסדו לנו בימי המלך אחשורוש להקטין איפת הנסים והפורקן אשר עשה אלהים לנו בימים ההם. בהקריבו אש זרות הטבע אל ההצלה באמת. באמור לא על חנם שב אף המלך ולא כלה הרעה ככל פתגם מעשה הרעה אשר גזר על היהודים לאבדם וישלח ספרים אל כל מדינה ומדינה ואל כל עיר ועיר נכתב ונחתם בטבעת המ"ך כדת מדי ופרס די לא להשניא. רק א' מחמת כי זכר את העונש אשר בא עליו בבטלו עבודת בית אלהינו [כדעת המדרש והמתרגם] כי עי"ז אבד קי"ג מדינות. ע"כ התחרט מגזרתו מדאגה כדבר פן יניף הקב"ה שנית ידו עליו. ע"כ השיב את הספרים מחשבת המן. או יאמר טעם ב' אין זה כ"א מאת השרים והפחות הרודים בכל חיל ומדינה היתה זאת לנו כי לא היה עם לבבם לעשות מצות המלך להשמיד וגו' כי שלמים היו עם היהודים הגרים אתם. ומורא לא עלה על ראשם ממלכם. כי הלא שרין יחדיו מלכים גדולי עולם והוא צריך אליהם. או יאמר איש טעם ג' לא כראי זה ולא כראי זה רק שזכר את אשר עשה ואשר נגזר על היהודים לאבדם וירא כי זה איננו שוה לו כי נזק המלך באבדן מגדה בלו והלך [מיני מסים] מעם רב ועצום יתר על שבח עשות רצון המן הרע ההוא ע"כ נחם על הרעה אשר דבר לעשות כי נתן בכים עינו. או יאמר איש טעם ד' הלא אין זה כ"א המלך אחשורוש אוהב היהודים היה כי ע"כ ראה והתקין ויכרה להם כירה גדולה בחצר גנת ביתן המלך ויושיבם על מטות זהב וכסף ועל רצפת בהט ושש ודר וסוחרת ויטע אהלי אפדנו חור כרפס וגו' על גלילי כסף. ולולא גדלה אהבתו אותם לא עשה המשתה השנית. כי אם מאהבתו אותם. ואשר היה מסכים הולך בעצת המן הרע אשר חשב על היהודים לאבדם המלך לא הבין דרכו כי לא פורש על איזה עם פרש רשת לרגלו כ"א ישנו עם וגו' ולא נודע אליו כי על ישראל יתוכח עד אשר נעשה פתגם מעשה הרעה מהרה ככל אשר צוה המן כי אז שנה ופירש על היהודים לאבדם ולא עצר כח לשוב אחרי הודאתו הסתמי. או טעם ה' כי יאמר איש אל תגדל מעלות הנס אשר הפליא לעשות אלהינו מרחם בימים ההם כי הלא לא אשמים היו אז ישראל לפני המקום כי לא חטאו לו חטאה גדולה שיתחייבו עליה ככל הרעה אשר נגזר עליהם כ"א השתחוו לצלם לא עשו אלא לפנים ואם נהנו מהסעודה אנוסים היו. או טעם ו' כי יאמר איש הלא גדול מרדכי בבית המלך ואוהבו אז יותר מאהבתו את המן כי ראה כי מרדכי היהודי עשה והצליח במלחמה מה שלא הצליח המן [כנודע מרז"ל ומהמתרגם] ע"כ נקל הוא יעשה המלך כרצון מרדכי וישוב מעשות רצון המן למענו. או טעם ז' כי יאמר נא ישראל טוב להודות לאסתר המלכה כי היא שעמדה לנו לפני המלך כי נפלאתה אהבתו לה מאהבת נשים ובטל רצונו מפני רצונה ויפרקנו מצרנו המן הרע ואותו תלה על עץ על אשר שלח ידו בעמה וטולדתה. או טעם ח' לומר כי אשר היה לנו מעיר לעזור הוא כי מלך הפכפך היה משתנה לכמה גוונים. רגע ידבר לנתוץ ולנתוש על גוי ועל אדם וכמעט רגע ישוב ירחמנו ואהניא לן שטותיה. או טעם ט' כי כן דרך מלך גדול כמוהו כי במשפט יעמיד ארץ ואם יצא דבר מלכות מלפניו אשר לא כדת עוד ישקיף ויראה בעומק הדבר אם טוב ואם רע ע"פ המשפט. ואם יראה כי שגגת היא ישיב גזרתו ויתקן את אשר עוות. ובכן יעלה על לב איש לדבר ולומר לא על חנם השיב אחור כתב אשר נכתב ונחתם בטבעת המלך שהוא שלא כנימוס ושלא לכבודו אם לא כי שב וראה כי אשר לא כדת היה הדבר ושב ורפא לנו. או טעם י' הלא הוא פן יאמרו ישראל הלא המלך ההוא זכר את ושתי שבטענה קלה סבב מיתתה לבל יבזו הנשים בעליהן בעיניהן ע"כ בראותו את ממוכן הוא המן שגם על אשתו זאת פרש מצודה או אמר אין זה כ"א רעה עינו על שוכבת חיק המלך והנה שינה באולתו כי ראה מעשה אסתר ונזכר הלכת ושתי כי הוא גזר עליה על קלה שבסבות ואז נהפך לבו בקרבו לאויב לו ע"כ מרדכי ואסתר ראו והתקינו כל סדר השתלשלות סיפור ההקדמה הזאת למען נשכיל חין ערך גודל הנס הגדול ורב ורם הלא הוא להסיר מלב המקילים בו מהטעמים הנאמרים והוא על הטענה הראשונה ראו נא הוקף לבו כי לא נכנע על אבדן קי"נ אפרכיות וכחו אז בהיות מלכותו שלמה כחו עתה נגד ישראל. וזה החילו ויהי וגו' לומר וי היה לנו בימי אחשורוש. כי הנה הוא אחשורוש בהוויתו הקדומה כאשר מלך על ר"מ מדינות. ואף כי עתה אחר ששלח ידו לבטל בנין בהמ"ק ואבד קי"ג אפרכיות עכ"ז לא ימנע מעשות הרע לישראל. כי אמיץ לבו ואדרבה בימים ההם עשה משתה וגו' כי לא נעצב אל לבו מדאגה בדבר אבדתו כמפורש למעלה. ועל הב' אדרבה כל השרים סרים למשמעתו כי בעשותו המשתה היו כל שרי המדינות לפניו ומה גם כי יבושו ממנו מפני הכבוד אשר כבדם בהמשתה ומפני היראה כי הלא היה בהראותו את עושר וייראו מלפניו כי כח ואל לו ברוב עשרו להנקם מהמורדים בו. וגם מן הטעם הג' איננו שוה אצלו להניחנו על אבדן מסים וארנוניות. כי הלא התמיד הראותו יקר תפארת גדולת עשרו שמונים ומאת יום שהוא רבוי עצום. ואיש אשר אלה לו כקש נחשבו לו מסי ישראל כי הוא ממלכי מדי אשר כסף לא יחשובו וזהב לא יחפצו בו. ועל הד' אמרו חז"ל כי המשתה שעשה שבעת ימים להעם הנמצאים בשושן עקרו היה להחטיא את ישראל ויענשו ממרומים עד שלא יזכר שם ישראל עוד. ועל הה' בל יחשבו כאנוסים. ולא יענשו. אמר כי השתיה יין נסך. יהי' שלא באונם. ולבל יעצרו כח למשוך ידיהם מלשתותו הכין הכנות המביאות להתאוות לשתות שהוא להשקות בכלי זהב ויין מלכות ורב מאד. ועל הו' אמר לעשות כרצון איש ואיש. זה מרדכי והמן

the riches of his glorious kingdom, and the splendor of his excellent majesty,

Merodach's, 3 of Belshazar's, 5 for Darius and Cyrus and 2 of his own reign. Since the Temple was not rebuilt, he figured that they would surely never be redeemed. So he too took out the Temple vessels and used them. His mistake was that he should have figured from the destruction of Jerusalem, which occurred 11 years later. In actuality the Temple was not re-built eleven years later, since he reigned fourteen years, and the Temple was not built until the second year of Darius II. The reason is because the years reckoned were incomplete years. *Ibn Ezra* explains: when he rested from the war of Hodu and Cush. This may coincide with *Rashi*'s interpretation.

The *Targum* and several midrashim interpret the passage "when he sat on his throne" literally. Ahasuerus had longed to use the legendary throne of King Solomon, which had been brought by Cyrus from Babylon to Elam. However, he was unable to mount it. He therefore sought to have a replica made, but his artisans were unable to duplicate it. He finally agreed to have a similar inferior throne constructed. This was constructed in the third year of his reign.—[*Mid. Abba Gurion, Esther Rabbah* 1:12]

in Shushan the capital—*Ibn Ezra* interprets this as a palace which was in the province of Elam, as in Daniel (8:2). The city of Shushan was near Elam.

3. **he made a banquet**—Various reasons are given for this banquet. The *Targum* writes that some say that he quelled a rebellion, and some say that it was a religious festival. *Ibn Ezra* states that some say it was because he came to the conclusion that the Jews would no longer be redeemed from exile. Others believe that the banquet was in celebration of his marriage to Vashti. *Ibn Ezra* prefers the latter.

the nobles—Heb. הַפַּרְתְּמִים, *governors in Persian.*—[*Rashi*] *Ibn Ezra* defines it as people of royal descent. He writes that we cannot determine whether its origin is Hebrew or Persian, since it appears only in the books of Daniel and Esther. Modern scholars identify it as a Persian word meaning nobles. See *Barzilai,* p. 320, *Daath Mikra. Rabbi Joseph Kimchi* derives it from the word *Euphrates.* These were the governors of the provinces across the Euphrates.—[*Sefer Hashorashim, Michlol Yofi*]

before him—*Malbim* notes that the order of the assembled was not in accordance with their esteem, because the princes of the provinces should have preceded the army and the servants. He therefore explains that Ahasuerus's purpose in making this banquet was to convert his monarchy from a limited monarchy to an absolute monarchy. He wished to demonstrate that his throne was not dependent upon his subjects, but that he had vanquished them. He therefore seated the army, which had vanquished the provinces, before the nobles and the princes of the conquered provinces, to show that

יָמִים רַבִּים שְׁמוֹנִים וּמְאַת יוֹם׃ ה וּבִמְלוֹאת |
הַיָּמִים הָאֵלֶּה עָשָׂה הַמֶּלֶךְ לְכָל־הָעָם הַנִּמְצְאִים
בְּשׁוּשַׁן הַבִּירָה לְמִגָּדוֹל וְעַד־קָטָן מִשְׁתֶּה שִׁבְעַת
יָמִים בַּחֲצַר גִּנַּת בִּיתַן הַמֶּלֶךְ׃ ו חוּר | כַּרְפַּס

הנ"א ובמלאת הימים האלה. בס: בחצר גנת ביתן המלך. בס: חור כרפס   סחית רבתי

תרגום

לְרַבְרְבָנוֹי מְאָה וְתַמְנַן יוֹמִין׃ ה וּבְאַשְׁלָמוּת יוֹמֵי מִשְׁתְּיָא הָאִלֵּין עֲבַד מַלְכָּא לְכָל עַמָּא בֵּית יִשְׂרָאֵל דְּאִשְׁתַּכְּחוּ חַיָּבַיָּא בְּשׁוּשַׁן בִּירַנְתָּא דְּאִתְמְנִיאוּ עִם עַרְלָאִין בָּרֵי אַרְעָא לְמִן רַבָּא וְעַד זְעֵירָא מִשְׁתְּיָא שִׁבְעָא יוֹמִין בְּדָרַת גִּנְתָּא גַּוָּאָה דְמַלְכָּא דַּהֲוַת נְצִיבָא אִילָנִין עָבְדִין פֵּירִין וּבוּסְמָנִין כְּבִישָׁן עַד פַּלְגוּתְהוֹן דַּהֲבָא טָב וּשְׁלִימוּ בְּאַשְׁלָמוּת אֶבֶן טָבָא וּמְטַלְּלִין עִלָּוֵיהוֹן בְּרַם מָרְדְּכַי צַדִּיקָא וְסִיַּעְתֵּיהּ לָא הֲווֹ תַמָּן׃ ו וּמִן אִילָנָא לְאִילָנָא הֲווּ פְּרִיסָן יְרִיעָן דְּבוּץ גְּוָן חִיוָר בְּסַפִּירִין וּכְרַתְנִין וְתִיכְלָא אֲחִידָן בְּאַשְׁלֵי מְטַכְסִין צְבִיעָן

שפתי חכמים

המלכות כידו דסיינו בשנת הג' למלכו: ו פי' הבל אינו דבוק למה (ה) גנת. מקום זרעוני ירקות: ביתן. נטוע באילנות:

רש"י

פרס: (ד) ימים רבים. עשה ו להם משתה: (ו) חור כרפס והכלה. מיני בגדים

אבן עזרא

בשקט ממלחמות. וי"א שנשא ושתי והוא היישר בעיני: הפרתמים. מזרע המלוכה ולא נדע אם המלה עברית או פרסית כי לא מצאנוה רק בספר דניאל ובמגילה: (ה) הנמצאים. מלה זרה בדקדוק כי היה הלד"י ראוי להיותו קמוץ בקמ"ץ גדול כמשפט. והעם הנמצאים בארמון הם משרתיו ומשרתי משרתיו: ביתן. מגזרת בית והוא סמוך וגם מוכרת וטעמו כמו לפנים וכן מבית ומחוץ והוא דרך קלרה ביתן בית המלך: (ו) חור כרפס. זה הפסוק דבק עם אשר למעלה בהראותו ונכנס פסוק ובמלאת ביניהם כמו אמר לנער ויעבור לפנינו: חור. עין והוא לבן מגזרת חורי יהודה וככה בלשון ארמית: כרפס. עין כדמותו בלשון קדר גם תכלת ידוע ואלה עניים כמבי והעד אחוז בחבלי

קיצור אלשיך

והמן. להראות ליהודים שמרדכי חשוב אצלו כהמן אף שהוא יהודי. ועל הז' אמר ראו נא מה גדלה גדולת ושתי בעיני המלך כי לולא בטחה באהבתו אותה באהבת נשים וגודל חשיבותה לפניו לא ערבה אל לבה לעשות גם היא כמוהו משתה נשים כיד המלך ולא עוד אלא בבית המלכות אם לא כי ידעה כי גדלה מעלהה לפניו ולא יאמר לה מה תעשי. ועכ"ז להפיק רצונו אשר עלה על רוחו צוה להפשיטה ערומה ולהציגה ביום הולדה לעיני השרים והעמים. וא"כ איפה מי זה יבטח באהבת המלך את אסתר להפך את אשר זמם והכתוב זהתום בטבעת המלך אשר אין להשיב. כי ק"ו הדברים אם רוח עועים שעלה על רוחו אשר לא כנימוס ולא כראוי ביטל עליו כל אהבתו אותה ואיך יבטל נימוס מלכותו כי כתב אשר נכתב וגו' אין להשיב על אהבת אשתו וזש"ה גם ושתי וגו' עשתה משתה וגו' והיה כמשתה המלך כי זה כיוון באומרו מלת גם כי אין זה רק על גודל אהבתו אותה ועכ"ז ביום השביעי וגו'. ועל הח' אמר כי אדרבה בעלות חטתו באפו לא ישוב ממנה כי הנה וחמתו בערה בו ולא שככה. קצרו של דבר כי תחלת דברי פי המגלה הזאת ממנה פנה ממנה יתד למהזיק ולמעז יקר תפארת גדולת הנסים והגבורות אשר עשה אלהים לנו בימים ההם כי נסיר סבת גאולתנו מהיות מבעי ונשים אותה על גם כי מוידי בימי עד איש יהודי הגד יגיד לנו את תוקף לב המלך שלא נבנע על אבדן קי"ג מדינות ומעשה תקפו בעושר ונכסים וע"כ כל שרי המדינות לא ימרו את פיו וגם לא יהשיב מסים וארגוניות ישראל להשיב ידו מבלע כי אין קצה לאוצרותיו וכן גלה לנו בזה תוקף חטא ישראל וכן תוקף חמת המלך שבערה בו ולא תכבה לא בשומו אהבתו אותה וחשיבותה לפניו ולא מה שהדת היתה בעזרתה וכן תוקף טענת ממוכן בעיני המלך כי בכל מיני תוקף האמורים האלה החזק ותגדל בעיני כל עם נושע בה' וע"כ מצוה לקרות את כל דברי האגרת הזאת מן ויהי בימי וגו':

(ה) **ובמלואת** הימים האלה וגו'. איתא פלוגתא בחז"ל אם משתה שושן נכלל בהק"פ ימים. וקע"ג ימים היו לבד לכל שריו ועבדיו וגו'. ושבעה ימים האחרונים עשה משתה לכל העם הנמצאים בשושן ובס"ה היה ק"פ ימים. או שהשבעה ימים היו לבד הק"פ ימים. ומהפסוק עצמו אין הכרע לזה. וגם אין להכריע אם מתחלה היתה דעתו של אחשורוש לעשות סעודת שושן רק שבעה ימים. או סבת ענין ושתי הפריעה הסעודה וביטלה. רק מהמשך הפסוקים נראה. כי השבעה ימים היו לבדם אחרי כלות הק"פ יום. והמשתה הזה הי' להתעות את ישראל ועצת המן הרשע הי' במעל הזה כדאיתא במדרש חזית כי המן יעץ תחבולות עם המלך להחטיא את ישראל להבאיש את ריחם בעיני אלהיהם להזמינם על שולחן המלך להאכילם ולהשקותם מפת בגם ויין משתיהם להעמיד נגד פניהם זונות למען הכשילם. וזה אומרו לכל העם. ולא אמר אל כל הנמצאים ויכלול כל מיני עמים. אך כוון אל העם אל עם המיוחד עם נושע בה'. ועוד ראיה כי זימן למגדול ועד קטן ואין זה דרך המלך להזמין פשוטי עם אל המשתה. רק כאשר כתבנו להכשיל את ישראל. ולזה אין חלוק בין גדולי ישראל להמון העם. ולבל יחשבו לאנוסים כי יאמרו שהמלך אנס אותם. ע"כ גזר על העם הנמצאים בשושן. ואם לא ימצאו בשושן שיתחבאו או יברחו. הלא המה אינם שייכים אל קריאת המשתה. רק מי שירצה לבא יבא. וגם אותם לא יאנסו כמה יאכלו וכמה ישתו. רק הכל יהי' באוות נפשם ורצונם בכדי שיתחייבו ויענשו ממרומים שלא יגאלם וישארו תחת ידו:

(ו) **חור** כרפס ותכלת וגו'. ונראה כי על היותם בחצר ובגנה. אשר אין עליו תקרה ע"כ להיות צל על ראשם עשה מעין רקיע פרוס על עמודי שש וגלילי כסף יריעות חור כרפס ותכלת כאהל לשבת ומתריהם היו של בוץ וארגמן וזהו אחוז בחבלי בוץ וארגמן או כפי' רש"י שהיו מרוקמים בארגמן והיה האהל פרוס על עמודים. והיו מטות זהב וכסף לישב עליהן והיה הקרקע מרוצף באבנים טובות שהם בהט ושש ודר וסחרת כפי' רש"י בשם רז"ל וסדרם הכתוב מלמעלה למטה הוא חור כרפס וגו' שהיו כעין רקיע מלמעלה ואח"כ העמודים שתחתיהן ואח"כ מה שלמטה מהם שהוא מטות וגו' ואח"כ הרצפה שלמטה מהכל. ואחשוב לפי זה כיוון להורות היותו ממדי אשר כסף לא יחשובו וזהב לא יחפצו בו ואבנים טובות כאין נגדו ועל כן הפך הדרגות החשיבות כי החשוב על הכל הם אבנים טובות עשה מהם רצפה למטה בארץ למדרך כף רגל ולמעלה מהם הידור מהם מטות זהב וכסף יחד ומה גם לדעת ר' נחמיה בברייתא בגמרא שהיו המטות של

כסף

many days, yea one hundred and eighty days. 5. And when these days were over, the king made for all the people present in Shushan the capital, for [everyone] both great and small, a banquet for seven days, in the court of the garden of the king's orchard.
6. [There were spreads of] white, fine cotton,

they were nobles and princes only *before him*, i.e., before he had conquered their lands, but now, they occupied no positions of importance.

4. **many days**—*he made a banquet for them.*—[*Rashi*] *Rashi* obviously avoids the apparent interpretation that he showed the riches of his glorious kingdom and the splendor of his excellent majesty for one hundred and eighty days for it sounds farfetched.—[*Sifthei Hachamim*] The midrashim (*Abba Gurion, Esther Rabbah*), however, do explain it in that manner. They tell us that the fabulously wealthy Nebuchadnezzar was very stingy with his wealth. In order to prevent his son, Evil-Merodach, from inheriting it, he ordered copper ships to be made. He hid all his wealth in these ships and diverted the waters of the Euphrates over them. When Cyrus decreed that the Temple be rebuilt, God revealed these treasures to him. Subsequently, Ahasuerus inherited them. They consisted of 1080 treasures. He exhibited six of them every day for 180 days. This is alluded to by the six expressions used to describe his wealth.—[*Gra*]

Another opinion in the Midrash, which also appears in the Talmud (*Meg.* 12a), is that he showed the assembled people the priestly raiment. The expressions used to describe his wealth coincide with those describing the priestly raiment in Exodus 28:2. The Midrash adds that when the Jews present at the banquet saw the Temple vessels, they did not wish to sit there. Separate seating was consequently arranged for them.

5. **the garden**—*a place where vegetables are sown.*—[*Rashi*]

orchard—*where trees are planted.*—[*Rashi*] Since these are three different places, the Talmud (*Meg.* 12a) finds this verse difficult. Several solutions are offered to reconcile this difficulty. One is that those fit for the court he seated in the court, those fit for the garden he seated in the garden, and those fit for the orchard he seated in the orchard. A second opinion is that he first seated them in the court, but it did not accommodate them. He tried seating them in the garden, but it was still too small. He finally seated them in the orchard, which did accommodate them. A third view is that he seated them in the court, to which there were two entrances, one to the garden and one to the orchard.

6. **white, fine cotton, and blue**—*He spread out various types of colored garments for them for spreads.*—[*Rashi*] According to *Ibn Ezra*, these were the riches he displayed to them.

ותכלת אחוז בחבלי־בוץ וארגמן על־גלילי
כסף ועמודי שש מטות | זהב וכסף על רצפת
בהט־ושש ודר וסחרת: ז והשקות בכלי זהב
וכלים מכלים שונים ויין מלכות רב כיד המלך:
ח והשתיה כדת אין אנס כי־כן | יסד המלך על

תו"א וכלם. כס: על גלילי כסף ועמודי שש. שם: בהט ושש ודר. מגלה יב: וסחרת. שם: והשקות בכלי זהב. שם: ויין מלכות רב. שם: והשתיה כדת אין אונס. שם:

בארגונא דלין עלוי אונקלוון
דכסף ודשרין סגלגלין דכסף
כפיקן עלוי עמודי מרמרין
ספקין ירקין וברקין וסרוקין
וחורין אותיב יתהון עלוי ערסן
דמילתין דמתחן על ברגשין
דנקלטיהון דדהב טב
וכרעיהון דכסף שרין על קטיו
בביש קרוסטלינין ומרמרין
ודורא דכרכי ימא רבא ואטונין מצירין כיקפין להון חזור חזור: ז ופקיד לאשקאה יתהון במני
דהבא דבית מקדשא דאייתי נבוכדנצר רשיעא מן ירושלם ומניא אוחרניתא דהוו ליה למלכא
אחשורוש תמן הוו מחלפין דמותיהון היכאבר ומן קדם מני בית מקדשא אישתניאו והוו שתן חמר
עסים דיאי למשתי מלכא דסגי ריחיה ובסים טעמיה ולא בחסרנא אלהן כמיסת ידא דמלכא:
ח ושקותא כהלכתא מנהג גופא ולית דאנים ארום כן שם טעם מלכא על כל דאתמנא

רש"י

לצבועים פירש להם למצעות: **אחוז בחבלי בוץ וארגמן.** תרוקמים בפתילי בוץ וארגמן אותן פרס להם על גלילי כסף ועל עמודי שש: **מטות זהב וכסף.** ערך ז ליסב עליהם לסעודה: **על רצפת.** קרקעות של בהט ושש וגו' מיני אבנים טובות פירשו רבותינו. ולפי משמעות המקרא כך שמם: (ז) **והשקות בכלי זהב.** כמו ח ולהשקות: **שונים.** משונים זה מזה וכן ודתיהם שונות: ורבותינו דרשו מה שדרשו: **ויין מלכות רב.** הרבה ט. ורבותינו אמרו שהשקה אותם כל אחד ואחד יין שהוא זקן ממנו: (ח) **כדת.** לפי שיש סעודות שכופין את המסובין לשתות כלי גדול ויש שאינו יכול לשתותו כי אם בקושי אבל כאן

שפתי חכמים

דסמך לו דהיאך סכאם להם יקר תפארת גדולתי ימים רבים: ז דק"ל מטות לסעודה למאי מכבי לכ"פ ערך ליסב עליהם: ח הוסיף למ"ד במלת והשקות כדי שיהיה מקור כי בזולת זה הוא ליווי וידוע הוא שמשפט המקור לעולם שיבא עליו אחד מאותיות בכל"ם וכן הוסיף למ"ד כפ' ויקהל לעשות הזהב והוא כתב רש"י ולהוסר כוונתו נ"כ שלא יהא ליווי והביא שם לראייה כמו והכבד שפירושו ולהכבד והכות את מואב. וכפרשת וארא הביאם שהם חסרי הלמ"ד לפי שכן הוא משפט המקור הנזכר: ט פי' מלת רב הוא שם כמו הרבה

אבן עזרא

פתוח הקי"ת בפת"ח גדול איננו כמו חבלי יולדה: **בוץ.** הוא הבד ממיני פשתים במצרים גם ארגמן כאמר: **גלילי.** כמו גלגלי כאשר אפרש במשכן שלמה: **ועמודי שש.** כמו שיש וככה עשועים והכ' הגלגלים היו בין עמוד לעמוד ומקומם מכוסים בנזכרים: **רצפת.** כמו מרצפת אבנים והם היציע מלמטה: **בהט.** גם דר וסחרת אבנים יקרות: (ז) **שונים.** מגזרת שנוי והוא שם התואר כדמות פעול וכן ועם שונים: **כיד המלך.** ככה כי הכה כיד יראה: (ח) **והשתיה.** על משקל בכה האכילה כי דגשות היו"ד בעבור היו"ד המובלע שהוא תחת ה"א השורש: **כדת.** כחוק והיא לשון נקבה

קיצור אלשיך

כסף ורגליהם של זהב. ותנה הוא הפך הסברא להחשיב הכסף מהזהב אך במאמרנו זה נכון מאד כי נתן החשוב חשוב תחתון ועולה ויורד בחשיבות כמדובר. הרצפה אבני גזר. למעלה מהם רגלי המטות זהב. למעלה מהם המטות עצמם כסף. למעלה מהם גם הם גלילי כסף. ולמעלה מהכל יריעות חור כרפס וגו' משוללי זהב וכסף ואבני יקר:

לקטי אנשי שם

הסעודה הזה. איתא בילקוט א"ר תנחומא נבוכדנצר כנס כח לרות של כל העולם והי' לו עין בממון וכיון שנטה למות אמר כל הממון הזה איני מניח אחרי לשום אדם שלא יתכבד אחר בממוני. עשה ספינות של נחשת ומלא אותה זהב והטמינם בנהר והפך עליה עופרת וכשבקש כורש לבנות בית המקדש מצא הספינה עם כח גדול דכתיב ונתתי לך אוצרות חשך וגו' ומטמוני' ירש אותו ממנון:

(ז) **והשקות** בכלי זהב וגו'. אפשר כי גם בזה בא להראות כבוד עשרו שעם היות כל השקיתו בכלי זהב היו כלים מכלים שונים ואשר שתו בו פעם אחד לא ישנו בו. כי יביאו אחר במקומו כנזכר בתרגום ירושלמי וברז"ל וז"ל מי שהיה שותה בכוס לא היה שונה ושותה בו אלא כיון שהיו שותים בו היו מכניסים אותו ומוציאים אחרים. ולזה אין ספק היה צורך הון רב במאד מאד כי רב מאד מהנה המסובים ואם על כל כוס וכוס שישתה כל איש מהם היו מחלפים הכוסות זה תהיה הפלגה עצומה עד מאד ע"כ היה אפשר לומר כי אין זה רק מבלתי היות היין רב ומעט היו השותים וע"כ יספיקו הכלים בהשנותם. ע"כ אמר ראה כי היו משנים הכלים בכל שתיה עם היות יין מלכות רב כיד המלך וזה הוראה עצומה על רוב עשרו עם היות כלי זהב כולם ומשנים אותם על כל שתיה עם היות יין מלכות שרבים שתו ורבים ישתו יותר מדאי כי יערב למו וגם רב כיד המלך. ועם רב. ושבעת ימים ולא נעדר מתת הלופיהן וחלופי חלופיהן הכל זהב:

(ח) **והשתיה** כדת. אין אונס. והוא ע"פ דרך רז"ל כי כל ישעו וכל הפץ המלך להכשיל את ישראל בעצת המן ע"כ המלך ראה עצמו במבוכה גדולה ויאמר בלבו הנה עם בני ישראל מצות אלהיהם עליהם לבלתי שתות יין נסכו ע"כ לא יבצר או ישתו וילכדו או לא ישתו כי יעוזו במעוז דתם. אם לא ישתו תופר עצת המלך והמן ואם ישתו אם הוא ע"י גוזר על כל העמים שישתו ידונו כאנוסים ולא ילכדו בגרונם בעצם. וע"כ אומר שלא יאנסו אותם לעבור דתם ואולי לא ישתו. התקין לזה שני דברים. א' הפליא לעשות הכנות ממשיכות את האדם אהרי יין נסכו להשקות בכלי זהב וכלים מכלים שונים כנ"ל. והיין יהי' יין מלכות טוב מאד בטעמו וריחו. ובזה נסכי ישתוק המלך מלגזור על השתיה לא יכרת איש מלשלוח יד אל מזרקי היין כי ההכנות ההם לא יתנום לאסוף ידיהם. וע"כ צוה לכל רב ביתו לעשות כרצון איש ואיש ולא יאנסו לכל איש יהודי לשתות. מחמת שהיה בטוח שמעצמם ישתו בלא כפיה [וזהו שאמרו חז"ל מפני שנהנו מסעודתו של אותו רשע. כי אדם שבאמת אינו רוצה לאכול ולשתו' וכופין אותו לאכול ולשתות אין לו הנאה מאכילתו ושתיתו. ובסעודת אחשורוש לא היה כפיה. רק אכלו ושתו מחמת שהתאוו להמאכל והיין. והיה להם הנאה ממאכלות האסורות ומיין נסכם. ע"כ נענשו:

גם

and blue, embroidered with cords of linen and purple, on silver rods and marble columns; couches of gold and silver, on a pavement of green, white, shell, and onyx marble. 7. And they gave them to drink in golden vessels, and the vessels differed from one another, and royal wine was plentiful according to the bounty of the king. 8. And the drinking was according to the law [with] no one coercing, for so had the king ordained upon

embroidered with cords of linen and purple—*embroidered with threads of linen and purple; he spread these out for them on rods of silver and on columns of marble.*—[*Rashi*]

couches of gold and silver—*he set* [them] *up to sit upon for the feast.*—[*Rashi*]

on a pavement of—*floors of green and white, etc. Our Sages identified them as kinds of precious stones, and according to the apparent meaning of the verse, these were their names.*—[*Rashi*]

7. **And they gave them to drink in golden vessels**—Heb., *like* וּלְהַשְׁקוֹת, *and to give to drink.*—[*Rashi*]

and the vessels differed from one another—Heb. שׁוֹנִים, *different one from the other, and likewise,* (below 3:8) *"and their laws differ* (שֹׁנוֹת)," *and our Sages expounded what they expounded.*—[*Rashi*] *Rashi* alludes to the Talmudic explanation (*Meg.* 12a) that a heavenly voice went forth and said to them, "Your predecessors (Belshazzar and his company) met their end with these vessels; yet you insist on using them again!" The Midrash (*Esther Rabbah*) explains the verse homiletically: His vessels lost color in the face of the beauty of the Temple vessels, and became like lead. It was as though they were ashamed of their inferior beauty, although they were superior to the vessels of Elam.

and royal wine was plentiful—*It was abundant; and our Sages said that he gave each one wine to drink that was older than he.*—[*Rashi* from *Meg.* 12a]

8. **according to the law**—*Because there are feasts in which they coerce those seated to drink* [the contents] *of a large vessel, and some can only drink it with difficulty, but here, no one coerced* [anyone].—[*Rashi*]

ordained—Heb. יִסַּד, *an expression referring to a foundation* (יְסוֹד); *i.e., so he instituted and ordained.*—[*Rashi*]

upon every steward of his house—*upon all the stewards of the feast: the chief baker, the chief butcher, and the chief butler.*—[*Rashi*]

כָּל־רַב בֵּיתוֹ לַעֲשׂוֹת כִּרְצוֹן אִישׁ־וָאִישׁ׃ ס ט גַּם
וַשְׁתִּי הַמַּלְכָּה עָשְׂתָה מִשְׁתֵּה נָשִׁים בֵּית הַמַּלְכוּת
אֲשֶׁר לַמֶּלֶךְ אֲחַשְׁוֵרוֹשׁ׃ י בַּיּוֹם הַשְּׁבִיעִי כְּטוֹב
לֵב־הַמֶּלֶךְ בַּיָּיִן אָמַר לִמְהוּמָן בִּזְּתָא חַרְבוֹנָא
בִּגְתָא וַאֲבַגְתָא זֵתַר וְכַרְכַּס שִׁבְעַת הַסָּרִיסִים
הַמְשָׁרְתִים אֶת־פְּנֵי הַמֶּלֶךְ אֲחַשְׁוֵרוֹשׁ׃ יא לְהָבִיא
אֶת־וַשְׁתִּי הַמַּלְכָּה לִפְנֵי הַמֶּלֶךְ בְּכֶתֶר מַלְכוּת
לְהַרְאוֹת הָעַמִּים וְהַשָּׂרִים אֶת־יָפְיָהּ כִּי־טוֹבַת

תו"א לעשות כרצון איש ואיש. שם: גם ושתי המלכה. שם: ביום השביעי כטוב לב המלך ביין. שם

תרגום

אפיטרופוס על ביתיה למעבד
כרעות גברא בר ישראל
וכרעות גבר מן כל אומא
ולישן: ט אוף ושתי מלכתא
רשיעתא עבדא משתא נשיא
בבית מלכותא אתר קיטון בית
דמוך די למלכא אחשורוש:
י ומרדכי צדיקא צלי קדם
יי מן יומא קדמאה
דמשתיא עד יומא שביעאה
די הוא שבתא לחמא לא
אכל ומוי לא שתא וביומא
שביעאה דהוה שבתא
עלת קבלתיה וקבלת סנהדרין קדם יי וכד שפר לבא דמלכא בחמרא גרי ביה יי מלאכא
דשגישתא לערבלא משתיהון בכן אמר למהומן בזתא חרבונא בגתא ואבגתא זתר וכרכס מהומן
דמהמני על מהומתא בזתא בוז ביתא חרבונא אחר ביה בגתא ואבגתא עתיד מרי עלמא
לעסאה יתהון כגבר דעצר ענבוי בעצרתא תרין זמנין ועתיד לצדאותהון ולשפאותהון להני
שבעא רבניא דמשמשין באלין שבעא יומין קדם אפי מלכא אחשורוש: יא וגזר מלכא על אלין שבעא
רבניא לאיתאה ית ושתי מלכתא ערטילתא על עיסק דהות מפלחא ית בנתא דישראל ערטילן
ומנפסן עמר וכתן ביומא דשבתא ובגין כן אתגזר עלה לאיתי ערטילתא ברם כלילא דמלכותא
על רישה בגין זכותא דאלביש נבוכדנצר אבוי דאבא ית דניאל ארגונא ובגין כן גזר למהוי אתיא

רש"י

אין אונס: יסד. לשון יסוד כלומר כן תקן וצוה: על כל רב ביתו. על כל שרי הסעודה שר האופים ושר הטבחים ושר המשקים: לעשות כרצון איש ואיש. לכל אחד ואחד רצונו: (י) ביום השביעי. רבותינו אמרו שבת כ היה:

שפתי חכמים

כמו רב לכם בני לוי שפירש"י הרבה אבל רבותינו דרשו רב רב בשנים: ט דק"ל דכי יעשה כרצון איש זה לא יוכל לעשות כרצון איש אחר כי אין רצון כולם שוים. לכ"פ לכל אחד רצונו לא שיעשה רצון כולם בעת אחד ובטעם אחד: כ בפרק קמא דמגילה ביום השביעי כטוב לב מלך ביין אטו עד יום השביעי לא טב לביה ביין אמר רב יום השביעי שבת היה כו' נמצא שעיקר כוונת הכ' להורות שכאשר טב לביה ביין בשבת אירע מעשה דושתי כדי לשלם לה מדה כנגד מדה כמו שמפרש ואזיל ודיוקא דרב הכי היא אטו עד יום השביעי לא טב לביה ביין אע"כ לומר דפירושו דקרא כאשר טב לביה ביין ביום השביעי לא שיום השביעי הוא הגורם לטב לביה כי כל יום טב לביה רק זה אירע כאשר טב לביה ביום השביעי א"כ קשה מה בא הכ' להשמיענו מכ"מ אי ביום השביעי הוה או ביום הראשון אע"כ שאי יום השביעי

אבן עזרא

וחוברה כל הזכרים כמו נשים ופילגשים: אונס. מכריח וקרוב מטעם וכל רז לא אנס לך: רב ביתו. גדול כמו ורבי המלך: (ט) בית המלכות. חסר בי"ת כמו הנמצא בית ה': (י) כטוב לב המלך פועל עבר יחיד מגזרת מה טובו אהליך: הרבונא. רבים פירשו שהיה הרבו של המן במהרה כי לא כמו עתה. גם יש במדרש שהיה אליהו. והטעם שדבר טוב ועשה כמעשה אליהו. והאמת כי אלה השמות הנזכרים במגלה הם פרסיים כן ממוכן ואסתר מתורגם הדסה ואילו היו השמות עברים לא נוכל לדעת טעמם כי אין השמות נמצאי' על מתכונת אחת כי הנה ברעה שהבי"ת איננו שורש אמרו בריעה ונח מן ינחמנו ושמואל מגזרת שאול כאשר אפרש במקומו. והמלך צוה להראות יופי המלכה ג"כ

קיצור אלשיך

(ט) גם ושתי המלכה וגו'. להבין הויכוח שהיה בין אחשורוש ובין ושתי. ומה היה לאחשורוש שיצוה על אשתו שתעשה דבר מגונה כזה לבוא ערומה כיום הולדה לפני אלפי אלפים שרים והמון עם. אשר דבר כזה עוד לא שאיל בעל מאשתו גם השנוים פעם ושתי המלכה ופעם המלכה ושתי. הנה בספר ישועה גדולה פי' על המגלה הזאת מהגאון מאור הגולה רבינו יהונתן אייבשיץ ז"ל וזה לשונו רבים תמהו וכן חז"ל בושתי שנתכוונה לדבר עבירה שלכן עשתה משתה בית המלכו' לא בבית הנשים רק במקום דגברי שכיחי והכל לזנות. ולמה סירבה לבוא. אבל הוא הדבר כי כונתם היה להחטיא את ישראל [בפת בגם וביין נסכם ובזנות וכאשר אחשורוש והמן ראו כי ישראל אחרי אכלם ושתותם לא יתחילו בעבירה. ע"כ הי' עצתם שהמלך והמלכה וכל השרים יתחילו בזנות וכן יעשו גם בנ"י] כמאמר חז"ל רק חשבה דאם תבא בית המלך והשרים מה יועיל זה. אם יזונו עיניהם מעבירה מ"מ לא יהי' מצוי להם שם לחטוא בפועל. רק ביקשה שהמלך ושרים יבואו כולם לבית הנשים ושם תפשוט ושתי מעצמה ערומה להראות היופי. וכאשר יראו תואר יפיה יאמרו שרים אחרים גם נשים אחרים יסירו מלבושם. ויהיה כאן תערובות נשים עם אנשים הולכים ערומים מקושטים בזנות. ויבא גם השטן בתוכם כתנור אש לדבר עבירה ומי גבר ינצל מדבר עבירה ולא יחטא. כך היה כוונתה. אמנם אחשורוש פקד שושתי תבא לבית המלכות לבדה ערומה לפני האנשים ובזה נכזבה תוחלתה כי אם יוסיפו להביט בה. מה דבר עבירה יקרה לעם הזה. וההסתכלות לא חשבוה לעון. וכי תזנה ושתי עם כל העם היושבים בסעודה? ולכך נאמר ותמאן המלכה ושתי לבוא בדבר המלך אשר פקד ביד הסריסים. והיא לא ביקשה ליתן טעם זה ותפסה בלשונה דבר מוסר ונימוס שלא יתכן לאשת המלך לגלות גופה בקהל עם. אמנם בעל המחשבות ידע מחשבתה לרוע כי כל חפצה היה להכשיל לישראל בדבר עבירה. ע"כ נצטרעה או נעשה לה זנב על מצחה שלא תוכל לבא. ועי"ז ערבה שמחתם ונתבטלה המשתה וכל או"א נשמט והלך לביתו.

ונבא אל הכתובים ביום השביעי כטוב לב המלך ביין. לא היה שכור. רק מחמת שהתגאה בלבבו מרוב המדינות שכבש ומרוב עשירותו היה רוצה לגלות

תוקף

every steward of his house, to do according to every man's wish.
9. Also, Vashti the queen made a banquet for the women, in the
royal house of King Ahasuerus. 10. On the seventh day, when the
king's heart was merry with wine, he ordered Mehuman, Bizzetha,
Harbona, Bigtha and Abagtha, Zethar, and Carcas, the seven
chamberlains who ministered in the presence of King Ahasuerus.
11. To bring Vashti the queen before the king with the royal crown,
to show the peoples and the princes her beauty, for she was of
comely

to do according to every man's wish—Heb. אִישׁ וָאִישׁ, lit. man and man, *for each one his desire*.—[*Rashi*] *Sifthei Hachamim* explains that *Rashi* wishes to reconcile the obvious difficulty, viz. that one cannot simultaneously satisfy the wishes of two people, because they may conflict. He therefore states that he did according to the wish of each individual, not necessarily at the same time. [This explanation is somewhat vague, because it is not clearer that it means for each one at a different time any more than the words of the verse. I would venture to say that *Rashi* alludes to the Talmudic explanation of this verse, namely: to do according to the wishes of Mordecai, who was called "a Judean man," and according to the wish of Haman, who was called "a man, an enemy and an adversary." *Rashi* wishes to make clear that this is a homiletic interpretation, but the simple meaning is: to do according to every man's wish.] *Rashi, Meg.* 12a, explains that Mordecai and Haman were the chief butlers, and the king did according to the wishes of each one. *Maharsha* rejects this interpretation because it appears from the verse that the stewards were to satisfy the wishes of the guests, not that the king would satisfy the wishes of the stewards. He therefore explains that Mordecai represented all the Jews, who observed the laws of Kashruth and would not partake of unkosher food or drink, and Haman represented all the other nationalities present at the banquet, who ate anything served. Accordingly, the Talmud coincides with the *Targum*, which reads: to do according to the wish of Jewish men and according to the wish of men of every nation and language.

10. **On the seventh day**—*Our Rabbis said that it was the Sabbath.*—[*Rashi* from *Meg.* 12b] If Scripture meant on the seventh day of the banquet, there would be no reason to tell us this because the king's merriment was in no way related to the fact that it was the seventh day. However, since this was the Sabbath, Scripture tells us that this incident took place on the Sabbath to punish Vashti in kind, as is discussed in verse 12.—[*Sifthei Hachamim*] The *Gra* explains that

קדמוי בכלילא דמלכותא
לאחזאה לעממיא ורברבניא
ארום שפירת חיזו היא:
יב וסריבת מלכתא ושתי
למיעל בגזירת מימר מלכא
דאתפקדת ביד רברבניא
ורגיז מלכא לחדא וחמתיה
דהחת ביה: יג ואמר מלכא לחכימיא בנוי דיששכר דחכימין מנדעא בעידניא וזמניא בספר
אורייתא וחושבן עלמא ארום היכדין יאה למהוי מתמלל פתגם מלכא קדם כל חכים וידעי אורייתא

מראה היא: יב ותמאן המלכה ושתי לבוא בדבר
המלך אשר ביד הסריסים ויקצף המלך מאד
וחמתו בערה בו: ס יג ויאמר המלך לחכמים ידעי
העתים כי־כן דבר המלך לפני כל־ידעי דת ודין:

תו"א ותמאן המלכה ושתי שם: ויקצף המלך מאד. שם: וחמתו בערה בו. שם: ויאמר המלך לחכמים. שם:

רש"י

(יב) ותמאן המלכה ושתי. רבותינו אמרו לפי שפרחה בה צרעת כדי שתמאן ותהרג לפי שהיתה מפשטת בנות ישראל ערומות ועושה בהן מלאכה בשבת נגזר עליה שתפשט ערומה ם בשבת: ויקצף. שלחה לו דברי נ גנאי: (יג) כי כן דבר המלך. כי כן מנהגם המלך בכל משפט לפני כל

שפתי חכמים

בבת היה וקרא אתא לאשמועי' שבמדה שאדם מודד מודדים לו. ל דיוק' דרבותינו מכדי פגולה היתה מדכתיב עשתה משתה בית המלכות בית הנשים מבע"ל. אלא גם היא לדבר עבירה נתכוונה כדי להסתכל ביפיה אם כן למה לא באתה אלא לפי שפרחה כו' והא דאמרו פרח צרעת ולא ע"ה בירושלמי מפיק לה בג"ב כתיב הכא אשר נגזר עליה וכתיב גבי עוזיה כשנתנגע נגזר מבית ה' מה להלן צרעת אף כאן צרעה: מ דיוקו מדאמר להביא את ושתי המלכה לפני המלך בכתר מלכות ולא אמר בלבוש מלכות וכתר מלכות על ראשה מלמד שכן היה אומר להביא את ושתי המלכה ולא יהיה עליה כלום אלא כתר מלכות וכ"ה בהדיא בילקוט: נ דק"ל מאי כולי האי דלקה ביה חמתיה לכ"פ שגנתה לו כו': ם דק"ל וכי דבר המלך תמיד לפני כל

אבן עזרא

מנהג ארץ אדום ויתכן היות ושתי ממלכות שמנהג הנשים להסתתר או חשבה שהוא שכור: (יב) לבא בדבר המלך. בעבור כן ויקצף המלך מאד וחמתו בערה בו הכעס שהוסיפה כאש: (יג) יודעי העתים. הכמות המזלות או

קיצור אלשיך

תוקף ממשלתו אף על אשתו שהיא בת מלכים. שאינה נחשבת בעיניו למלכה רק היא טפלה לו. ומחמת שהוא מלך הרי היא מלכה והרי היא נכנעת תחתיו לכל אשר יצוה עליה [ומאת ה' היתה זאת לצוות עליה דבר זר כזה. שיתערבב השמחה ותהיה קץ וסוף מהמשתאות. והמלכה ושתי תקבל עונשה בשבת כמאמרם ז"ל שיום השביעי זה שבת היה מחמת שהיא עשתה מלאכה עם בנות ישראל בשבת] וע"כ אמר למהומן וגו' שבעת הסריסים המשרתים את פני המלך אחשורוש. ואומרו אחשורוש הוא מיותר [בתחלת הפסוק היה לו לומר לב המלך אחשורוש] כי ממנו מדבר. אמנם אין ספק שחשש המלך פן תמאן ושתי מלבוא באמרה שהיא מלכה בת מלכים גדולים בת בלשאצר בן נבוכדנצר והוא ארורייריה דאבא ע"כ שלח לה שהוא מלך בעצם מלידה טרם נקרא שמו אחשורוש כמ"ש רז"ל שהיה בן דריוש מדיא שקבל מלכותיה דבלש' ולקח את ושתי בתו והשיאה לאחשורוש בנו כי מזרע מלכים היה ומהולדו היה המלכות מתייחס אליו וזה רמז הכתוב באומרו את פני המלך אחשורוש לומר שע"כ ערב את לבו ואמר למהומן וגו'. ולשמא תאמר היא שהיא ג"כ בת מלכים גדולים ממנו ע"כ אמר בשלחו בעדה להביא את ושתי המלכה. כלומר שאין המלכות עצמיי אליה רק שמה לבד ככל נשי העולם כי אין המלוכה דבקה בה מאב לבת כי המלכות אשר לה בא אליה מצדו באשר היא אשתו וע"כ הקדים שמה למלכות. והיא הבינה בדברים ואמרה שהיא מלכה בת מלכים ומצד עצמה היא מלכה מלבד היותה אשת המלך אחשורוש. וזש"ה.

(יב) ותמאן המלכה ושתי. לומר שהמלוכה עיקר אצלה והשם טפל אליה. ע"כ אין זה להכנע תחת צויו. כי היא מיוחסת כמוהו. שנית לא רצתה לבוא בדבר המלך. כי דבריו היו להסריסים „להביא" משמע שאם לא תרצה לילך בעצמה יביאו אותה. ויסחבוה ברחובות קריה כגנב לבית אסורים. ומדוע שלח אליה סריסים לא שרים נכבדים הפרתמים שידברו אליה דרך כבוד מלכות. ויקצוף המלך מאד. בתחלה כאשר ראה כי ושתי לא באה ושמע מהסריסים תשובתה בענין המלוכה. מה גם לדברי חז"ל ששלחה לו בר ארורייריה דאבא. אבא לקביל אלפא חמרי שתי ולא רווי והאי גברא אישטתי בחמרא. קצף מאד. אך אחרי התבוננו בעצמו מה עשה ומה דבר. לבזות אותה ולבזות עצמו. וחמתו בערה בו. על עצמו התכעס והתחרט מאד. שהקשה לשאול כעיר פרא שתתבזה אשתו לעיני העמים והשרים וכל העם הנמצאים בשושן הבירה למגדול ועד קטן. ע"כ נהפך לבו לזכותה. ולא היה מקום לעשות זאת ע"י עצמו לאמר שהדין עמה והוא מוחל על כבודו כי שאל שלא כהוגן כי זה יהי' לו לבושת ולחרפה להשפיל עצמו תחת אשה ואחרי ביזתה אותו ישוב לסבול ולחפות עליה. והיא גם היא לא תחשבנו עוד ותבזה אותו בלבה. ע"כ יעצוהו כליותיו להגיש משפטו אל החכמים ולסדר טענותיו באופן יזכוה ע"פ הדת ויהי' זה לו לאסוף חרפתו כי יאמר שהדת תכריחנו. ותשאר ושתי בחיים לו לאשה בדרך כבוד ע"פ הדת שיורוהו המורים.

והנה אצל מלכי מדי ופרס היו שני בתי דינים א' הדנים ע"פ הדת. ב' הדנים לפי העת והשעה. וידע המלך אם יגיש משפטה אל הדיינים הדנים על פי הדת יוכל למלט נפשה על פי הטענות אשר יסדר לפניהם. אך לפני הדיינים הדנים לפי העת אין לה תקומה. כי אם המלך היה כורא לה בינו לבינה ולא באת הי' הדין שתענש באיזה עונש אך לא היתה בת המותה. אמנם בהיותה שמה לאל מלהו לפני גדולים ושרים הפרתמים ושרי המדינות וחיל פרס ומדי הרואים את חרפתו. ושתים הנה רעות המתייחסות אל העה. א' היות הבזיון אשר ביזתה כולל אל המלך והשרים והעמים. ב' הנוגע אל המלך לבדו. ועוד כי היה אז המלך מראה גדולתו וכבוד עשרו לפני חילו ושריו ועבדיו למען יגדל חשיבותו בעיניהם וכל גוים יעבדוהו ותתחזק מלכוהו עליהם. ובדבר הזה נהפך הענין וכל הרואים את כבודו יבזוהו בלבם. באומרם הנה אשתו מבזה אותו ואינו שורר בביתו ואיך נחשיבהו אנחנו וישתרר עלינו וכדאי בזיון וקצף גדול נמנע הכפרה ומות תמות. לכן למלך אין שוה לדון דינה לפני יודעי העתים. כי אם ע"פ הדת ודין.

(יג) ויאמר המלך לחכמים וגו'. העולה שעשהה ושתי אינו כ"כ גדול שיצטרך לבוא משפטה לפני החכמים יודעי תעתים כי כן יכול להיות דבר המלך לפני כל יודעי דת ודין. ואף לא לפני הדיינים הקבועים. רק לפני כל חכמי לב היודעים ומבינים דבר משפט לפי שכלם. וגם לא רצה לפרסם הענין, רק לפני השרים.

והקרוב

appearance. 12. But Queen Vashti refused to come at the king's
behest which was [brought] by the hand of the chamberlains, and
the king became very wroth, and his anger burnt within him.
13. And the king said to the wise men who knew the times—for so
was the king's custom, [to present the case] before all who knew
law and judgment.

according to the Talmud, wherever it says, "the king," it means the Holy One, blessed be He. On the Sabbath, God, the King, so to speak, is merry with the wine the Jews drink in observance of the Sabbath. In contrast, Ahasuerus and his cohorts, in their drunkenness, were discussing the pulchritude of the women of the kingdom. Some said that the most beautiful were the Persian women , and others said that the most beautiful were the Median women. Ahasuerus then announced that the most beautiful in the entire kingdom was his wife, who was a Babylonian. In response to this claim, the assembled demanded that she appear before them in the nude.

11. **To bring, etc. to show, etc.**—Without specifying the reason, the king ordered Vashti brought before him. Scripture, however, states that he did so because he wished "to show the peoples and the princes her beauty, etc." Since the common people were sitting near the door, they would see Vashti's beauty as soon as she entered, and the princes would see her later. Therefore, the peoples are mentioned before the princes.—[*Gra*]

12. **But Queen Vashti refused**—*Our Rabbis said (Meg.* 12b): *Because leprosy broke out on her, in order that she should refuse and be killed. Because she would force Jewish girls to disrobe and work on the Sabbath, it was decreed upon her to be stripped naked on the Sabbath.*—[*Rashi*]

The king referred to her as "Vashti the queen," implying that she was not of royal birth, but was born a commoner. She became a queen only after marrying him. Vashti retorted that she was a queen in her own right, having been born of royal blood; hence "Queen Vashti."—[*Gra, Malbim*]

became very wroth—*because she sent him shameful words.*—[*Rashi* from *Meg.* 12b, *Esther Rabbah* 3:11]

and his anger burnt within him—i.e., it increased, like a fire which burns more and more intensely.—[*Ibn Ezra*] The *Gra* explains that he did not let out all his wrath because Vashti said disgraceful things to him which he was ashamed to reveal.

13. **who knew the times**—the precedents set in earlier times.—[*Ibn Ezra*]

for so was the king's custom—*For it was the king's custom in every judgment to present the matter before all who knew law and judgment.*—[*Rashi*]

יד והקרב אליו כרשנא שתר אדמתא תרשיש מרס
מרסנא ממוכן שבעת שרי | פרס ומדי ראי פני
המלך הישבים ראשנה במלכות: טו כדת מה־
לעשות במלכה ושתי על | אשר לא־עשתה את־
מאמר המלך אחשורוש ביד הסריסים: ס טז ויאמר
מומכן לפני המלך והשרים לא על־המלך לבדו
עותה ושתי המלכה כי על־כל־השרים ועל־כל־
העמים אשר בכל־מדינות המלך אחשורוש: יז כי־
יצא דבר־המלכה על כל־הנשים להבזות בעליהן
בעיניהן באמרם המלך אחשורוש אמר להביא

תו"א והקרוב אליו. שם: שבעת שרי פרס ומדי ראי פני המלך. מגילה כב. סנהדרין י: ויאמר ממוכן. שם יב:

תרגום

ודינא: יד וקריבו בגוין די ישכר למידן ית דינא ההוא בגו צלו קדם יי וכן אמרו רבון דעלמא ערגל ית משתהון והוי דכיר ית צדיקיא דקריבו קדמך בבית מקדשך אמרין בני שנא ותרין בני יונה שפנינן על מדבחא אדמתא על ידא דכהנא רבא דהוה לביש חושנא די ביה כרום ימא ורובי כהנא הוו מרסן וכתשן ית דמא ומסדרין קדמך לחם אפיא וכן אסתחר מלכא ותב ושאל עטיתא לרברבנוי דקריבין לותיה ואלין שמהתהון כרשנא שתר אדמתא תרשיש מרס מרסנא ממוכן שבעא רברבני פרסאי ומדאי הוו אפי מלכא דיתבין בדרגא קדמאה דבכורסי מלכותא: טו כאורייתא מה לאתעבדא ממלכתא ושתי בגין די לא עבדת ית מימר מלכא אחשורוש דגזר עלה ביד רברבניא: טז ואמר ממוכן הוא המן בר בריה דאגג רשיעא קדם מלכא ורברבניא לא על עלוי דמלכא בלחודוי סרחת ושתי מלכתא ארום עלוי כל רברבניא ועלוי כל עממיא די בכל פלכיא די שליט בהון מלכא אחשורוש: יז ארום יפוק פתגם גזרת מלכתא על כל נשיא לאתגלגלא מריהון קדמיהון במלותהון חדא עם חברתא בגם בקושטא מלכא

שפתי חכמים

יודעי דת הולא זה לא היה מדבר כ"פ כי כן מנהג המלך כו': ע דק"ל מה פנין זה לכהן לכ"פ לערוך דבריו כו': פ דק"ל דהנה לא פבחה כוס דבר רק במלכה לבא לא שביזתה שיפשו הכנים דבר

רש"י

(יד) והקרב אליו. את הדבר לפני כל יודעי דת ודין: (יד) והקרב אליו. לערוך דבריו ע לפניהם אלו הם כרשנא שתר וגו': (טו) כדת מה לעשות. מוסב על ויאמר המלך לחכמים: (טז) עותה. לשון עון: (יז) כי יצא דבר המלכה על כל הנשים. זה שביזתה פ את המלך על כל הנשים

אבן עזרא

העתים שעברו על המלכים הקדמונים: (יד) רואי פני המלך. יש מקומות שלא יראה המלך לכל אנשיו ובספר מלכי פרס כתיב כי ארבע מעלות הם בשרים המערכת הראשונה יושבת בתחלה לפני המלך וזה הטעם היושבים ראשונה במלכות במערכת המלכות: (טז) עותה. ישרת עלמו ואהר עמו וכן הוא כי

קיצור אלשיך

(יד) והקרוב אליו ר"ל היושבים קרובים אליו. כרשנא וגו' הרואים פני המלך. ובאוהות פניו יכירו וידעו רצונו להמיתה או להחיותה. והיושבים ראשונה במלכות. אוהם השרים היושבים לפני מלכי קדם וראו ענינים כאלה אשר קרה בעת המשתאות. ועכ"ז לא דנום למיתה. וזהו טענותיו ומבוקשו.

(טו) כדת. שיהי' כדת. ולא לגמרי כדת. רק מה לעשות במלכה ושתי. להיותה בת מלכים בלשצר אויל מרודך נבוכדנצר. והי' מלכה מלידה ומהריון. ושם ושתי טפלה למלכותה. ושנית רמז בדבורו במלכה ושתי. שהשארה בחיים ובמלכותה. ורק עונש קל העניש. ועוד כי לא עשתה את מאמר המלך אחשורוש. מפי מלך גדול כאחשורוש לא היה צריך ליצא מלות מגונות כאלה להביא את ושתי המלכה" במלת „להביא" משמע שאם לא תרצה לילך מעצמה יביאוה הסריסים בע"כ. כשבוית חרב. וביד הסריסים. מדוע שלחתי סריסים. אולי אם שלחתי אחריה שרים והפרתמים היתה באה. וכאשר שמע ממוכן דברי המלך אשר רוצה למחול לה עלבונו.

(טז) ויאמר ממוכן וגו'. הלא מבין ריסי עיניך ניכר כי מוחל אתה על כבודך. אך זה איננו שוה כי לא על המלך לבדו עותה „ושתי המלכה" כי על כל השרים. ואם על כבודך המחול על כבוד כל השרים לא תוכל למחול. ואם עתה יבטלו השרים רצונם מפני רצונך וימחלו גם הם. גם זה איננו שוה. כי הלא גם עותה על העמים אשר בכל מדינות מלכותך אשר אינם פה עמנו היום. ואם אשר ישנו פה עמנו ילכו גם הם בגלגול מחילות וירבו לסלוח. חלק כל העמים אשר בכל מדינות מלכותך אשר אינם פה אינו מחול כי גם בכבודם נגעה. כי יצא דבר המלכה על כל הנשים שבכל מדינות מלכותך להבזות וגו' ואשר אתה רוצה לחפות עליה כי היא המלכה מצד אבותיה. ושמה המלכה ושתי. אנשי המדינה אינם חושבים אותה למלכה מחמת אבותיה. כי הבת אינה יורשת המלוכה. והמלוכה שלך הי'. והיא הכונה בשם מלכה על ידך מחמת שאתה מלך ע"כ היה לה לשמור צוויך כל אשר תצוה. ואם לא עשתה רצונך אינה מחזקת אותך למלך ואיך יחזיקוך אנשי המדינה למלך ובפרט כי היא קראה אותך ארוריריה דאביה. זה הוא מצד השרים בעניני המלוכה ועוד.

(יז) כי יצא דבר המלכה וגו'. ר"ל המון הנשים שלא היו על המשתה ולא שמעו דברי הסריסים שאמרו בשם המלך. ולא שמעו היכוח שהיה ביניהם. אם המלכה ושתי. או ושתי המלכה וק שמעו שהמלך אחשורוש שלח שאשהו תבא אליו. והיא לא רצתה לילך ולא הלכה ויהי' מזה בזיון לכל אנשים. כי כל הנשים יבזו בעליהן בעיניהן. באמרם סתם המלך וגו' ובעליהן אינם מלכים ע"כ אינן צריכות לצייה אותם. וזהו להנשים הפשוטות (שבכל מדינות המלך) אשר לא היו על המשתה רק שמעו מספרים.

נהיום

14. And the nearest to him were Carshena, Shethar, Admatha, Tarshish, Meres, Marsena, and Memucan, the seven princes of Persia and Media, who saw the king's face, who sat first in the kingdom. 15. "According to the law, what shall be done to Queen Vashti, inasmuch as she did not comply with the order of the king, [brought] by the hand of the chamberlains?" 16. Then Memucan declared before the king and the princes, "Not against the king alone has Vashti the queen done wrong, but against all the princes and all the peoples that are in all King Ahasuerus's provinces. 17. For the word of the queen will spread to all the women, to make them despise their husbands in their eyes, when they say, 'King Ahasuerus ordered to bring

14. **And the nearest to him**—*to present his words before them were the following: Carshena, Shethar, etc.*—[*Rashi*]

who saw the king's face—In some countries, the king is not seen by all his subjects, and in the book of the kings of Persia, it is written that there are four ranks of princes. The first rank sits immediately before the king. That is the meaning of "who sat first in the kingdom," i.e., in the ranks of the kingdom.—[*Ibn Ezra*]

15. **According to the law what [is there] to do**—*This refers back to "And the king said to the wise men."*—[*Rashi*]

16. **Then Memucan declared**—According to the Talmud (*Meg*. 12b) and the *Targum*, this was Haman. He was called Memucan because he was destined (מוּכָן) for trouble. The fact that he is mentioned at the end of the list, yet was first to come up with a verdict, indicates that "an ignoramus is always the first to speak." According to *Pirké d'Rabbi Eliezer* (ch. 49), Memucan was Daniel, and he merited to be the one to set the stage for Esther, who was instrumental in bringing about the rescue of the Jews.

Not against the king alone—If this act of disobedience was damaging only to you, I would have advised you to allow your anger to subside and forgive the queen her iniquity.—[*Rokeach*]

has...done wrong—Heb. עָוְתָה, *an expression of iniquity* (עָוֹן).—[*Rashi*] According to *Rashi*, the root is עוה . *Ibn Ezra* and *Redak (Shorashim)*, however, identify the root as עות, to deal pcrversely.

17. **For the word of the queen will spread to all the women**—*that she disgraced the king*—[this will cause] *all the women to despise their husbands as well.*—[*Rashi*] i.e., the fact that Vashti despised Ahasuerus will spread to all the women and they will learn to emulate her behavior.—[*Sifthei Hachamim*]

אֶת־וַשְׁתִּי הַמַּלְכָּה לְפָנָיו וְלֹא־בָאָה׃ יח וְהַיּוֹם הַזֶּה
תֹּאמַרְנָה ׀ שָׂרוֹת פָּרַס־וּמָדַי אֲשֶׁר שָׁמְעוּ אֶת־דְּבַר
הַמַּלְכָּה לְכֹל שָׂרֵי הַמֶּלֶךְ וּכְדַי בִּזָּיוֹן וָקָצֶף׃ יט אִם־
עַל־הַמֶּלֶךְ טוֹב יֵצֵא דְבַר־מַלְכוּת מִלְּפָנָיו וְיִכָּתֵב
בְּדָתֵי פָרַס־וּמָדַי וְלֹא יַעֲבוֹר אֲשֶׁר לֹא־תָבוֹא וַשְׁתִּי
לִפְנֵי הַמֶּלֶךְ אֲחַשְׁוֵרוֹשׁ וּמַלְכוּתָהּ יִתֵּן הַמֶּלֶךְ
לִרְעוּתָהּ הַטּוֹבָה מִמֶּנָּה׃ כ וְנִשְׁמַע פִּתְגָם הַמֶּלֶךְ
אֲשֶׁר־יַעֲשֶׂה בְּכָל־מַלְכוּתוֹ כִּי רַבָּה הִיא וְכָל־
הַנָּשִׁים יִתְּנוּ יְקָר לְבַעְלֵיהֶן לְמִגָּדוֹל וְעַד־קָטָן׃

תו"א ונשמע פתגם המלך. מגלה ט : וכל הנשים יתנו יקר לבעליהן. שם:

תרגום

אחשורוש אמר לאיתאה ית ושתי מלכתא קדמוי ולא עלת: יח ויומא הדין תהוין אמרן רבנתא דפרסאי ומדאי למעבד לגובריהון היכמא די קבילית פתגם דעבדת ושתי מלכתא ומתמלכין למעבד בזין לכל רברבני מלכא ומן יכול לסוברא במיסת חוך דין ורגיז: יט אין קדם מלכא שפיר יפוק פתגם גזירת מלכותא מן קדמוי ויתכתב בגזירת דפרסאי ומדאי ולא יתבטל הדא גזירתא די לא תיעול ושתי קדם מלכא ומן בתר דתיתי קדם מלכא יגזור מלכא ויעדי ית רישה ומלכותה יתן מלכא לחברתה דשפירא מנה: כ וישתמע פתגם גזירת מלכא די יעביד בכל מלכותיה ארום גזירתא רבא היא ומן בתר כן

רש"י

להבזות אף הן את בעליהן: (יח) תאמרנה שרות פרס ומדי וגו'. לכל שרי המלך את הדבר הזה והרי זה מקרא קצר: וכדי בזיון. ויש בדבר הזה הרבה בזיון וקצף: (יט) דבר מלכות. גזירת צ מלכות של נקמה שלוה להורגה: ויכתב בדתי פרס ומדי. בספרי חוקק ומנהג המלכות: ולא יעבור. חוק זה מביניהם שיהא זה חוק ודת לכל הבוזה את בעלה: אשר לא תבוא ושתי. ולכך ר נהרגה:

שפתי חכמים

צ"פ זה שביזת' כו' כלומר מתוך מעשיה תלמדנה הנשים לעשות גם המה: צ דק"ל דבר המלך נגבע"ל נכ"פ גזירת מלכות כו': ק דק"ל הלא הדת לא דבר גופני הא שבו יכתוב והל"ל ויבא בדתי פרס ומדי. נ"פ בספרי חוק כו': ר דק"ל מה יתקנו בזה שיכתב אשר לא תבא ושתי הלא גרועי גרעו שמתוכה ילמדו הנשים לעשות גם המה כן. לכ"פ

אבן עזרא

על כל השרים עותה ומה הוא העוות שלא וישמע זה הדבר: (יח) והיום הזה. יהיה אמור והוא פעול: וכדי בזיון: ודי זה הבזיון והקצף שיהיה בין איש לאשתו: (יט) ולא יעבור. שלא יסור זה החוק: לרעותה. הוי"ו תחת יו"ד רעיתי שהוא תחת ה"א השורש: (כ) פתגם. כמו דבר וכן בקהלת ובארמית: כי רבה. אע"פ שהוא רבה כמו כי

קיצור אלשיך

(יח) **והיום** הזה תאמרנה וגו'. אבל שרות פרס ומדי שהיו על המשתה ושמעו את דבר המלכה יספרו לכל שרי המלך את תשובת ושתי להשיב אל המלך אבא לקביל אלפא המרא שתי ולא אשטתי ביינו וזה במעט יין נשתטא ותירפ' וגירפה את המלך וכדי בזיון וקצף. ואיתא במדרש רב ושמואל. חד אמר כדאי הוא הבזיון הזה לקציפה זאת. וחד אמר כדאי היא הקציפה הזאת לבזיון זה. ונראין דבריהם פה אחד ודברים אחרים במלות שונות. כי הוקשה להמן אולי יאמר המלך האם על דבר שלא יבזו הנשים את בעליהן תחת זאת תומת ושתי מלכה בת מלכים גדולים. לזה אמר אל יקל הבזיון הזה בעיניך כי כדאי הוא הבזיון הזה לקציפה זאת שתקצוף עליה וכדי היא זה להיות שוה לזה. הבזיון להקציפה. והקציפה להבזיון.

(יט) **אם** על המלך טוב יצא דבר מלכות מלפניו. מה שאתה קורא אותה מלכה. זה המלה „מלכה" יצא מלפני המלך. שלא תזכר עוד בשם מלכה רק ויכתב וגו' אשר לא תבא ושתי. בלי שם מלכה. כי איננה ראויה עוד ליקרא בשם מלכה. כי המלכות שלך היא והיא נקראת מלכה על ידך. וכעת שחטאה נגדך ונגד כל השרים והעמים איננה עוד מלכה אליך ולא מלכה על כל העמים והשרים. ומלכותה יתן המלך לאשה אחרת הטובה ממנה. כי בידך היא המלוכה להסיר וליתן לאחרת. ומהמת שירא המן אולי דבריו לא נכנסו באזני המלך. ולב המלך עוד אל ושתי ויעשו שלום ביניהם. וירדו אח"כ את המן שאולה. כי שניהם יהיו שונאים אותו. ובפרט המלכה ושתי. ע"כ היה עצתו ראשונה שיכתב בדתי פרס ומדי שושתי לא תבא עוד לפני המלך. ולא יעבור. ודבר הנכתב בדתי פרס ומדי אין לשנות. ואם ושתי לא תהיה רשאה לבא לפני המלך. איך ישלימו ביניהם? וגזרה זאת יצא דבר מלכות מלפניו. מלפני המלך. המלך עצמו יגזור על הדבר. לא הוא. ומלכותה יתן המלך לרעותה הטובה. שתהיה טובה מחמת שתראה סופה של ושתי:

(כ) **ונשמע** פתגם המלך וגו' כי רבה היא. ראוי לשום לב אל אומרו כי רבה היא. מי לא ידע כי קכ"ז מדינות מלכות רבה היא. אך יחזור אל המלכה לומר הגם שאמרתי שלא תחשוב את ושתי לכתוב לה תואר מלכות כי אם שמה בלבד אעפ"כ כשתשמע פתגם המלך וכו' מאשר יעשה לה. כשישמע בכל

לקוטי אנשי שם

(יט) אשר לא תבא ושתי לפני המלך. הז"ל אמרו שושתי עכבה גאולת ישראל וקטרגה שלא יבנו ישראל בית המקדש. באמרה בית שאבותי החריבוהו אתה רוצה לבנותו. ולכן עשתה כל התחבולות שיחללו ישראל שבתות. כי כל גאולתנו תלוי בשמירת שבת כ"ש הז"ל אלמלי שמרו ישראל שתי שבתות מיד נגאלין; לכן מה עשתה ושתי הרשעה בנות ישראל והפשיטן בגדיהן ועשתה בהן מלאכה בשבת. ולכן מדה כנגד מדה נגזר ג"כ עליה שתהרג בלא בגד. ערומה. ודוקא בשבת. שנאמר ביום השביעי כטוב לב המלך ביין אמר להביא את ושתי וגו'. אמר רבי אבא שבת היה. וה"ש ואת אשר עשתה ואת אשר נגזר עליה. כמו שעשתה עם בנות ישראל כן נגזר עליה. לכן כתיב ומלכותה יתן המלך לרעותה הטובה ממנה. זו אסתר הצדקת. שהיא שמרה שבת. כי אמר רבא ואת שבע הנערות הראויות לתת לה. שהיתה מונה בהן ז' ימי השבוע כדי שתדע מתי היא שבת. וזה ידוע שז"ש בשנת שלש למלכו עשה משתה. היה התחלה המשתה תיכף בהתחלת שנה השלישית כמ"ש הז"ל שאחשורוש חשב ב' שנים הנ"בונים משמלך למלאות חשבון שבעים שנה מהחורבן הבית. ובאלו הב' שנים משמלך ובאלו הק"פ ימים שעשה המשתה. בסס דוקא נתמלא כהתה של ושתי. כי נחשוב כל ימי שבתות שנמלה בעת שמלכה ושתי והיללה ימי השבת של בנות ישראל. נמלא מכוון החשבון קכ"ז שבתות לא פחות ולא יותר. כי כל מלכותה לא היה רק ב' שנים וק"פ יום. ובב' שנים כל שנה שנ"ד יום יש ז' מאות וח' יום. ובז' מאות יום הוא מכוון מאה שבועים. ובמאה שבועות יש מאה שבתות. ובח' ימים יש עוד שבת א'. רק יום אחד נשאר על ק"א שבתות. ובהמאה ושמונים יום של המשתה נמצא כ"ה שבועות וה' ימים. וכשנצרף זה היום א' שנשאר מק"א שבתות של הב' שנים הנ"ל. יהיו ס"ה כ"ה שבועות וששה ימים. ובכ"ה שבועות יש כ"ה שבתות. וגם היה ק"א שבתות. וכשנצרף יחד יהי' קכ"ו שבתות

Vashti the queen before him, but she did not come.' 18. And this day, the princesses of Persia and Media who heard the word of the queen will say [the like] to all the princes of the king, and [there will be] much contempt and wrath. 19. If it please the king, let a royal edict go forth from before him, and let it be inscribed in the laws of Persia and Media, and let it not be revoked, that Vashti did not come before King Ahasuerus, and let the king give her royal position to her peer who is better than she. 20. And let the verdict of the king be heard throughout his entire kingdom, although it is great, and all the women shall give honor to their husbands, both great and small."

18. **And this day**—All this will take place later, when all the women of the provinces hear the word of the queen, but on this day, the princesses of Persia and Media, who sat near the queen and heard how she replied to the king's orders, will relate her words to their husbands, who did not hear them.—[*Gra*]

the princesses of Persia and Media, etc. will say—*this word to all the princes; this is an ellipsis.*—[*Rashi*]

and much contempt and wrath—*And in this matter, there is much contempt and wrath.*—[*Rashi*]

The *Gra* explains that there will be much contempt for the king because she derided him, and much wrath because she disobeyed him.

19. **a royal edict**—*a royal edict of revenge, i.e., that he commanded to execute her.*—[*Rashi*]

and let it be inscribed in the laws of Persia and Media—*in the books of the statutes and the customs of the kingdom.*—[*Rashi*]

and let it not be revoked—*this statute from among them; this should be a statute and a law for anyone who shows contempt for her husband.*—[*Rashi*]

that Vashti did not come—*and therefore, she was executed.*—[*Rashi*] Grammatically, this is the future tense. Therefore, *Rokeach* explains: that Vashti shall not come, etc., meaning that since she did not come before the king, she should not be permitted to come before him to be judged, but should be condemned to death without the chance to defend herself.

and let the king give her royal position—Since the king could have only one wife, giving her royal position to her peer implies that she would be executed.—[*Ralbag*]

20. **although it is great**—Heb. כִּי. Although the kingdom is great, wide and extensive [let the edict be heard throughout].—[*Ibn Ezra*] The *Targum* renders: because the edict is great, i.e., of great importance.

כא וַיִּיטַב הַדָּבָר בְּעֵינֵי הַמֶּלֶךְ וְהַשָּׂרִים וַיַּעַשׂ הַמֶּלֶךְ
כִּדְבַר מְמוּכָן׃ כב וַיִּשְׁלַח סְפָרִים אֶל־כָּל־מְדִינוֹת
הַמֶּלֶךְ אֶל־מְדִינָה וּמְדִינָה כִּכְתָבָהּ וְאֶל־עַם וָעָם
כִּלְשׁוֹנוֹ לִהְיוֹת כָּל־אִישׁ שֹׂרֵר בְּבֵיתוֹ וּמְדַבֵּר
כִּלְשׁוֹן עַמּוֹ׃ ס ב א אַחַר הַדְּבָרִים הָאֵלֶּה כְּשֹׁךְ
חֲמַת הַמֶּלֶךְ אֲחַשְׁוֵרוֹשׁ זָכַר אֶת־וַשְׁתִּי וְאֵת אֲשֶׁר־

חו"א להיות כל איש שורר בביתו. שם יב: אחר הדברים האלה כשך. שם:

תרגום

כל נשיא יתנון רבו ויקר למריהון למן רבא ועד זעירא: כא ושפר פתגמא קדם מלכא ורברבניא ועבד מלכא כפתגם ממוכן: כב ושלח פיטקין כתיבן וחתימן בעזקתיה לכל פלכי מלכא לפלך ופלך כמכתב רושמיה ולות עמא ועמא כממלל לישניה קריין וכן אמר אתון עמיא אומיא ולישניא די דירין בכל ממשלתי אזדהרו למהוי כל גבר מסרבן על אתתיה וכפי לה למהוי ממללא בלישן גברא וכממלל עמיה: א בתר פתגמיא האלין כד פח ואשתדך מרוית חמריה וכד נח תקוף רוגזיה דמלכא אחשורוש שרי למדכר ית ושתי מתיבן רברבנוי וכן אמרין הלא את הוא דחיבת עלה דין דקטול על מה דעבדת אמר להון מלכא אנא לא גזרית לממקטלה אלהן די תעול

רש"י

(כב) **ומדבר כלשון עמו.** כופה את אשתו ללמד את לשונו אם היא בת לשון אחר: (א) **זכר את ושתי.** את יפיה ונעצב:

אבן עזרא

עם קשה עורף הוא: יתנו יקר. שב אל מלת כל איש: (כב) שורר בביתו. מושל באשתו. ולא ישנה ממנהג אנשי לשונו אפי' לדבר בלשון אחרת. ויש אומרים כי ערב דבר אחר עם זה המעש' שלא יהיה קלון למלך: (א) כשוך. שם הפועל מפעלי הכפל: זכר את ושתי. יפה ויתכן שזכר את יפיה על כן וי"ו ואת אשר עשתה: נגזר. מגזרת כי

לקוטי אנשי שם

ושבעה ימים. ומז"ל אמרו ז"ש ויהי ביום השביעי כטוב לב המלך. יום השביעי שזה שבת היה. א"כ נשלם מכוון קכ"ז שבתות שחיללה ושתי את בנות ישראל. ולכן אמרו חז"ל על ושתי שא' הקב"ה אומר אני שמלכתיך על קכ"ז מדינות. ואתה חיללת שבתות בנות ישראל ג"כ קכ"ז שבתות. ולכן כשהגיע שבת האחרון שלקכ"ז שבתות שחיללה את בנות ישראל. אז נתמלא הסאה. ואז דוקא נהרגה ג"כ בשבת. ודוקא ערומה מדה כנגד מדה:

קיצור אלשיך

בכל מלכותו. ישמיעו כי רבה היא ושתי וגדולה מאד שהיא מלכה גדולה בת מלכים אדירים ועכ"ז נגזרה גזרה זאת עליה כי בזה ימשך שכל הנשים יתנו יקר לבעליהן שאף אם האשה יקרה היא וגדולה ביחוס מבעלה לא מפני כך תתגאה עליו כי אם תתן היוקר שלה לבעלה באומרה הלא גדול יקר בעלי שזכה למשול ביקרה כמוני ולכן תכבדהו אפילו יהיה קטן בערכה וזהו למגדול ועד קטן וזה ימשך מחמת כי רבה היא ושתי משורש מלכים גדולים כי בזה תאמרנה. מאשר ענשו את ושתי אף שהיא בת מלכים גדולים ממנו יורו שמהראוי תתן כל אשה יקר לבעלה וממנה יראו וכן יעשו גם הן:

(כא) **וייטב** הדבר וגו'. אמר כי הנה היו שם השרים והחכמים יודעי העתים כרשנא שתר וגו'. אמר שלא היה טוב הדבר רק לפני המלך והשרים מפני כבודם שלא החשיבם לבא לפניהם. אבל לפני החכמים אשר על המשפט לא טוב הדבר לשפוט אותה משפט מות. עכ"ז לא חש המלך עליהם מפני כבוד השרים ויעש כדבר ממוכן עם היותו יחיד וקטן שבז' חבריו כי אפילו את פיהם לא שאל לשמוע מה בפיהם גם המה להטות אחר הרוב בהיותם גדולים וטובים ממנו והוא הקטן שבכולם. מן הטעם שכתבנו כי אם ויעש המלך כדבר ממוכן לבדו:

(כב) **וישלח** ספרים וגו'. המלך אמר אולי כתיבת מה שנגזר על ושתי אין מספיק לשכל הנשים יתנו יקר לבעליהן פן יאמרו הרואין את כתבו אין הנידון דומה כי אולי אין מן הדין שכל הנשים יתנו יקר לבעליהן גם בהיותה היא מיוחסת ממנו. כ"א שהמלך ידו תקיפה להרוג את עוברי רצונו משא"כ לשאר אנשים. ע"כ נתחכם להורות כי לא כן הוא כ"א כמלך וכעם שוים במשפט זה. והוא באשר שלח אל מדינה ומדינה ככתבה ולא ככתב מדינת המלך להורות כי גם שהוא מלך המולך על כל מדינה ומדינה כותב לכל מדינה ככתבה מחמת שהם במקומם שוררים הם וחשובים והמכתב הולך למקומם אשר הוא להם בביתם והמה כבעלי בית שם ראוי להחשיבם לכתוב ככתבם ומזה יהיה נלמד להיות כל איש שורר בביתו. כי הלא המלך עצמו חולק כבוד לכל בני מדינה בביתם לכתוב ככתבם ואין זה רק להיות מהראוי שכל איש ישתרר בביתו. וכאשר נתחייבה ושתי למלך על עוברה רצונו כן חייבת כל אשה להשתעבד לבעלה. וזה מק"ו מה אם המלך משפיל עצמו לכבד כל בני מדינה ברשותם. כ"ש האשה הבאה לבית בעלה. אפי' תהיה גדולה בת מלכים תשתעבד לאיש בביתו. וזהו להיות כל איש מרבה אפילו קטן מערכה. כי מי גדול מהמלך וחולק כבוד לכל בני מדינה בביתם ורשותם. ומאשר כתבו לכל עם ועם כלשונו. זולת הכתיבה שהיה ככתבם. ילמדו שיהיה כל איש שורר בביתו מדבר כלשון עמו שאם תהיה האשה מעם אחר כמלך אחשורוש שהיה מזרע מדי והיא כשדית לא ישפיל אדם עצמו לדבר אתה כלשון עמה רק כלשון עמו והיא תלמד לשונו להבינו כי היא משועבדת אליו וזה נלמד מכתוב המלך אל עם ועם כלשונו. כי כל עם למה שהוא בביתו ומקומו משפיל המלך עצמו לדבר אליו כלשון העם ההוא ולא כלשון המלך כ"ש האשה הבאה אל ביתו שתדבר כלשונו ותשתעבד לו אפילו בת מלך היא כי מי גדול מהמלך ובבואו לרשות עם ועם מדבר כלשונם. ופירוש הכתוב הוא כך. המלך לא שלח להיות כל איש שורר בביתו וגו' רק מזה ששלח הספרים וגו' אל מדינה ומדינה ככתבה ואל עם ועם כלשונו. מזה ילמדו ויבינו שצריך להיות כל איש שורר בביתו והאשה הדבר בלשון עמו. ולא בלשון עמה. כנ"ל:

(א) **אחר** הדברים האלה כשך וגו'. אחר אשר עברו כל המשתאות והיום הז' נתבלבל במעשה ושתי. וכל האורחים הלכו איש איש לביתו. והמלך נשאר לבדו בבית מלכות ויינו פג ממנו. ודעתו צלולה. והמתו שככה. היה נותן אל לבו לחשוב על ימים עברו. במה סיימו ימי המשתה. והנה הה! באבדו את אשת היקו. היפה בנשים. והיה מחשב בלבו על מה העבירו את חייתה בשלח. מה פשעה ומה חטאה. ומצא ב' דברים א' כי

21. And the matter pleased the king and the princes, and the king did according to the word of Memucan. 22. And he sent letters to all the king's provinces, to every province according to its script, and to every nationality according to its language, that every man dominate in his household and speak according to the language of his nationality.

2

1. After these events, when King Ahasuerus's fury subsided, he remembered Vashti and

21. **And the matter pleased the king and the princes**—Scripture tells us that God may change a person's attitude and put it into his mind to make a decision to which he is really opposed. In this case, the king strove to save Vashti. Nevertheless, Memucan persuaded him to have her executed, in order to set a precedent so that he could try cases in which he had an interest. The princes, on the other hand, were opposed to allowing the king to decide cases in which he had an interest. Nevertheless, Memucan persuaded them to allow him to do so by pretending to desire to protect their honor. God's plan was to empower the king to condemn Haman to death when the appropriate moment arrived.—[*Gra*]

Alshich explains that Scripture wishes to tell us that Memucan's suggestion was acceptable only to the king and the princes. It was not acceptable to the wise men, who would not have concurred with this decision. The king, however, did not consult them and did not issue a verdict based on the majority opinion. Instead, he accepted the opinion of Memucan, who was the least significant of them all.

22. **dominate in his household**—This may be euphemistic for "dominate his wife."—[*Targum, Ibn Ezra*] It may also mean that he was to rule over all the members of his household, including his wife, meaning that she could not disobey him.—[*Isaiah da Trani*] Alternatively, it means that every man sing for joy in his house.—[*Rokeach*] [Accordingly, the word should be read שֹׁרֵר.]

and speak according to the language of his nationality—*He can compel his wife to learn his language if her native tongue is different.*—[*Rashi*] i.e., he should not deviate from the custom of his nationality, even to speak another language. Some say that he combined another issue in his edict so that he should not suffer the shame of being disgraced by his wife.—[*Ibn Ezra*]

2

1. **he remembered Vashti**—*her beauty, and he became sad.*—[*Rashi*]

עָשָׂתָה וְאֵת אֲשֶׁר־נִגְזַר עָלֶיהָ׃ ב וַיֹּאמְרוּ נַעֲרֵי־
הַמֶּלֶךְ מְשָׁרְתָיו יְבַקְשׁוּ לַמֶּלֶךְ נְעָרוֹת בְּתוּלוֹת
טוֹבוֹת מַרְאֶה׃ ג וְיַפְקֵד הַמֶּלֶךְ פְּקִידִים בְּכָל־
מְדִינוֹת מַלְכוּתוֹ וְיִקְבְּצוּ אֶת־כָּל־נַעֲרָה־בְתוּלָה
טוֹבַת מַרְאֶה אֶל־שׁוּשַׁן הַבִּירָה אֶל־בֵּית הַנָּשִׁים
אֶל־יַד הֵגֶא סְרִיס הַמֶּלֶךְ שֹׁמֵר הַנָּשִׁים וְנָתוֹן
תַּמְרוּקֵיהֶן׃ ד וְהַנַּעֲרָה אֲשֶׁר תִּיטַב בְּעֵינֵי הַמֶּלֶךְ
תִּמְלֹךְ תַּחַת וַשְׁתִּי וַיִּיטַב הַדָּבָר בְּעֵינֵי הַמֶּלֶךְ וַיַּעַשׂ
כֵּן׃ ס ה אִישׁ יְהוּדִי הָיָה בְּשׁוּשַׁן הַבִּירָה וּשְׁמוֹ
מָרְדֳּכַי בֶּן יָאִיר בֶּן־שִׁמְעִי בֶּן־קִישׁ אִישׁ יְמִינִי׃
ו אֲשֶׁר הָגְלָה מִירוּשָׁלַיִם עִם־הַגֹּלָה אֲשֶׁר הָגְלְתָה
עִם יְכָנְיָה מֶלֶךְ־יְהוּדָה אֲשֶׁר הֶגְלָה נְבוּכַדְנֶצַּר מֶלֶךְ
בָּבֶל׃ ז וַיְהִי אֹמֵן אֶת־הֲדַסָּה הִיא אֶסְתֵּר בַּת־דֹּדוֹ

תו"א ויפקד המלך פקידים שם: איש יהודי. שם יב יח יט: אשר הגלה מירושלים. שם יג: ויהי אמן את הדסה. שם י:

תרגום

אדמי ולא עלת ופקדית
למעדי מנה מלכותא אמרו
ליה לא הכי אלהן דין דקטול
גזרת עלה בעטת שבע
רברבניא מן יד תקוף רוגזיה
וגזרי למהוי צליבן שבעא
רברבניא על צליבא: ב ואמרו
עולמי דמלכא משומשנוי
יבעון לצרוך מלכא עולימן
בתולתן שפירן דחיזו: ג וימני
מלכא אפיטרופין בכל פלכי
מלכותיה ויכנשון ית כל
עולימתא בתולתא שפירת חזו
לשושן בירנתא לבית נשיא
די תמן דימוסן ובנאין די תמן
מתמני הגא רב סריס דמלכא
נטר נשיא ויתגזר למהוי יהב
סמתר משחהון: ד ועולימתא
די תשפר קדם מלכא תעול
למחסן מלכותא חלף ושתי
ושפר פתגמא קדם מלכא
ועבד הכי: ה גבר חסידא ומודה ומצלי קדם אלהא על עמיה הוה בשושן בירנתא ושמיה מרדכי אתקרי
על דהוה מתיל למירא דכיא בר יאיר בר שמעי בר גרא בר קיש גברא דמן שבט בנימין הוא שמעי דאקל
ית דוד ובעא יואב למקטליה ולא שבקיה על דאסתכל ביה ברוח נבואה וחמא דאטמוסי מרדכי ואסתר
למיפק מניה וכדו פסק שמעי מלמילד פקד דוד לשלמה בריה למקטל יתיה: ו די אזל בגלותא מן
ירושלם עם גלוותא די אגליאת עם יכניה מלכא דיהודה די אגלי נבוכדנצר מלכא דבבל וכד צדא
כורש ודריוש ית בבל נפק מרדכי מן בבל עם דניאל וכל כנישתא דישראל די הוו תמן בבבל נפקו
מן תמן ועלו עם כורש מלכא למידר בשושן בירנתא: ז והוה מרבי ית הדסה היא אסתר ברת אחבוי

רש"י / שפתי חכמים

(ג) **ויפקד המלך פקידים.** לפי שכל פקיד ופקיד ידועות לו נשים היפות שבמדינתו: **תמרוקיהן.** הן דברים המטהרין ומעדנין את הבשר: (ה) **איש יהודי.** על שגלה עם גלות יהודה כל אותן שגלו עם מלכי יהודה היו קרוים יהודים בין הגוים ואפילו משבט אחר הם: **איש ימיני.** מבנימין היה כך פשוטו. ורבותינו דרשו מה שדרשו: ולכך נהרגה פי' שהיו כותבים שלכך נהרגה: ש דק"ל קרי ליה יהודי המלהלהין כמו ומורק ושוטף. שמן ערב ומיני סמנים ובשמים

אבן עזרא

הגזרים: (ב) **יבקשו.** בנוה העי"ן וראוי להדגש ורבים כמוהו ותחסר מלת מבקשים כמו אשר ילדה אותה ללוי: (ג) **תמרוקיהן.** כמו תמרוק ברע: (ה) **איש יהודי.** בעבור היותו ממלכות יהודה נקרא כן: **בשושן הבירה.** כי בשער המלך היה קודם דבר אסתר על כן הוא דר בארמון: **בן קיש.** היה גדול כאבותיו ואילו היה אבי שאול היה מזכיר שאול כי הוא מלך ולא אביו ע"כ לא נדע אם מרדכי היה מבני שאול אם לא: **ימיני.** חסר בן דרך קצרה: (ז) **יפת תואר.** תואר כל אבר ומראה הכל טוב או על העין. ודרש ירקרקת מטעם הדסה: **לבת.** לולי

קיצור אלשיך

כי אתה הצדק שלא באה בדבר המלך ואדרבה היתה ראויה להחזיק לה טובה וע"כ זה ואת אשר נגזר עליה ע"י אחרים. וכאשר ראו נערי המלך צערו ויגונו. ע"כ (ב) **ויאמרו** נערי המלך וגו'.
(ג) **ויפקד** המלך פקידים וגו'. מחמת שהדבר הזה קשה מאד כי מי מחשובי המדינות שיהי' לו בת יפת תואר וטובת מראה יעמידנה ויביאנה לידי נסיון אם יחפוץ בה המלך יקחנה. ואם אין תשוב בית אביה עלובה ועצובת רוח כי גועלו בה. ומה גם אם ממדינות המלך הרחוקים תהי' הלא תכלם היא ואביה על רוב טורח הדרך שהיה להם על הנם. ע"כ הבטיחן כי את כולן ישא לנשים. רק המלכה תהי' אחת מהן אותה שתישר בעיני המלך:
(ה) **איש** יהודי היה בשושן הבירה. הנה שתי עירות סמוכות זו לזו ועורקמא דמיא היה עובר ביניהם ומפרידן. אחת נקראת שושן הבירה. שם מושב המלך והשרים. ואין רשות ליהודים לדור שם. והשניה נקראת עיר שושן. [כמ"ש והעיר שושן נבוכה. והעיר שושן צהלה] ושם דרים יהודים רבים. רק למרדכי לבדו ניתנה הרשות להיות בשושן הבירה. מהמת כי ידעו כי הוא מיוחס. והוא מאנשי הגולה אשר הגלה נבוכדנצר. את החרש והמסגר שרי יהודה. וז"ש הכתוב איש יהודי אחד היה בשושן הבירה. ובפרט למאחז"ל כי מרדכי והמן היו ראשי מנהיגי המשתאות:
(ז) **ויהי** אומן את הדסה היא אסתר וגו'. הנה כל השומע יתחמץ לבבו באומרו מה זה היה הלקח אסתר אל המלך וימליכה תחת ושתי. כי הלא לא ימנע מחלוקה או היתה צדקת או לאו. אם אמרנו כי צדקת היתה וזכותה וזכות ישראל הגיעוה למלכות להחיות את ישראל לפליטה גדולה. הלא לזאת יחרד
כל

what she had done, and what had been decreed upon her. 2. And the king's young men, his servants, said, "Let them seek for the king young maidens of comely appearance. 3. And let the king appoint commissioners to all the provinces of his kingdom, and let them gather every young maiden of comely appearance to Shushan the capital, to the house of the women, to the custody of Hege, the king's chamberlain, the keeper of the women, and let their ointments be given them. 4. And let the maiden who pleases the king reign instead of Vashti." And the matter pleased the king, and he did so. 5. There was a Judean man in Shushan the capital, whose name was Mordecai the son of Jair the son of Shimei the son of Kish, a Benjamite, 6. who had been exiled from Jerusalem with the exile that was exiled with Jeconiah, king of Judah, which Nebuchadnezzar, king of Babylon, had exiled. 7. And he had brought up Hadassah, that is Esther, his uncle's daughter,

what she had done and what had been decreed upon her—The Talmud (*Meg*. 12b) comments: Just as she had done, so was it decreed upon her. As stated above, (1:12), she would force Jewish girls to disrobe and work on the Sabbath. It was therefore decreed upon her to be stripped naked on the Sabbath. Ahasuerus realized that this was a heavenly decree to pay her in kind for her sin.—[*Gra*] *Eshkol Hakofer* explains that he remembered her beauty and her charm. The Rabbis said that he hung her portrait above his bed. He kept it there until Esther succeeded her, whereupon he replaced Vashti's portrait with that of Esther. Accordingly, he remembered Vashti because he saw her picture, and he remembered that she had refused to comply with his order. He knew that she had behaved properly, because it was unbecoming for a queen to appear nude before the court, and that the death sentence meted upon her had been unjust. And even if she had sinned, she did not deserve such a severe penalty. He was so upset by this that he ordered the wise men of Persia and Media executed. They are subsequently no longer mentioned in the Book of Esther. The sons of Issachar, who were consulted first, anticipated Ahasuerus's change of heart, and therefore evaded passing judgment on Vashti, lest they meet their end because of this unjust verdict. Concerning such a case, King Solomon stated (Prov. 11:8): "A righteous man is delivered from trouble, and a wicked man comes in his stead." A similar interpretation is offered by the *Targum*, which also states that the king executed the seven wise men for advising him to dispatch Vashti.

2. **Let them seek for the king**—The first part of Memucan's counsel, namely that Vashti be removed from her royal position, has been executed, but the second part, that the royal position be given to her peer who is better than she, has yet to be executed. Therefore, let them seek for the king young maidens of comely appearance.—[*Rokeach*]

3. **And let the king appoint commissioners**—*since every commissioner is familiar with the beautiful women in his province.*—[*Rashi*]

their ointments—*These are things that cleanse, like* (Lev. 6:21): "*it shall be scoured* (וּמֹרַק) *and rinsed.*" [This includes] *perfumed oil, various ingredients and spices that cleanse and smoothen the skin.*—[*Rashi*]

4. **And let the maiden...reign instead of Vashti**—This plan was very difficult to execute, because none of the prominent subjects of the kingdom who had a beautiful daughter would be willing to bring her to the king and subject her to this test. If the king would desire her, he would marry her, but if he rejected her, she would return home dejected and sad. Ahasuerus therefore promised to marry them all, but to crown only the one who pleased him the most.—[*Alshich*]

5. **a Judean man**—*because he was exiled with the exile of Judah; all those who were exiled with the kings of Judah were called* יְהוּדִים [Judeans, Jews] *among the nations, even if they were from another tribe.*—[*Rashi*] *Ibn Ezra* explains that because he was from the kingdom of Judah, he was called יְהוּדִי.

the son of Shimei—The Rabbis identify him as Shimei the son of Gera, who cursed David during Absalom's rebellion (II Sam. 16:5). He is described as being of the house of Saul.

a Benjamite—*He was from Benjamin. That is the simple meaning, but our Sages explained what they explained.*—[*Rashi*] [i.e., They interpreted the passage homiletically, and not according to its simple meaning.] Indeed, the Talmud (*Meg.* 12b, 13a) presents a variety of answers to reconcile the contradiction between the two expressions: "a Judean man," and "a Benjamite." One answer is that "Mordecai was crowned with titles." The *Gra* explains that Mordecai was known by these two titles, because originally, when all the Jews were in their land, and each tribe occupied its own territory, Mordecai was the prince over the tribe of Benjamin. Afterwards, the northern kingdom was exiled, and only the tribes of Judah and Benjamin remained. Although many of the ten tribes returned to the land of Israel, they were no longer in their own territory, and were included in the tribe of Judah. At that time, Mordecai was prince over all the tribes included under the name of Judah. Another explanation is that Mordecai's father was a Benjamite and his mother was a Judean.

Masoreth Hashas explains that, although Mordecai was a Benjamite, he had the regal bearing of a Judahite, the tribe from which the monarchs were descended. Another

explanation is that Mordecai's father was a Benjamite, and his mother was a Judahite. According to Maharsha, these two explanations coincide. Mordecai was so great that he was crowned with titles, known both by his father's tribe and his mother's tribe.

Another explanation is that the families vied with one another. The family of Judah contended that they were responsible for Mordecai's birth, because David had spared Shimei the son of Gera, the progenitor of Mordecai, whereas the family of Benjamin contended that Mordecai was of their tribe.

Another explanation is that, on the contrary, the people of Israel were dissatisfied with Mordecai because of the trouble that he ostensibly caused, and they blamed both the tribe of Judah and the tribe of Benjamin. They blamed the tribe of Judah because David had spared Shimei, the progenitor of Mordecai, with whom Haman was enraged, and they blamed Saul, a Benjamite, for sparing Agag, Haman's forebear.

Still another explanation is that anyone who denies the efficacy of pagan deities is called a Yehudi. *Maharsha* explains that this is because the name יְהוּדָה contains the four letters of the Tetragrammaton.

6. **who had been exiled from Jerusalem**—The Talmud (*Meg.* 13a), noting the superfluity of this expression, remarks that "he exiled himself," which *Rashi* explains to mean that he was not coerced to go into exile, but voluntarily went into exile in order to stay with his people, much as Jeremiah did, until God commanded him to return to the Holy Land. The *Gra* explains this passage in the opposite manner. Mordecai loved the Holy Land so much that he returned there three times, thus necessitating being exiled each time.

7. **Hadassah, that is Esther**—Some of our Sages (*Meg.* 13a) believe that Esther was her proper name, and that she was called Hadassah for several reasons. Some hold that she was called Hadassah, meaning a myrtle, because the righteous are referred to in Zechariah as myrtles. Another theory is that Esther was neither tall nor short, but of medium height, like a myrtle tree. Still another view is that her complexion was greenish, like the hue of a myrtle, but that she was endowed with charm. Other Sages believe that her proper name was Hadassah, but that she was called Esther because she concealed (הַסְתִּירָה) the facts about herself as Mordecai had commanded her. Another view is that the nations called Esther after Istahar. According to *Rashi* and *Aruch*, this is the moon, called סַהֲרָא in Aramaic and according to *Yalkut Shimoni*, it is the planet Venus, *Estera* in Greek.

כי אין לה אב ואם והנערה יפת־תאר וטובת
מראה ובמות אביה ואמה לקחה מרדכי לו לבת:
ח ויהי בהשמע דבר־המלך ודתו ובהקבץ נערות
רבות אל־שושן הבירה אל־יד הגי ותלקח אסתר
אל־בית המלך אל־יד הגי שמר הנשים: ט ותיטב
הנערה בעיניו ותשא חסד לפניו ויבהל את־
תמרוקיה ואת מנותה לתת לה ואת שבע הנערות
הראיות לתת־לה מבית המלך וישנה ואת־

הר"א כי אין לה אב ואם. שם יג: ובמות אביה ואמה לקחה מרדכי לו. שם: ותלקח אסתר אל בית המלך. רהם השנה ז: ואת שבע הנערות הראיות. מגילה יג:

תרגום

ואמאי הוו קרין לה הדסה על די הות צדקתא וצדיקיא דמתילו לאסא אסתר הוו קרין לה על די הות צניעא בביתא דמרדכי שבעין נחמש שנין ולא חזת אפי גבר אלהן אפי מרדכי דאתעבידת לה לתורבינא ארום לית לה אבא ואמא ועולמתא שפירת ריוו ושפירת חיזו ובעידן דמית אבוהא אשתארת בכרסא דאמה וכד ילידת יתה מיתת אמה ונסבה מרדכי ליה בביתיה והוה קרי לה ברת: ח והוה כד אשתמע פתגם כרוז מלכא וגזרתיה ובאתכנשות עולימן סגיאן לשושן בירנתא ליד הגי ואדברת אסתר באונסא ואתעלת לבית מלכא לידא דהגי נטיר נשיא: ט ושפרת עולמתא בעינוי ואטענת חסדא קדמוי ופקיד לאתבהלא ית סמתר רבותהא וית מתנתהא המניכין ולבושי מלכותא למהוי יהיבין לה וית שבע עולמתא לשמשותא שבע יומא דשבתא חולתא הות משמשא קדמאה בחד בשבתא רוקעיתא בתרין בשבתא גנוניתא בתלת

שפתי חכמים

וקרי ליה ימיני. לכ"פ של שגלה כו': ת דק"ל כי איך תוכל נשיית לו לבת

רש"י

(ז) לו לבת. רבותינו פירשו ה לבית לאשה: (ט) ויבהל את המרוקיה. זריז וממהר כשלה משל כולן: הראויות להת לה. לשרתה וכן עושין לכולן. ורבותינו דרשו

אבן עזרא

שהיתה בתולה לא היה מרדכי מסכן בה כי לא יסמך על מעשה נס. אולי דרש לבית שהיה במחשבתו בעבור יפיה לקחתה לאשה: (ט) ותשא הסד. החסד תשא עמה לא יסיר ממנה: ויבהל. כטעם מהירות: מנותיה. הלקים כמו מנה אחת בדברי האכילה להיותה שמינה: ושבע הנערות. משרתות אותה: הראיות. הלשון הזה ידוע בדברי רז"ל: וישנה. שינה המנות לעשות לה טובה. וטעם בית הנשים. דבק עם וישנה כי שינה מנותיה ונערותיה והיא בבית הנשים עם הכרותיה. יש אומרים כי מרדכי לא עשה נכונה שלוה על אסתר שלא תגיד עמה כי פחד שלא יקחנה המלך לאשה אם ידע שהיא מהגולה. ואחרים אמרו כי בדרך נבואה או בחלום ידע שתבא תשועה על ידה לישראל. והנכון בעיני כי עשה זה מרדכי בעבור שתשמור תורת השם בסתר שלא תאכל נבילות ותשמור השבתות ולא ירגישו המשרתים כי אם יודע הדבר שמא המלך יכריחנה או יהרגנה כי בעל כרחה נתפש'. וידענו כי מרדכי היה מגדולי ישראל כי הנה הוא שלישי לשרים העולים עם זרובבל וכאשר ראה כי לא נבנה הבית בא אל עילם והיה בשער המלך בארמון והיא מעלה

קיצור אלשיך

כל לב כי תרמה למצוה הבאה בעבירה כי תנשא לא שוריש. ומדוע לא עשה לה הקב"ה נס שלא תפול בגורל אחשורוש כאשר עשה נס לשרה שלא תפול בגורל פרעה ואבימלך. ואם אמרנו כי לא היתה צדקת. איך עשה הקב"ה נס על ידה. אמנם אין ספק כי מאשר הראנו יתברך את כל הגדולות אשר עשה על ידה כולנו חייבים להודות כי צדקת גמורה היתה. ומה גם אשר השליטה ה' במלכות הרב ההוא כמאמר הז"ל מה ראתה אסתר שתמלוך על קכ"ז מדינות. על שהיתה בת בתה של שרה שחיתה קכ"ז שנה. הרי שאסתר תתייחס לשרה יותר מכל בנות ישראל. כי כולן לא זכו למלוכה בזכות שרה רק אסתר לבדה. ומה שנלכדה אסתר לאחשורוש מה' יצא הדבר [כמו שאר פליאות (דוד מרות. וכאשר אמר איוב מי יתן טהור מטמא)] ולהכריה הדבר כי צדקת היתה אסתר בא הכתוב לומר הביטה וראה כי צדקת היתה ומה' יצא הדבר כי הלא האיש יהודי הצדיק הגדול היה אומן את הדסה. וע"ש צדקתה נקראת הדסה. כי הצדיקים נקראים הדסים. כי להיות מרדכי האומן אותה והיא נקראת הדסה ודאי שהוכפל כשו.תה בהתמדה. כי דרך האילנות שהם רעננים רק בקיץ אך לא בחורף. אך ההדס רטוב ודשן בקיץ ובחורף. בא וראה ויהי אימן את הדסה. הצדקת. היא אסתר. אפילו בעת שהיתה בבית המלכות אשר שם נקראה בשם אסתר. היתה ג"כ הדסה. צדקת. כדוגמת ההדס שלא ישתנה בחורף. כבקיץ. וגם אז בת דודו תקרא. תתייחס אל משפחתה הצדיקים. כי אין לה אב ואם. ונתגדלה בבית מרדכי ע"כ עמדה בצדקתה אף במלכותה. כי תיכף במות אביה ואמה לקחה מרדכי לו לבת.

(ח) ויהי בהשמע וגו'. הפסוק מספר כי מרדכי הסכין עצמו ואת הדסה. ויהי בהשמע דבר המלך. בתחלה נשמע דבר המלך שכל הבתולות היפות יבואו אל שושן הבירה. ודתו. ואח"כ ניתן דת. כל מי שיש לו בתולה יפה ולא יביאה אל המלך דתו למות. וע"כ מחמת יראת הדת נתקבצו נערות רבות אל שושן הבירה. עכ"ז לא היתה אסתר ביניהן. כי חשבה אולי יעשה לה נס שתנצל מזה. אבל מחשבת הקב"ה לא כן היה ע"כ ותלקח אסתר אל בית המלך אל יד הגי. הבט נא וראה כל הנערות שבאו לשושן באו תיכף אל יד הגי. ולא אל בית המלך תחלה ואח"כ אל הגי. ואסתר הובאת תחלה ותיכף אל בית המלך. שהמלך יראנה. מחמת כי לבם אמר להם שהיא תשא חן בעיני המלך לשום כתר מלכות בראשה. אלא שנמסרה ליד הגי לתת תמרוקיה להכינה לבוא אל המלך:

(ט) ותיטב הנערה בעיניו. ע"כ ויבהל את תמרוקית ואת מנותיה לתת לה. אף שלכל הנשים לא נתן רק תמרוקיהן בלבד. ולאסתר נתן גם מנות. והכל עשה במהירות. ומחמת והשא חסד לפניו ע"כ נתן לה שבע נערות הראויות לתת לה מבית המלך אחר חתונתה. והגי נתן אותן אליה תיכף בבואה תחת ידו. מה שלא נתן זה לנשים אחרות אשר באו תחת ידו. וישנה ואת נערותיה לתת להן לטוב בית הנשים. הבית הטוב מכל בתי הנשים:

לא

for she had neither father nor mother, and the maiden was of comely form and of comely appearance, and when her father and mother died, Mordecai took her to himself for a daughter. 8. And it came to pass, when the king's order and his decree were heard, and when many maidens were gathered to Shushan the capital, to the custody of Hegai, that Esther was taken to the king's house, to the custody of Hegai, keeper of the women. 9. And the maiden pleased him, and she won his favor, and he hastened her ointments and her portions to give [them] to her, and the seven maidens fitting to give her from the king's house, and he changed her and her

and when her father and mother died—This seemingly superfluous clause denotes that when her mother conceived her, her father died, and when she bore her, she herself died.—[*Meg*. 13a]

for a daughter— Heb. לְבַת. *Our Sages explained*: לְבַיִת, *for a house, meaning for a wife*.—[*Rashi* from *Meg*. ad loc.] The Talmudic commentators take this passage literally, i.e., that Esther was married to Mordecai, as appears from *Megillah* 15a. *Ibn Ezra*, however, conjectures that the Rabbis mean that because of her beauty, he considered marrying her.

8. **And it came to pass, when the king's order and his decree were heard**—At first, Esther hid, but when they saw that she was not brought before the king, they issued a decree that whoever had a maiden at home and did not bring her would be put to death, as the Midrash states. Mordecai then revealed her, and she was taken by force. This is the meaning of "the king's order and his decree." The "order" was the initial order to bring the maidens to the king, and the "decree" was the second order, threatening anyone who did not comply with death.—[*Gra*]

9. **and he hastened her ointments**—*He was more diligent and quicker with bringing her* [ointments] *than those of all of them*.—[*Rashi*]

fitting to give to her—*to serve her, and so they would do for all of them; and our Sages explained what they explained*.—[*Rashi*, alluding to *Meg*. 13a] The Talmud explains that she would call each one on a different day of the week, so that when the one assigned for the Sabbath would come, she would know that it was the Sabbath. That is according to *Rashi*. The *Targum* states that she selected seven maidens whose names denoted the various parts of the Creation, and she called each one on her respective day, in order not to forget when the Sabbath occurred.

and he changed her—Heb. וַיְשַׁנֶּהָ, *he changed her*.—[*Rashi*]

נַעֲרוֹתֶיהָ לְטוֹב בֵּית הַנָּשִׁים׃ י לֹא־הִגִּידָה אֶסְתֵּר
אֶת־עַמָּהּ וְאֶת־מוֹלַדְתָּהּ כִּי מָרְדֳּכַי צִוָּה עָלֶיהָ
אֲשֶׁר לֹא־תַגִּיד׃ יא וּבְכָל־יוֹם וָיוֹם מָרְדֳּכַי מִתְהַלֵּךְ
לִפְנֵי חֲצַר בֵּית־הַנָּשִׁים לָדַעַת אֶת־שְׁלוֹם אֶסְתֵּר
וּמַה־יֵּעָשֶׂה בָּהּ׃ יב וּבְהַגִּיעַ תֹּר נַעֲרָה וְנַעֲרָה
לָבוֹא ׀ אֶל־הַמֶּלֶךְ אֲחַשְׁוֵרוֹשׁ מִקֵּץ הֱיוֹת לָהּ כְּדָת
הַנָּשִׁים שְׁנֵים עָשָׂר חֹדֶשׁ כִּי כֵּן יִמְלְאוּ יְמֵי מְרוּקֵיהֶן
שִׁשָּׁה חֳדָשִׁים בְּשֶׁמֶן הַמֹּר וְשִׁשָּׁה חֳדָשִׁים בַּבְּשָׂמִים
וּבְתַמְרוּקֵי הַנָּשִׁים׃ יג וּבָזֶה הַנַּעֲרָה בָּאָה אֶל־הַמֶּלֶךְ
אֵת כָּל־אֲשֶׁר תֹּאמַר יִנָּתֵן לָהּ לָבוֹא עִמָּהּ מִבֵּית

תו"א ואת נערותיה. בס: ובהגיע תר נערה ונערה. עקידה בש"פ: ששה חדשים בשמן המר. שבת פ' במה מג מגילה יג מנחות פו:

תרגום

בשבתא נהוריתא בארבע בשבתא רוחשיתא בחמש בשבתא חורפיתא בשתא בשבתא רגועיתא ביומא דשבתא כולהן צדיקתא וחזיין למתן לה מיכלא ומשתיא על ידיהן מן ביתא דמלכותא ושני יתה וית עולמתהא לאוטבא להון ולפנקותהון בבית נשיא:
י לא חויא אסתר ית עמה ותלדותה מטול דמרדכי פקדה דלא תחוי ומטול מה פקדה דלא תחוי מטול דחשב בליביה מרדכי נשתי דעבדת יקרא לנפשה ולא צבית דייתי למחמי שופרא למלכא ולשליטיא דן יתה דינין בישין וקטיל יתה ולמה לא תחויאת אסתר עמה דתלדותה דלמא רגיז עלה מלכא וקטיל לה ומשיציי עמא די היא מניהלכן פקיד יתה דלא תחוי עמה ותלדותה: יא ובכל יומא ויומא מרדכי הוה מצלי ואזל קדם דרתא די בבית נשיא למידע ית שלמא דאסתר ומה אתעבד בה: יב וכד מטא סדור עולמתא ועולמתא למיעל קדם מלכא אחשורוש מסוף דיהוי לה כהלכת נשיא דמתינן בהפנוקיהון תרי עשר ירחי שתא ארום כדין שלמין יומי סמהוריהון שתא ירחין בטכסת ואנפקינון דמנתר ית סערא ומפנק ית בסרא ושתא ירחין בבוסמיא ובסמהורי נשיא: יג ובהדין זמן בתר דשלמין תרי עסר ירחי שתא עולמתא עיילא לות מלכא ית

רש"י

א מה שדרשו: וישנה. שינה אותה: (י) אשר לא תגיד. כדי שיאמרו שהיא ממשפחה בזויה וישלחוה שאם ידעו שהיא ממשפחת שאול המלך היו מחזיקי' בה: (יא) ומה יעשה בה. זה אחד משני צדיקים שניתן להם רמז ישועה דוד ומרדכי. דוד שנאמר (שמואל א יז) גם את הארי גם את הדוב הכה עבדך אמר לא בא לידי דבר זה אלא לסמוך עליו להלחם עם זה וכן מרדכי אמר לא אירע לצדקת זו שתלקח למשכב נכרי אלא שעתידה לקום להושיע לישראל לפיכך היה מחזר לדעת מה יהא בסופה: (יב) תר. זמן: (יג) כל

שפתי חכמים

מאחר שאינה מזלמו יר"ל לקחה מרדכי והיתה לו כבת כמו יתסי לו כבת גבי בת שבע [שמואל ב' י"ב]. וכ"פ אל תקרי לבת אלא לבית כ"ה בפ"ק דמגילה ומפרש מה לבית פי' לאשה: א דיוקו מדכתיב הראויי' לתת לה משמע שהיו נתנים לכל אחת הראויות לה דהל"כ הנ"ל ואת שבע הנערות מבית המלך. וכן היתה במדרש היה מוסר לכל אחת שבע נערות אם היתה בחורה אומרה שחורה הבא עמם

אבן עזרא

גדולה. והנה דניאל הפקיד חביריו על מלכות בבל והוא בשער המלך ולולי שהיה מרדכי קודם מעשה אסתר ממשרתי המלך לא עזבוהו המשרתים להתהלך לפני חצר בית הנשים: (יא) את שלום אסתר. אם היא צריכה לרופאים: (יב) תור נערה. כמו עת ויש אומרים מגזרת תור כי הוא יבא לעת מזומנת כטעם וקול התור: מקץ היות לה. סוף מקץ שבע שנים תהלה: שמן המור. בושם נחמד ועליו יש מחלוקת: (יג) ובזה. בדבר זה כי יש לה רשות לבקש מה שתרצה וזה בעבור שלא

קיצור אלשיך

(י) לא הגידה אסתר וגו'. כי מרדכי צוה עליה אשר לא תגיד. כי מרדכי נתן אל לבו לאמר מה זאת עשה אלהים שני הפכים באשה אחת. כי נתנה עליון תצלח למלוכה גדולה עד מאד. ולעומת זה השפל השפילה שאת אחשורוש תשכב. גם ידע מרדכי את כל אשר נעשה כי ישראל אכלו ושתו ונהנו מסעודת אחשורוש. והיה צועק מר על היהודים אשר בשושן לבלתי בא אל שלחן המלך כי מרה תהיה באחרונה וע"כ בהלקח אסתר אל בית המלך באין ספק נתן אל לבו לאמר אין זה כ"א גזרה עומדת ח"ו על ישראל ומה' יצא לעת כזאת תגיע אסתר למלכות למען תוכל לרפא להם. וגם לא על חנם נלקחה דוקא היא אל בית המלך. יען היא משבט בנימין מילדי קיש אבי שאול שגרם ביאת המן לעולם על אשר השאיר את אגג לילה אחת לשכב את אשה המוליד את המן ההושב מחשבות להאביד את ישראל מן העולם. באופן אמר מרדכי בלבו או נלקחה אסתר להסתכן ותמות בעת צרה לכפר בעד אביה. או על ידה תהיה

לקוטי אנשי שם

(י) מה טעם צוה עליה מרדכי שלא תגיד עמה ומולדתה איתא בילקוט הטעם. כי אחשורוש שאל אית' בת מי את. אלא מי נתגדלת. והטעם אותם שרים ושלטונים. לכן אמר מרדכי לאסתר מיום שגליתי מארצנו אין אנו מקובלים על העמים. ואם יעשה המלך אותנו שרים ושלטונים והאי יתקנאו כל העמים עי"ו ועל משפחתו ועל כל ישראל ויעמדו עלינו ויכלתו בית אבינו וכל ישראל. ועוד יש טעם אחר למה צוה מרדכי עליה שלא תגיד. מחמת שחשב שבשעה יעשה אחשורוש משתה ההוגנת. ויעוד יבואו שרים רבים. והמלך ירצה להתפאר ביופי אסתר. אולי יאמרו השרים שירצו שתבא אסתר ערומה והיא לא תרצה לבוא וישרגוה כאשר הרגו את ושתי. ע"כ צוה עליה מרדכי שלא תגיד מי היא. ואז לא ידבר המלך מיופיה כלום מחמת שירא אולי היא ממשפחה בזויה ויתבייש על ידה. וה"מ בין שני הטעמים לפי טעם ד' היה מהראוי שלא תגיד קודם המשתה. אבל לאחר המשתה היה לה לומר. כי מאי דהוה הוה. ותשא יותר חן בעיניו. אבל לטעם הילקוט לא הוכל להגיד לו אף לאחר המשתה כי גם אז ירצה לעשות שלטונים מעמה וממולדתה. ובזה יש' ניחא מה שקודם המשתה כתיב לא הגידה אסתר עמה ומולדתה. כתיב עמה קודם מולדתה. כי אז עיקר החשש היה אם המלך ידע עם אסתר לא יתבייש לומר כי אשתו היפה בנשים היא יהודית. ואולי יאמרו כי רצונם נרצותה פרוצה. אבל לאחר המשתה היתה יכולה להגיד מי היא. אבל החשש היה אולי ירצה לעשותה שלטונים. ואת מי יעשה שלטונים. בכמה אנשי מולדתה ואז היה העיקר שלא הגד מולדתה. וממולדתה ידעו מי עמה. ע"כ כתיב לא הגידה אסתר מולדתה. כי זה עיקר היראה. וגם עמה לא רצתה להגיד מטעם הנ"ל:

הנשים

maidens to the best [portions in] the house of the women. 10. Esther
did not reveal her nationality or her lineage, for Mordecai had
ordered her not to reveal it. 11. And every day, Mordecai would
walk about in front of the court of the house of the women, to learn
of Esther's welfare and what would be done to her. 12. And when
each maiden's turn arrived to go to King Ahasuerus, after having
been treated according to the practice prescribed for the women, for
twelve months, for so were the days of their ointments completed,
six months with myrrh oil, and six months with perfumes, and with
the ointments of the women. 13. Then with this the maiden would
come to the king; whatever she would request would be given to her
to come with her from the house of

10. **not to reveal**—*so that they should say that she was from an ignoble family and dismiss her, for if they knew that she was of the family of King Saul, they would detain her.*—[*Rashi*] The *Targum* explains that Mordecai feared that if the king would be wroth with her, he would have her slain and her people annihilated. *Ibn Ezra* states that some criticize Mordecai for ordering Esther not to divulge her nationality. They assume that he did this lest the king hesitate to marry her, knowing that she was of the exiles. He quotes others who say that Mordecai had a dream that through Esther, the Jewish people would be saved. He prefers to believe, however, that Mordecai ordered her to be silent in order that she be permitted to keep the laws of Judaism unhindered. Should Ahasuerus know her lineage, he would be likely to coerce her or to slay her, just as she was taken against her will.

11. **and what would be done to her**—*He was one of two righteous men to whom a hint of salvation was given: David and Mordecai. David—as it is said (I Sam. 17:36): "Both the lion and the bear has your bondsman smote." He said* [to himself], *"This incident happened to me only to teach me to have faith that I can battle with this one* [Goliath]." *Likewise, Mordecai said* [to himself], *"The only reason that this righteous woman was taken to the bed of a gentile was because she is destined to rise to save Israel." He therefore went around to find out what would be her fate.*—[*Rashi*. See *Esther Rabbah, Mesoreth Hamidrash; Yalkut Shimoni*, Sam. 227; *Mechilta d'Rabbi Shimon ben Yohai*, end of *Beshallah*]

12. **turn**—Heb. תּוֹר, *time.*—[*Rashi, Ibn Ezra*] order.—[*Targum*]

13. **whatever she would request**—*any entertainment or types of music.*—[*Rashi*]

הנשים עד־בית המלך: יד בערב | היא באה ובבקר
היא שבה אל־בית הנשים שני אל־יד שעשגז
סריס המלך שמר הפילגשים לא־תבוא עוד אל־
המלך כי אם־חפץ בה המלך ונקראה בשם:
טו ובהגיע תר־אסתר בת־אביחיל | דד מרדכי
אשר לקח־לו לבת לבוא אל־המלך לא בקשה
דבר כי אם את־אשר יאמר הגי סריס־המלך שמר
הנשים ותהי אסתר נשאת חן בעיני כל־ראיה:
טז ותלקח אסתר אל־המלך אחשורוש אל־בית
מלכותו בחדש העשירי הוא־חדש טבת בשנת־
שבע למלכותו: יז ויאהב המלך את־אסתר מכל־
הנשים ותשא־חן וחסד לפניו מכל־הבתולות וישם
כתר־מלכות בראשה וימליכה תחת ושתי:
יח ויעש המלך משתה גדול לכל־שריו ועבדיו

ת"א בערב היא באה. מגילה יג: ובהגיע תר אסתר. עקידה שער ס: ותהי אסתר נשאת חן. מגלה שם: ותלקח אסתר. שם: ויאהב המלך את אסתר. שם: ויעש המלך משתה גדול. שם:

תרגום

כל רב וסרכן די צביא למימר מן יד יתיהב לה למיעל עמה מבית נשיא עד בית מלכא: יד בעדן רמשא הות עילא לשמשותיה ית מלכא ובעדן צפרא הות תיבא לבית נשיא תניין לידא דששעשגז רבא דמלכא נטיר מטרוניתא ומכאן ואילך לא הויעול תוב לות מלכא ארום אלהן ההיא דיתרעי בה מלכא וקרי לה בשמא מפרש וכתיב: טו וכד מטא סידור אסתר ברת אביחיל אחבוי דמרדכי די נסבה ליה לברת למיעל לות מלכא לא תבעת צרוך לכל מדעם ארום אלהין ית מן דיימר הגי רבא די למלכא נטר נשיא והות אסתר טעינא טיבו ומשכחא רחמין בעיני כל חזהא: טז ואדברת אסתר לות מלכא אחשורוש לאתתא ואעל יתה לבית אדרון בית מלכותיה בירחא עשיראה הוא ירחא דטבת בשתא שביעתא למלכותיה: יז ורחם מלכא ית אסתר מכל נשיא דהוו מתנסבן ואטענת רחמין וטיבו קדמוי מכל בתולתא ושוי מניכא דדהבא על רישה וטרד מן קיטון בית דמכיה ית איקונין דושתי ואוקים תמן ית איקונין דאסתר ואותיב יתה על כורסי הנין ואמליך יתה חלף ושתי: יח ועבד מלכא משתיא רבא לכל רברבנוי ועבדוי והוה קרי ליה משתיא דאסתר והנית שבוק כרגא לפלכיא עבד ויהב ליה מתנן

רש"י

אשר תאמר. כל שחוק ומיני זמר: (יד) אל בית הנשים שני. השני: (טז) בחדש העשירי. עת צנה שהגוף נהנה מן הגוף זימן הקב"ה אותו עת צינה כדי לחבבה עליו: (יז) מכל הנשים. הבעולות שאף נשים הבעולות קנך: (יח) והנחה למדינות עשה. לכבודה הניח להם מן המס שעליהם: ויתן משאת. שלח דורונות להם והכל כדי

אבן עזרא

תבא לידי מחשבה ותהיה כהושה: (יד) אל בית הנשים שני. הטעם פעם שני ובא הטעם לשון זכר כמו אך בפעם הזה: וטעם שומר הפילגשים. כי אחר ששכב המלך עמה לא ישכב עמה אדם אחר כי חרפה היא למלך רק תהיה מהפילגשים רק אם לא מצא המלך טובה ממנה אז ימליכנה: (טו) לא בקשה דבר. גם זה לאות על שכלה: (טז) הוא חדש טבת.

קיצור אלשיך

נאולת ישראל ותתקן קלקלת בית אביה וע"כ בכל יום ויום מרדכי מתהלך לפני חצר בית הנשים לדעת את שלום אסתר לראות אם היה מתחיל להעשות דבר שתכתכן בו. וזה הוא את שלום אסתר. או אם הוא למען תציל את ישראל היה הולך לדעת מה יעשה בה. כלומר מה הוא הדבר והנס שיעשה לישראל בה. ועל ידה אם היה מתרגש דבר תצטרך להציל את ישראל ובגלל הדבר הזה צוה עליה אשר לא תגיד את עמה ישראל ואת מולדתה הוא שבט בנימין. כי אמר בלבו אם איזה גזרה תהי' ח"ו על ישראל טוב הוא בל ידעו כי יהודית היא ומשבט בנימין היא פן בעת הגזרה יוציאוה מן הכלל אותה ואת מולדתה. באופן לא תהיה לה פתחון פה לומר למלך יושיע לה ואת עמה כי אינו כבוד המלך ובזה אנבה ינצלו ישראל כאשר היה לבסוף כי אמרה כי נמכרנו אני ועמי. כי ע"כ חרד לבו ויתר ממקומו באומרו מי הוא זה אשר מלאו לבו לעשות כן. אך אם היתה מגדת עמה ומולדתה היו שוללים אותה מרשת זו ממנו לישראל ולא יהיה לה פתחון פה להשיב מחשבת עושי הרעה ומה גם אם יכתב ויחתם בטבעת המלך אשר אין להשיב כי יאמר לה, המלך רב לך כי אינך

בכלל אסירי המלך ולא תהי' פלטה ח"ו. וזהו מאמר הכתובים לא הגידה אסתר וגו' כי מרדכי צוה וגו' והטעם הוא כי בכל יום ויום מרדכי מתהלך וגו' לדעת את שלום אסתר אם ח"ו אירע דבר שתסתכן על אשמת בית אביה. או מה יעשה בה [על ידה] לישראל כי לא על חנם היה ענינם. וע"כ לא רצה מרדכי שתגיד למען תוכל לרפא להם ולא יהנה הדלת נעול לפניה אם תודיע עמה ומולדתה כנ"ל:

(יז) **ויאהב** המלך את אסתר וגו'. כנראה מהפסוקים כל הבתולות שבאו אל המלך למשכב הלילה. באו כסדרן כל לילה אחרת. ולא שבו עוד לביתן. רק נשארו פלגשים למלך. תחת יד שעשגז. עד הגיע תור אסתר לבא אל המלך. ותשא חן וחסד לפניו. לא שבה אל בית הפלגשים. רק נשארה בבית המלך. כי המלך אוהבה יותר מכל הנשים [הפלגשים אשר ביד שעשגז] והשא חן וחסד לפניו מכל הבתולות אשר נשארו שם. שהמלך עוד לא בא עליהן. ומאין ידע המלך שאסתר טובה לפניו מכל הבתולות אשר עוד לא ידע אותן. אולי תמצא בהן אחת הטובה יותר מאסתר. ע"כ אומר הכתוב ובהקבץ בתולות שנית. דהיינו שנקבצו

the women to the king's house. 14. In the evening she would go,
and in the morning she would return to the second house of the
women, to the custody of Shaashgaz, the king's chamberlain, the
guard of the concubines; she would no longer come to the king
unless the king wanted her, and she was called by name. 15. Now
when the turn of Esther, the daughter of Abihail, Mordecai's uncle,
who had taken her for a daughter, came to go in to the king, she
requested nothing, except what Hegai the king's chamberlain, the
guard of the women, would say, and Esther obtained grace in the
eyes of all who beheld her. 16. So Esther was taken to King
Ahasuerus, to his royal house in the tenth month, which is the
month of Tebeth, in the seventh year of his reign. 17. And the king
loved Esther more than all the women, and she won grace and
favor before him more than all the maidens, and he placed the
royal crown on her head and made her queen instead of Vashti.
18. And the king made a great banquet for all his princes and his
servants,

14. **to the second house of the women**—Heb. שֵׁנִי. [Like the usual form] הַשֵּׁנִי.—[*Rashi*]

In the evening she would go, etc.—*From the discreditable account of this wicked man we can learn something to his credit, namely that he did not indulge in sex during the day but only at night.*—[*Rashi* from *Meg.* 13a]

15. **and Esther obtained grace in the eyes of all who beheld her**—Each one took her to be a member of his people.—[*Meg.* ad loc.]

16. **in the tenth month**—*the cold season, when one body enjoys* [the warmth of] *another body. The Holy One, blessed be He, designated that cold season in order to endear her to him.*—[*Rashi* from *Meg.* ad loc.]

which is the month of Tebeth—So it is called in the language of the Chaldeans. In Hebrew, the months were known by their number, commencing from Nissan, the spring month.—[Ibn Ezra]

17. **and made her queen instead of Vashti**—Prior to Ahasuerus's selection of Esther, he had a portrait of Vashti in his bedroom to which he would compare the beauty of each candidate for the position of queen. When Esther came, he removed that portrait and had a portrait of Esther painted.—[*Mid. Abba Gurion, Esther Rabbah, Targum, Lekah Tov*]

אֶת מִשְׁתֵּה אֶסְתֵּר וַהֲנָחָה לַמְּדִינוֹת עָשָׂה וַיִּתֵּן
מַשְׂאֵת כְּיַד הַמֶּלֶךְ: יט וּבְהִקָּבֵץ בְּתוּלוֹת שֵׁנִית
וּמָרְדֳּכַי יֹשֵׁב בְּשַׁעַר־הַמֶּלֶךְ: כ אֵין אֶסְתֵּר מַגֶּדֶת
מוֹלַדְתָּהּ וְאֶת־עַמָּהּ כַּאֲשֶׁר צִוָּה עָלֶיהָ מָרְדֳּכָי וְאֶת־
מַאֲמַר מָרְדֳּכַי אֶסְתֵּר עֹשָׂה כַּאֲשֶׁר הָיְתָה בְאָמְנָה
אִתּוֹ: ס כא בַּיָּמִים הָהֵם וּמָרְדֳּכַי יֹשֵׁב בְּשַׁעַר־הַמֶּלֶךְ
קָצַף בִּגְתָן וָתֶרֶשׁ שְׁנֵי־סָרִיסֵי הַמֶּלֶךְ מִשֹּׁמְרֵי הַסַּף
וַיְבַקְשׁוּ לִשְׁלֹחַ יָד בַּמֶּלֶךְ אֲחַשְׁוֵרֹשׁ: כב וַיִּוָּדַע הַדָּבָר
לְמָרְדֳּכַי וַיַּגֵּד לְאֶסְתֵּר הַמַּלְכָּה וַתֹּאמֶר אֶסְתֵּר לַמֶּלֶךְ
בְּשֵׁם מָרְדֳּכָי: כג וַיְבֻקַּשׁ הַדָּבָר וַיִּמָּצֵא וַיִּתָּלוּ שְׁנֵיהֶם

תו"א ובהקבץ בתולות שנית. שם: אין אסתר מגדת. שם: ואת מאמר מרדכי אסתר עשה. שם: בימים ההם. שם: ויודע הדבר למרדכי. שם: ותאמר אסתר למלך בשם מרדכי. שם טו הגהות חולין קד: ויבקש הדבר וימצא. מגלה יג:

תרגום

וחולק כמסת ידא דמלכא:
יט ובאתכנשות בתולתא זמנא
תנינא ומרדכי מצלי ואזל
ויתיב בתרע מלכא: כ בזמנא
הדא הוה שאל לה מלכא
מאידן אומא את ולא הות
אסתר מחויא ילדותה וית עמה
כמא דפקיד עלה מרדכי וית
מאמר מרדכי הות אסתר
עבדת שביא ומועדיא הות
נטרת ביומי ריחוקה הות
מזדהרא תבשילין וחמרא
דעממין נוכראין לא הות
טעמא וכל פקודיא דאתחייבן
בהון נשיא דבית ישראל הות
נטרא על פום מרדכי היכמא
דהות נטרת כד הות מתרביא
עמיה: כא ביומיא האנון ומרדכי יתיב בסנהדרין דתקינת ליה אסתר בתרע מלכא וכד חזו
תרין רברבניא כדין כנסו וקצפו ואמרו דין לדין הלא מלכתא בפתגם מלכא בעיא לסלקא יתן
ולאוקמא ית מרדכי לית רבותא לסלקא תרין קלוסנתרין ולאוקמא חד בכן אתיעטו בלישנהון
בגתן ותרש טרסאי תרין רברבני מלכא מנטרי פלטירא ואמרו לאשקאה סמא דמותא דמטול
לאסתר מלכתא ולאושטא ידא במלכא אחשורוש למקטליה בסיפא בבית דמוכיה: כב ואשתמודע
פתגמא למרדכי על דהוה הכים למללא בשבעין לישנין וחוי לאסתר מלכתא ואמרת אסתר
למלכא ואתכתיב על שום מרדכי: כג ואתבע פתגמא ואשתכח קשוט ואצטליבו תרויהון על
קיסא ואתכתיב בספרא דכרניא דמתקרי תדירא קדם מלכא:

רש"י

לפתותה ב אולי תגיד מולדתה. ואעפ"כ כן. (כ) אין אסתר מגדת מולדתה. לפי שמרדכי יושב בשער המלך המזרזה והמרמזה על כך: (כא) לשלח יד. להשקותו סם המות: (כב) ויודע הדבר למרדכי. שהיו מספרים דבריהם לפניו בלשון טורסי ואין יודעים שהיה מרדכי מכיר בשבעים לשונות שהיה מיושבי לשכת הגזית: (כג) ויכתב בספר דברי הימים. הטובה שעשה מרדכי למלך:

שפתי חכמים

אם פיתה קלרה אמרה קלרה תבא עמה: ב כך דרשו בפ"ק דמגילה ודייקי מדסמיך ליה להאי קרא ובהקבץ בתולות שנית אין אסתר מגדת וגו' וא"ת היאך אתה יכול לומר שלא היה יודע אחשורוש מאיזו עם

אבן עזרא

כן יקרא בלשון כשדים ונקראו ההדשים בלשון הקדש על המספר בעבור אביב: (יח) והנחה. שם כמו מנוח' בעבור שמהתו באסתר: משאת. מנחה כמו משאת בנימן: (יט) ובהקבץ בתולות שנית. הטעם היה זאת הפעם השנית כבר היה יושב מרדכי בשער המלך כי זה בשנת שבע למלכותו והמשת' על דבר ושתי בשנת שלש ואמרו חכמים כי נתחייבו ישראל מיתה בעבור שאכלו בשלחן המלך ושתו מיין משתיו: (כ) אין אסתר מגדת מולדתה. למלך ולא לסריסים שהעמיד לפניה: באמנה. מגזרת כאשר ישא האומן והוא שם כמו הכמ' עלמה: (כא) משומרי הסף. בחצר הפנימית והכתוב לא הזכיר למה קצפו ואיך ידע הדבר מרדכי ויש אומרים כי הוא היה מסנהדרין והי' יודע שבעים לשון וזה טעם מרדכי בלשן ואין טעם בלשן כי אם אדם אחד: (כג) ויתלו. כל אחד משניהם כמו ויקבר בערי גלעד:

קיצור אלשיך

שנקבצו כל הבתולות הנשארות והעבירן לפני המלך. וכולן לא מצאו חן בעיניו כאסתר. ע"כ וישם המלך בעצמו כתר מלכות בראשה וימליכה תחת ושתי. (יט) ומרדכי יושב בשער המלך. זה ענין בפ"ע. כי מה' היתה זאת שישב בשער המלך. ולא מאסתר [כי אין אסתר מגדת מולדתה שהיא קרובת מרדכי כי אף את עמה לא הגידה] כדי שיתודע לו ענין בגתן ותרש ושיתודע לו גזרת המן. ע"כ סמך לו ספור ענין בגתן ותרש וכו'.

לקוטי אנשי שם

(כא) ומרדכי יושב בשער המלך. איתא בילקוט כשנכנסה אסתר למלכות אמרה לאחשורוש למה אין אתה עושה כמה שהיו המלכים הראשונים עושים שהיו מושיבים אדם צדיק יהודי יושב בשער המלך נבוכדנצר הושיב דניאל על פתחו שאם יגיע לו דבר היה אומר לו שנאמר דניאל בתרע מלכא. אמר לה מכרת את יהודי כשר. אמרה ליה יש כאן אדם כשר וצדיק ושמו מרדכי. מיד שלח אחשורוש אחרי מרדכי ונתן לו רשות לישב בשער המלך. ועי"ז ניצול אחשורוש מבגתן ותרש:

(כא) בימים ההם וגו'. שכבר מלכה אסתר ומרדכי יושב בשער המלך. ובזה בא הכתוב להורות את בני ישראל גודל השגחתו ית' להטיב אלינו כי הלא בהכנה אשר הכין המן שיהנו ישראל מסעודת אחשורוש ונתחייבו ח"ו ישראל כליה זכר הקב"ה את דבר קדשו אשר דבר אל עבדו הנביא ירמיה כי לפני מלאות לבבל שבעים שנה אפקוד אתכם. ע"כ הכין הקב"ה גדולת המן וגזרתו לעורר את ישראל לתשובה. ואח"כ יהי' מפלתו גדולה מאד. והמגלה מספרת אחת לאחת כל גלגולי הסבות מהחל עד כלה. איך שהקב"ה הכין הרפואה קודם להמכה. והמן בעצמו הכין לו מיתתו. שיעץ להרוג את ושתי. ונכנסה אסתר. הוא זימן את ישראל להפילם. ונכנסה אסתר להפילו. ומרדכי הוכן לישב בשער המלך.

ועוד

even Esther's feast, and he granted a release to the provinces and gave gifts according to the bounty of the king. 19. And when the maidens were gathered a second time, and Mordecai was sitting in the king's gate—20. Esther would not tell her lineage or her nationality, as Mordecai had commanded her, for Esther kept Mordecai's orders as she had when she was raised by him. 21. In those days, when Mordecai was sitting in the king's gate, Bigthan and Teresh, two of the king's chamberlains, of the guards of the threshold, became angry and sought to lay a hand on King Ahasuerus. 22. And the matter became known to Mordecai, and he told [it] to Queen Esther, and Esther told [it] to the king in Mordecai's name. 23. And the matter was investigated and found [to be so], and they were both hanged

18. **and he granted a release**—*In her honor, he released them from the tax that was [levied] upon them.*—[*Rashi* from *Meg.* ad loc., *Targum*] Since he did not know to which family she belonged, he granted a release to all the provinces. Accordingly, when he became aware of her lineage, he levied a tax on all his provinces (10:1).—[*Gra*]

and gave gifts— *He sent them gifts, and everything was in order to entice her, perhaps she would tell her nationality. But nevertheless—Esther would not tell.*—[*Rashi* from *Meg.* ad loc.] Not only did he grant a release from taxes, but he gave lavish gifts according to the ability of the king.—[*Gra*]

19. **And when the maidens were gathered a second time**—in order to arouse her jealousy, so that she would tell her lineage and her nationality, but to no avail.—[*Meg.* ad loc.] The *Gra* explains that afterwards, they gathered all the remaining maidens to send them home. This was written to show that Esther, due to her outstanding qualities, was not sent home.

20. **Esther would not tell her lineage**—*because Mordecai was sitting in the king's gate; he was encouraging her and hinting to her about it.*—[*Rashi*] The *Gra* explains that Esther realized that she was of high esteem in the king's eyes—he had granted all the provinces a release because of her, all the maidens were sent home except her, and Mordecai had been granted a place of honor among the dignitaries at her request even though the king was unaware of their relationship. In spite of all this honor, Esther would not reveal her lineage.

21. **In those days, when Mordecai was sitting in the king's gate**—As above, all nationalities were released from taxes and given

gifts. Mordecai, who was a Jew, was also granted a special favor: he was given a place to sit among the royal dignitaries.—[*Gra*] *Midrash Lekah Tov* explains: Initially, Mordecai walked about before the court of the house of the women. Then, Esther said to Ahasuerus, "Why do you take counsel from the princes of Persia, who advised you to slay Vashti, and not from the sages of Israel?" Ahasuerus immediately gave Mordecai a royal position and appointed him a judge in the king's gate.

of the guards of the threshold—of the inner court.—[*Ibn Ezra*] They were two of the three guards of the threshold.—[*Gra*]

became angry—According to the Talmud (ibid. 13b), they became angry with Ahasuerus because he would spend much time with Esther at night and burden them with bringing him drinks, and they would consequently get no sleep. According to the *Targum* and *Esther Rabbah*, they were angry that they were displaced by Mordecai and therefore sought to assassinate Ahasuerus. [It appears that the Talmud renders מִשֹּׁמְרֵי הַסַּף as "of the keepers of the vessels," as in *Targum Sheni*.]

to lay a hand—*to give him poison to drink.*—[*Rashi* from *Meg.* 13b, *Targum*]

22. **And the matter became known to Mordecai**—*For they were discussing their affairs before him in the Tarsean language, and they did not know that Mordecai was familiar with seventy languages, for he was one of those who sat in the Chamber of Hewn Stone.*—[*Rashi* from *Meg.* ad loc.] i.e., Mordecai was a member of the Great Sanhedrin which convened in the Chamber of Hewn Stone in the Temple Court. These judges were expected to be familiar with all seventy languages in order to understand the testimony of people from foreign lands, who were not fluent in Hebrew.

and he told [it] to Queen Esther—*Midrash Panim Aherim , second version*, gives three reasons for Mordecai's wish to save the king's life: 1) so that he would sanction the rebuilding of the Temple; 2) so that Mordecai could influence him should he decree any harsh decrees upon Israel, which he might not be able to do with his successor; 3) so that he should not be blamed for neglecting to guard the king.

and he told it to Queen Esther—by means of a messenger.—[*Midrash Lekah Tov*]

and Esther told it to the king—in person.—[*Midrash Lekah Tov*]

in Mordecai's name—She did not assume the greatness for herself because she understood that a miracle would come about through Mordecai.—[*Gra*] *Midrash Panim Aherim,* second version, states that Esther knew that Mordecai was a righteous man and that God granted whatever he requested. Therefore, she spoke to Ahasuerus in his name. *Midrash Lekah Tov* states that Esther wished Mordecai to find favor before the king.

Midrash Panim Aherim, second version, relates that the two guards had plotted to put a snake into the king's flask. When they realized that their plot had been discovered, they removed the snake from the flask. God

thereupon created another snake, which was found upon searching. Others say that they sought to strangle the king, and they were found out. Josiphon relates that when Mordecai was sitting in the king's gate, he overheard these two sentries whispering and plotting to behead the king while he was sleeping and to deliver his head to the kings of Greece, for at that time, great wars were brewing between Persia and Greece. These guards were Haman's kinsmen and his confidants. Mordecai revealed this to Esther, who, in turn, relayed the information to Ahasuerus. Following an investigation, the plot was discovered to be true, and they were hanged. *Rokeach* states that poison was found in a cup and a dagger in their sleeve.

Malbim explains that the discovery of this plot and the execution of the two plotters was the result of a series of miracles. As the Rabbis said (*Meg.* 13b): The Holy One, blessed be He, creates the remedy before the ailment. This incident was carefully planned to bring about the redemption of the Jews from their straits. This teaches us that the wound is brought about only for its remedy. This can be compared to a blood-letter, who, prior to letting blood, prepares all the implements necessary to stop the flow of blood and revive the patient. This is the meaning of (Exod. 15:26): "I will not inflict upon you any of the sicknesses that I inflicted upon the Egyptians, because I, the Lord, am your Healer." I will not inflict any sickness upon you with the same intentions that I inflicted it upon the Egyptians. My main intention in smiting the Egyptians was to punish the wicked. I will inflict sickness upon you because I am your Healer. With that intention, God prepares the remedy before the wound. God's first preparation was making Esther queen. His second preparation was seating Mordecai in the king's gate. The intention was twofold: 1) to arouse the jealousy of the sentries, and 2) to allow Mordecai to learn of the plot against the king. In one way, this caused trouble for Israel, and in one way, it brought about their deliverance. It was therefore a miracle that Mordecai was sitting in the king's gate, and it was a miracle that two sentries, chosen for their faithfulness to the king, should become angry with him and have the audacity to plot his assassination. The third miracle was that God revealed this to Mordecai. Further, Mordecai did not tell Esther to tell the king of the plot in his name, yet she did so of her own volition. Another miracle was that the poison was discovered despite their efforts to conceal it. Finally, it was a miracle that the king did not immediately reward Mordecai for his great service but recorded it in his diary.

23. **and found**—Since the two plotters guarded at different times, they planned that one would take over both watches in order to release the other to obtain the poison. When the matter was investigated, it was discovered that the wrong one was on the watch.—[*Meg.* 13b, according to *Maharsha* and *Gra*]

and it was written in the diary—*the favor that Mordecai did for the king.*—[*Rashi*]

עַל־עֵץ וַיִּכָּתֵב בְּסֵפֶר דִּבְרֵי הַיָּמִים לִפְנֵי הַמֶּלֶךְ׃ ס
ג א אַחַר ׀ הַדְּבָרִים הָאֵלֶּה גִּדַּל הַמֶּלֶךְ אֲחַשְׁוֵרוֹשׁ
אֶת־הָמָן בֶּן־הַמְּדָתָא הָאֲגָגִי וַיְנַשְּׂאֵהוּ וַיָּשֶׂם אֶת־
כִּסְאוֹ מֵעַל כָּל־הַשָּׂרִים אֲשֶׁר אִתּוֹ׃ ב וְכָל־עַבְדֵי
הַמֶּלֶךְ אֲשֶׁר־בְּשַׁעַר הַמֶּלֶךְ כֹּרְעִים וּמִשְׁתַּחֲוִים
לְהָמָן כִּי־כֵן צִוָּה־לוֹ הַמֶּלֶךְ וּמָרְדֳּכַי לֹא יִכְרַע וְלֹא
יִשְׁתַּחֲוֶה׃ ג וַיֹּאמְרוּ עַבְדֵי הַמֶּלֶךְ אֲשֶׁר־בְּשַׁעַר
הַמֶּלֶךְ לְמָרְדֳּכָי מַדּוּעַ אַתָּה עוֹבֵר אֵת מִצְוַת
הַמֶּלֶךְ׃ ד וַיְהִי בְּאָמְרָם כאמרם קרי אֵלָיו יוֹם וָיוֹם וְלֹא
שָׁמַע אֲלֵיהֶם וַיַּגִּידוּ לְהָמָן לִרְאוֹת הֲיַעַמְדוּ דִּבְרֵי
מָרְדֳּכַי כִּי־הִגִּיד לָהֶם אֲשֶׁר־הוּא יְהוּדִי׃ ה וַיַּרְא הָמָן

הו"א אחר הדברים האלה. שם: ומרדכי לא יכרע ולא ישתחוה. שם יט:

תרגום

א בתר פתגמיא האלין עלת מדת דינא קדם רבון כל עלמא וכן אמרת הלא המן רשיעא נחת מן שושן לירושלם לבטלא בנין בית מוקדשך והא כען רבי מלכא אחשורוש ית המן בר המדתא די מזרעית אגג בר עמלק רשיעא ומנייה רב על כולא ותקין ית כורסיה מעלוי כל רברבניא די עמיה עני מרי עלמא עד כדו לא אשתמודע בעלמא פסיקו מגי עד די יתרברב וישתמודע לכל עממיא ומן בתר כן אתפרע מניה על כל עקתין די יעביד איהו ואבהתוי לעמא בית ישראל: ב וכל עבדי מלכא די בתרע בית מלכא גחנין לאנדרטא די הקים בחדייה וסגדין ליה להמן ארום כן פקיד עלוהי מלכא ומרדכי לא הוה גחין לאנדרטא ולא הוה סגיד להמן על די הוה ליה עבד פלח ואזדבן ליה בטולמא דלחם: ג ואמרו עבדי מלכא די בתרע פלטרין דמלכא למרדכי מה דין את עבר ית תפקידתא דמלכא: ד והוה במללותהון לותיה יומא ויומא ולא קביל מנהון וחויאו להמן למחמי היתקיימון פתגמי מרדכי כל קביל פתגמי דהמן ארום חוי להון די להמן לא הוה סגיד על דהוה עבדיה דאזדבן ליה בטולמת לחם ולאנדרטא די הקים בחדייה לא הוה גחין על דהוה יהודי ויהודאי לא פלחין ולא גחנין ליה: ה וחזא המן ארום לית מרדכי גחין לאנדרטא ולא הוה סגיד ליה

רש"י

(א) אחר הדברים האלה. שנבראת ג רפואה זו להיות לתשועה לישראל. גדל המלך וגו' את המן. שהקב"ה בורא רפואה למכתן של ישראל קודם שיביא המכה עליהם: (ב) כורעים ומשתחוים. שעשה עצמו אלוה לפיכך ומרדכי לא יכרע ולא ישתחוה: (ד) היעמדו דברי מרדכי האומר. שלא ישתחוה עולמית כי הוא יהודי והוזהר על

שפתי חכמים

פיתם והלא כמה דלטירין היו בישראל שהיו אומרים שהיא ישראלית אלא בשביל שנושאת חן בעיני כל רואים והיו האומות מתגרות ואומרו' זו ממשפחתי וזאת אומרת כמו כן לפיכך לא היה לו לעמוד על הבירור כך כתוב ברש"י בספר עין יעקב: ג דק"ל מה הגיד לנו הכ' שלא גדלו עד שבא כמעשה הזאת לכ"פ אחר שנבראת רפואה וכו':

אבן עזרא

(א) אחר. אחר חמש שנים יש אומרים כי זה המן הוא ממוכן: מעל כל השרים. הטעם מעל כל כסאות השרים כי לכל שר יש לו כסא בבית המלכות: (ב) יכרע וישתחוה. ידועים ונכון מה שדרשו רז"ל כי צורת צלם וע"ז היו בבגדיו או על מצנפתו: (ד) כי הגיד להם אשר הוא יהודי. כי הוא אסו' לו. והנה יש לשאול למה הכניס מרדכי עצמו בסכנה גם הכניס כל ישראל היה ראוי שידבר לאסתר ותסירנו משער המלך ולא יכעיס את המן אחר שראה שהשע' משחקת לו. והתשו' כי לא יוכל לסור

לקוטי אנשי שם

ג (א) אחר הדברים האלה גדל המלך וגו'. איתא בילקוט רבי הוה משתעי אריא עבד סעודתא לכל חיותא ובעירא ועבד להון גננא ממשכא דאריותא כיון דאכלי אמרי מאן עומד לן זמר. תלו עייניהון בסדין תעלא. אמר להו עניין אתון לי מהי דאנא אמר אמרו ליה הן. דלי עיניה כלפי משכי עילאי אמר מאן דאחמי לן בעלאי יחמי לן בתתאי. כך מי שסרחני בלילו של בגתן ותרש יראהו בלילו דהמן מי שפרע מן הראשונים יפרע מן התחתונים:

קיצור אלשיך

ועוד עשה הקב"ה הקציף עבדים על אדוניהם כדי ישמע מרדכי ויכתב בספר הזכרונות שעי"כ יבא חרבונא ויאמר הנה העץ אשר עשה המן למרדכי אשר דבר טוב על המלך עומד בבית המן גם למאמר רז"ל כי בעצת המן היה ענין בגתן ותרש שע"כ כאשר נתודע הדבר למלך אמר תלוהו עליו נמצא שענין בגתן ותרש סיבב תליית המן. ע"כ.

(א) אחר הדברים האלה שמה' הוכן מפלת המן גדל המלך את המן. עוד נוכל לומר טעם על אשר גדל המלך את המן אחר תליית בגתן והרש. כי המלך לא היה מיחס ההטבה בהגדת עצת בגתן ותרש אל מרדכי כי אם אל אסתר המלכה. ע"כ אמר המלך בלבו איזה מעלה יתרה אעלה את אסתר כי אין למעלה מהיותה מלכה. אך אעלה במעלות את אשר סיבב מלכותה. וזהו להגדיל את המן ויהי' להמלכה נחת רוח מזה. ומחמת כי עד עכשיו הי' המן קטן מכל השרים ע"כ אין מהנימוס להגדילו פעם אחת על כל השרים רק יהיה בהדרגה. בתחלה גדל אותו ואח"כ וינשאהו. ואח"כ וישם את כסאו וגו':

(ב) וכל עבדי המלך אשר בשער המלך כורעים ומשתחוים להמן כי כן צוה לו [ר"ל עליו] המלך. ר"ל המלך צוה לכל עבדיו אשר בשער המלך שיעשו לו. להמן. הכבוד הזה לכרוע ולהשתחות להמן. ומרדכי לא יכרע ולא ישתחוה. ר"ל מרדכי לא היה צריך לכרוע ולהשתחות כי אף שהיה יושב בשער המלך. אך לא היה מעבדי המלך. ואם היה מרדכי אומר להם כי עליו איננו הצווי להשתחות ולכרוע מחמת שאיננו עבד המלך. יוכל היות כי עבדי המלך לא חרה להם עליו. אך מרדכי הגיד להם טעם אחר כי אינו כורע ומשתחוה מחמת שהוא יהודי. והוא יחסן שהגלה מן א"י עם הגולה שהגלה נ"נ עם יכניה מלך יהודה. והי' בא"י משרי יהודה. ולא לכבוד הוא לו שישתחוה להמן [ובפרט כי המן נתגדל בטעות שהמלך תלה ההצלת באסתר ע"כ נתגדל המן כנ"ל. ולו ידע המלך כי ע"י מרדכי היה ניצל לא היה מגדיל את המן רק את מרדכי

on a gallows, and it was written in the diary [that was read] before the king.

3

1. After these events, King Ahasuerus promoted Haman the son of Hammedatha the Agagite and advanced him, and placed his seat above all the princes who were with him. 2. And all the king's servants who were in the king's gate would kneel and prostrate themselves before Haman, for so had the king commanded concerning him, but Mordecai would neither kneel nor prostrate himself. 3. Then the king's servants who were in the king's gate, said to Mordecai, "Why do you disobey the king's orders?" 4. Now it came to pass when they said [this] to him daily, and he did not heed them, that they told [this] to Haman, to see whether Mordecai's words would stand up, for he had told them that he was a Jew. 5. And when Haman saw

3

1. **After these events**—*this remedy was created to be a salvation for Israel.*—[*Rashi* from *Meg.* 13b] Otherwise, what is the connection between Haman's promotion and the previous incident of Mordecai's discovery of the plot to assassinate Ahasuerus?—[*Sifthei Hachamim*] This was, in fact, five years later, as we read further that the lots were cast in the twelfth year of Ahasuerus's reign, whereas Esther was made queen in the seventh year.—[*Ibn Ezra*] The *Gra* explains that, according to the Talmud, Memucan is identified as Haman. It was he who recommended that Vashti be executed and that the king be permitted to judge cases in which he had an interest. This made it possible for him to ultimately judge Haman who had attained such a high position that he would ordinarily been out of the king's legal jurisdiction. The Rabbis who explain this verse to mean that a remedy was created to be a salvation for Israel, base their interpretation on verse 2, which states: "for so had the king commanded concerning him." Wherever "the king" is mentioned in the Book of Esther, it is taken homiletically to refer to the Holy One, blessed be He. Now, what connection does this have to the preceding chapter? They explain it to mean that after the remedy was created by Mordecai's report of the assassination plot , God saw to it that Haman was elevated. *Alshich* explains that Ahasuerus did not attribute the saving of his life to Mordecai but to Esther, who reported it to him. He

reasoned that since Esther occupied the highest position in the kingdom, he could not reward her with any greater honor or glory. He therefore honored the man responsible for her attaining that position, namely Memucan, or Haman.

King Ahasuerus promoted Haman—*For the Holy One, blessed be He, creates a remedy for Israel's blow before He brings the blow upon them.*—[*Rashi* from aforementioned source] The *Gra* explains that the king promoted him in wealth and advanced him in greatness.

above all the princes—i.e., above all the seats of the princes, for every prince had a seat in the royal palace.—[*Ibn Ezra*] It was the custom that the king would not sit among the princes, but would sit on a throne higher than all their chairs. Ahasuerus gave Haman a throne that was similarly higher than those of all the other princes and officers.—[*Gra*] Divine providence had Haman exalted to his new high position so that his downfall would be much greater than if he were to fall from his former position, that of the last of the seven princes of Persia and Media.—[*Esther Rabbah, Targum*]

2. **And all the king's servants**—These were the king's personal servants.—[*Gra*] Since they were of the same rank as Mordecai, they were jealous that he was able to avoid kneeling and prostrating himself before Haman, something they could not dare to do.—[*Eshkol Hakofer*]

who were in the king's gate—These were the servants who sat in the king's gate.—[*Gra*]

would kneel and prostrate themselves—*Because he made himself a god; therefore "Mordecai would neither kneel nor prostrate himself."*—[*Rashi* from *San.* 61b] According to *Pirké d'Rabbi Eliezer*, ch. 50, Haman embroidered an image on his garments, and when the people prostrated themselves before him, they also prostrated themselves to the embroidered image. The *Targum* paraphrases: And all the servants of the king who were in the gate of the royal palace would kneel to the image that he erected with him and prostrate themselves to Haman, for so had the king commanded concerning him, but Mordecai did not kneel to the image and did not prostrate himself to Haman because Haman was his slave, who had been sold to him for a loaf of bread. This *Targum* alludes to the addendum to the *Targum*, which relates that in the second year of Ahasuerus's reign, the city of Hindika rebelled against him. Ahasuerus sent a vast army to subdue it. He appointed Mordecai over one half of the army, and Haman over the other half. While Mordecai used his supplies sparingly, Haman squandered them and was left without food. He begged Mordecai to lend him some food, which Mordecai refused. They finally agreed that Mordecai would give food to Haman and his troops if Haman would sell himself to him as a slave. The document attesting to the sale was written on Mordecai's shoe, which he would show Haman whenever he passed by. See *Manoth Halevi*.

for so had the king commanded concerning him—The *Gra* renders: for so had the king commanded him, meaning that the king had commanded him to order everyone to prostrate himself before him.

Alshich explains that the king had commanded all his servants in his gate to honor Haman by kneeling and prostrating themselves before him, but Mordecai was not required to kneel because he was not one of the king's servants. Had he told them that he did not kneel because the law applied only to the king's servants and not to him, they may possibly have accepted his excuse, but the reason he gave them was that he was a Jew. He was of a superior pedigree, an exile from the Holy Land with the exile of Jeconiah. In the Holy Land, he had been one of the princes of Judea. It was therefore beneath his dignity to kneel and prostrate himself before Haman, [especially since Haman had been elevated by mistake, as mentioned above. Had the king known that Mordecai had saved him, he would not have elevated Haman, but Mordecai, as indeed he did at the end of the narrative.] The king's servants, however, thought just the opposite: that Mordecai was a member of an inferior and lowly people. How did he dare to stand proudly among all the servants who were kneeling and prostrating themselves, refusing to humble himself before Haman? They therefore informed on him to Haman, and when Haman saw that, indeed, Mordecai did not kneel or prostrate himself before him, he became filled with rage. Nevertheless, he had no right to execute Mordecai, because Mordecai had not disobeyed the royal edict. *Eshkol Hakofer* explains that everyone kneeled and prostrated themselves before Haman for two reasons: 1) because of his high office, and 2) because the king had specifically commanded everyone to kneel and prostrate themselves before him. Had the king not specifically commanded them to prostrate themselves before him, they would not have done so, because Haman was despised and of lowly family origins. Hence, "for so had the king commanded concerning him." Mordecai, however, would neither kneel before him because of his high office nor prostrate himself because of the royal edict.

3. **Why do you disobey the king's order**—Although Haman is unworthy of this honor, why do you disobey the king's order to kneel and prostrate before him?—[*Eshkol Hakofer*]

4. **whether Mordecai's words would stand up**—[i.e., the words of Mordecai,] *who said that he would never prostrate himself because he was a Jew, and was warned against idolatry.*—[*Rashi*]

They were willing to forget their envy of Mordecai's honor, but they would not forget their hatred of his religion.—[*Eshkol Hakofer*]

כי־אין מרדכי כרע ומשתחוה לו וימלא המן חמה:
ו ויבז בעיניו לשלח יד במרדכי לבדו כי־הגידו לו
את־עם מרדכי ויבקש המן להשמיד את־כל־
היהודים אשר בכל־מלכות אחשורוש עם מרדכי:
ז בחדש הראשון הוא־חדש ניסן בשנת שתים
עשרה למלך אחשורוש הפיל פור הוא הגורל לפני
המן מיום | ליום ומחדש לחדש שנים־עשר הוא־
חדש אדר: ס ח ויאמר המן למלך אחשורוש ישנו
עם־אחד מפזר ומפרד בין העמים בכל מדינות

תנ"א ויבז בעיניו לשלוח יד במרדכי לבדו. שם יג: בחדש הראשון הוא חדש ניסן. ראש השנה ז: הפיל פור הוא הגורל. שם מגילה יג: ישנו עם אחד מפזר. שם:

ואתמלי המן עלוי דמרדכי רתחא: ו והוה חוך קדמוי לאושטא ידוי למקטול ית מרדכי בלחודוהי ארום חויאו ליה דמרדכי אתי מן יעקב דשקל מן עשו אבא דאבוי דהמן ית בכורתא וית ברכתא ויהודאי אינון עמא דמרדכי ובעא המן לשיצאה ית כל יהודאי די בכל מלכות אחשורוש עמא דמרדכי: ז בירחא קדמאה דהוא ירח ניסן בשתא תרתי עשרי למלכא אחשורוש אפל פורא הוא עדבא קדם המן מן יומא ליומא ומן ירחא לירחא תרי עסר דהוא ירח אדר: ח ואמר המן למלכא אחשורוש איתי עמא חדא מבדר ומתפרש ביני עממיא ואומיא ולישניא ומקצת מנהון דיירין בכל פלכי מלכותא וגזרת אוכיתהון

רש"י

עבודת אלילים: (ז) הפיל פור. הפיל מי שהפיל ולא פירש מי ומקרא קצר הוא: הוא הגורל. הכתוב מפרש ומהו הפור הוא הגורל הפיל הגורל באיזה חדש יצליח מיום ליום. באיזה יום בחדש שיצליח: (ח) ואת דתי

אבן עזרא

משער המלך כי אם יסור בלא מצות המלך דמו בראשו: (ז) הפיל פור. זאת המלה פרסית ופירוש' גורל והנה זה הספק הוא חדש ניסן. ויש אומרים כי בחר להשמיד את ישראל בחדש אדר כי בו נאסף אל עמו משה אדונינו ולא ידע כי בו נולד. ואחרים אמרו בעבור הכוכב העליונים במזל גדי שהוא שנים עשר למזל דלי שהוא מזל ישראל. והנכון שכן יצא בגורלו כי מהשם משפטו והשם האריך הזמן עד שיעשו ישראל תשובה וימלטו: (ח) נו"ן ישנו. נוסף ויש אומרים גם הוי"ו: מפוזר ומפורד בין העמים. שיפרד איש מעל אחיו כל כך הוא רע כולו ולא די שדתיהם שונות אלא שלא

קיצור אלשיך

מרדכי כאשר היה בסוף]. ועבדי המלך חשבו להיפך כי מרדכי הוא מעם בזוי ושפל. ואיך מלאו לבו לעמוד בגאה וגאון בין כל הכורעים ומשתחוים ולא ירצה להכנע לפני המן הנשא על כל השרים. ע"כ הגידו זאת להמן. וכאשר ראה המן כי אמת הדבר כי אין מרדכי כורע ומשתחוה לו וימלא המן חמה. אבל להרוג את מרדכי לא היה לו רשות. כי לא עבר על צווי המלך כנ"ל: (ו) ויבז בעיניו וגו'. המן חשב בלבו מה יועיל לו אם יעשה דין במרדכי לבדו. כי אלפים ורבבות יהודים נקראים עם מרדכי והולכים בעקבותיו. וגם המה לא יתנו לו כבוד ולא יכרעו ולא ישתחוו לו להכעיסו על אשר עשה דין במרדכי. ע"כ ויבקש המן להשמיד את כל היהודים שלא יזכר עוד שם ישראל בעולם. ומחמת שהי' לבו נוקפו לעשות דבר זר כזה ע"כ רצה תחלה לראות ע"פ הוראת הכוכבים את מזלם של ישראל איך הוא באותן הימים. אם יכול לנצח אותם. והפיל פור הוא הגורל לפני המן מיום ליום ומחדש לחדש: *) ח) ויאמר המן וגו' ישנו עם אחד. שאינו מעורב עם כל עם ולשון. באופן שמורא לא יעלה על ראשינו מיתר העמים שהתחתנו עמהם. כי לא התחתנו עם שום אדם זולתם. ואולי אנשי העם הזה יתקוממו עלינו לעמוד על נפשם ויהרגו רבים מעמי המלך. אין לפחוד מזה כי הוא מפוזר בכל המדינות זעיר שם זעיר שם ואין באחד המדינות רבים יחד יתנו לב להתאמץ על מבקשי רעתם. ושמא תאמר אולי יתקבצו מכל המדינות אל עיר אחת ושם יתקוממו עלינו. גם מזה לא לא נירא. כי הלא מפורד בעלי פירוד בלתי מתקשרים זה עם זה. ואל נא תאמר אולי מפחד רעה בנפול עליהם אימת מות יקנו התקשרות ויתקבצו לעמוד על נפשם. גם זה אינו. כי אינם קרובים אלו לאלו כי הם בכל העמים. מועט בכל עם ועם. באופן שע"י תכונותם אלה לא במהרה ינתקו ממקומם להתקבץ יחד כולם. וגם לא תירא מעשות קרחת במלכותך. כי הם בכל מדינות מלכותך ואין מדינה מהם. ואל תאמר פן יאשם המלך בעיני העמי' בהמית עם רב בלתי בני תמותה כי למה יומתו מה עשו. ראה גם ראה. כי דתיהם שונות מכל עם. זרה ומשונה וגרוע מדתי כל עם. ובלתי מתקרבים אל השכל. ועכ"ז ואת דתי המלך הישרים אינם עושים. וע"כ לא יאשם המלך בקרב העמים על עשותו כלת בעם כזה. וכ"ש שלא יכמרו רחמי העמים לבלתי אבדם. כי אין שנאה כשנאת הדת. כי כל העמים אף שילכו איש בשם אלהיו יתקרבו בפת בגם ויין משתיהם. ומאכל שלחנם

*) כפל הענין מיום ליום ומחדש לחדש צריך ביאור וגם יש להבין מה שנאמר במגילה כי על שם הפור נקרא היום הזה פורים. למה לשון רבים פורים. ולא פור לשון יחיד. אבל הענין מבואר בגורלות כי ודאי על גורל פשוט אין לסמוך כי פשיטא אם תשים בקלפי י"ב פתקאות בכל אחד נרשם חודש אחד פשיטא שיעלה ע"כ חדש אחד. או יום אחד. אבל מעשה הגורל של המן כך היה. השנה שנ"ד ימים. עושים שנ"ד פתקאות ועל כל פתק נכתב שם יום אחד. למשל על פתק ראשון כתוב א'. ועל השני כתוב ב' וכן כולם עד שעל הפתק האחרון היה כתוב שנ"ד. ואלו שנ"ד פתקאות יהיו מונחים בקלפי. ואח"כ לוקחים י"ב פתקאות וכותבים על כל אחד שם חדש אחד מחדשי השנה. על אחד חדש ניסן ועל השני אייר וכן כולם. ומניחים אותם בקלפי שניה ופושט ידו אחת לקלפי אחד ונוטל משם פתק אחד הכתוב עליו שם חדש. ופושט ידו השניה לקלפי השניה ונוטל משם פתק אחד הכתוב עליו שם היום. ורואה אם שם היום יכול להיות בחדש זה. למשל הוציא מקלפי אחד חדש אדר ומהשניה פתק אחד הכתוב עליו אות ק' זה גורל שקר. כי כשתהשוב חשבון הימים מניסן הרי יוב ק' בתמוז. אבל אם הוציא שם יום ש"מ וכדומה. א"כ חשבון הימים ג"כ באדר. ונהכיונו הגורלות. הימים עם החדש. וכן בכל החדשים שנשתוו עם מספר הימים. יכול להיות הגורל אמת. ולכך נאמר הפיל פור הוא הגורל מיום ליום ומחדש לחדש שהיו ב' גורלות. ולכך נקרא פורים על שם שני הגורלות:

that Mordecai would neither kneel nor prostrate himself before him, Haman became full of wrath. 6. But it seemed contemptible to him to lay hands on Mordecai alone, for they had told him Mordecai's nationality, and Haman sought to destroy all the Jews who were throughout Ahasuerus's entire kingdom, Mordecai's people. 7. In the first month, which is the month of Nisan, in the twelfth year of King Ahasuerus, one cast the *pur*—that is the lot—before Haman from day to day and from month to month, to the twelfth month, which is the month of Adar. 8. And Haman said to King Ahasuerus, "There is a certain people scattered and separate among the peoples throughout all the provinces

7. **one cast the *pur***—*Whoever cast, cast, and the verse does not specify who. This is an elliptical verse.*—[*Rashi*]

pur—This is a Persian word, meaning lot.—[*Ibn Ezra*]

that is the lot—*Scripture explains: and what is the pur, that is the lot. He cast lots* [to determine] *in which month he would succeed.*—[*Rashi*]

from day to day—*in which day of the month he would succeed.*—[*Rashi*] *Ibn Nachmiash* writes that he divined to determine which day of the week would be auspicious, but none proved to be. He then divined to determine which month would be auspicious and discovered the month of Adar. *Targum Sheni* and *Esther Rabbah* give various reasons for the inauspiciousness of each month, as does *Rambam* in his commentary on the Book of Esther. In any case, he tried each month and found them all favorable for Israel, except the month of Adar, when Moses died. When the lot fell on Adar, he rejoiced, thinking that he would succeed. But—the Talmud remarks (*Meg.* 13b)—he did not know that while it was true that Moses died on the seventh of Adar, he was also born on the seventh of Adar.

8. **scattered and separate**—Do not think that they will create a void in your kingdom if you destroy them, for they are not concentrated in one place, but are scattered and separate throughout all the provinces of your kingdom; they are not even settled in one province.—[*Meg.* 13b] *Malbim* explains that they are scattered insofar as they are not settled in one province, and they are separate insofar as even in the provinces, they are not settled in one place, but are separate from one another; therefore, they bring damage to all the peoples.

מַלְכוּתֶךָ וְדָתֵיהֶם שֹׁנוֹת מִכָּל־עָם וְאֶת־דָּתֵי הַמֶּלֶךְ
אֵינָם עֹשִׂים וְלַמֶּלֶךְ אֵין־שֹׁוֶה לְהַנִּיחָם: ט אִם־עַל־
הַמֶּלֶךְ טוֹב יִכָּתֵב לְאַבְּדָם וַעֲשֶׂרֶת אֲלָפִים כִּכַּר־
כֶּסֶף אֶשְׁקוֹל עַל־יְדֵי עֹשֵׂי הַמְּלָאכָה לְהָבִיא אֶל־
גִּנְזֵי הַמֶּלֶךְ: י וַיָּסַר הַמֶּלֶךְ אֶת־טַבַּעְתּוֹ מֵעַל יָדוֹ
וַיִּתְּנָהּ לְהָמָן בֶּן־הַמְּדָתָא הָאֲגָגִי צֹרֵר הַיְּהוּדִים:
יא וַיֹּאמֶר הַמֶּלֶךְ לְהָמָן הַכֶּסֶף נָתוּן לָךְ וְהָעָם לַעֲשׂוֹת
בּוֹ כַּטּוֹב בְּעֵינֶיךָ: יב וַיִּקָּרְאוּ סֹפְרֵי הַמֶּלֶךְ בַּחֹדֶשׁ
הָרִאשׁוֹן בִּשְׁלוֹשָׁה עָשָׂר יוֹם בּוֹ וַיִּכָּתֵב כְּכָל־אֲשֶׁר־
צִוָּה הָמָן אֶל־אֲחַשְׁדַּרְפְּנֵי־הַמֶּלֶךְ וְאֶל־הַפַּחוֹת אֲשֶׁר
עַל־מְדִינָה וּמְדִינָה וְאֶל־שָׂרֵי עַם וָעָם מְדִינָה וּמְדִינָה
כִּכְתָבָהּ וְעַם וָעָם כִּלְשׁוֹנוֹ בְּשֵׁם הַמֶּלֶךְ אֲחַשְׁוֵרֹשׁ
נִכְתָּב וְנֶחְתָּם בְּטַבַּעַת הַמֶּלֶךְ: יג וְנִשְׁלוֹחַ סְפָרִים

הו"א אם על המלך טוב. בס: ויסר המלך את טבעתו. בס ידו.

תרגום

שנין מכל עמא לחמנא והבשילנא ליתהון טעבין חמרנא ליתהון שתן יומי גנוסיא די לנא ליתיהון נטרין ונימוסנא לא מקיימין וית גזירת דיני מלכא ליתיהון עבדין ולמלכא לית ליה טימי מנהון ומה הנאה אית ליה בהון אין ישבקינון על אפי ארעא: ט אין על מלכא שפר יכתב כתבא לאובדא יתהון ועשרת אלפין ככרין דכסף אתקול על ידוי עבדי עבידתא למיתי לבית גנזוי דמלכא ומן יכיל מני שתין רבבן דסלקן אבהתהון מן שעבודהון דמצראי: י ואעדי מלכא ית גושפנקיה מעלוי ידיה ויהבא להמן בר המדתא דמזרעית אגג מעיקא דיהודאי: יא ואמר מלכא להמן כספא יהא מתיהב לך ועמא יהוין מסירין בידך למעבד מה דיוטיב קדמך: יב ואתקריאו לבלרין דמלכא בירחא קדמאה בתלת עסר יומין ביה ואתכתיב ככל די פקד המן לות אסטרטילוטי מלכא ולות הפרכין דמתמנן ארכונין על כל פלכיא ופלכיא ולות רברבני עמא ועמא פלכיא ופלכיא כרושם כתבהון ועמא ועמא כממלל לישניה בשום מלכא אחשורוש כתיב ומפרש ומתחתם בגושפנקא דמלכא: יג ולשדרא פטקין בידא דריהטונין לכל פלכי מלכא לשיצאה ולקטלא

שפתי חכמים

ד דק"ל הוא בקש לאבד את היהודים והמלך נתן לו הטבעת מה שלא שאל ולא בקש ממנו. לכ"פ הוא מתן כו': ה לאפוקי שאינו נו"ן האיתן

רש"י

המלך. לתת מס לעבודת המלך: אין שוה. אין השם כלומר אין בלע: יכתב לאבדם. יכתב ספרים לשלוח לשרי המדינות לאבדם: (י) ויסר המלך את טבעתו. הוא מתן כל ד דבר גדול שישאלו מאת המלך להיות מי שהטבעת בידו שליט בכל דבר המלך: (יג) ונשלוח ספרים. ויהיו נשלחים ה ספרים איסטר"א פרמי"ש בלע"ז והוא מגזרת (שופטי' יא כה) אם נלחום נלחם

אבן עזרא

ישמרו הדתים והחוקים שיצוה המלך. והנה כל עם ועם ישמרו חוץ מהן: אין שוה. איננו דבר נכון או איננו תועלת: (ט) ועשרת אלפים ככר כסף. הוא הסר וכן הוא ועשרת אלפי ככר כסף כמו והנבוא' עודד הנביא: גנזי המלך. אוצרות וכמוהו אחר גנזי המלך והנו"ן מובלע וכן ובגנזי מרומים: (יא) הכסף נתון לך. והעם לעשות בו הפלך. והנ' הספרים נכתבו בי"ג לניסן והנה המן נתלה בניסן. והכמינו אמרו שהתענה מרדכי בימי הפסח ויתכן שלא נשמע הדבר ביום שנכתבו הספרים בו: (יב) אחשדרפני'. מלה פרסית מתשע אותיות ואין שם תואר במספרו במקרא ולא ישרו בעיני דברי האומרים שהם שתי מלות: הפחות. חסר תי"ו השורש והנכון שהאחד פחה כה"א פחת יהודה סמוך ומלת פחת כמו להיות פחם בארץ יהודה כמו עוכר בשוק אלל פנה והמ"ס סימן רבים: (יג) ונשלוח ספרים. בס

קיצור אלשיך

שולחנם משא"כ ישראל. ואל תשית לבך על דבר המס אשר יחסר למלך באבודם. כי עשרת אלפים ככר כסף אשקול ע"י עושי המלאכה. ואף כי להשמיד בלבבו לא הוציא מפיו כ"א לאבדם. כי חש פן לא יסכים המלך לכלותם ע"כ בחר לשון ערומים לדבר בלשון היולי „יכתב לאבדם" שאפשר להתפרש לשלול שלל ולבוז בז בחיי חיותם או לאבדם מן העולם ותפס לשון זה עד ישקיף וירא מה בלבו של מלך והעולה על רוחו כי גם אם יבין המלך על אבוד ממון הוא ימתיק הדבר באגרותיו על אבוד נפשות. ובזה צדק מענה לשון המלך באומרו והעם לעשות בו כטוב בעיניך. כלומר ראיתי דבריך מסותרים סובלים ב' הבנות בהסתפקך בכונתי אך הנני מרשה אותך לעשות בו כטוב בעיניך. לפי איזה פירוש ישר בעיניך. ועפ"כ המן כתב בפירוש להשמיד ולהרוג ולאבד. כי אמר פירושו על תיבת „לאבדם" שדבר לפני המלך. כי הכונה הוא להשמיד ולהרוג.

(ט) ועשרת אלפים ככר כסף אשקול ע"י עושי המלאכה. לאבדם.

(יא) ויאמר המלך להמן הכסף שיתנו המאבדי' את היהודי' נתון לך והעם. לעשות בו כטוב בעיניך:

(יב) ויקראו סופרי המלך לכתוב שני מיני אגרות. אגרות להאחשדרפנים והפחות אשר על מדינה ומדינה. ואל השרים אשר בכל עיר ועיר כתב מפורש להשמיד ולהרוג את כל היהודים בי"ג אדר. ואגרת הנקרא פתשגן הכתב גלוי לכל העמים להיות עתידי' ליום י"ג אדר. ועל מה יהיו עתידים ולמה יהיו עתידי' לא ידעו מאומה. והדת נתנה בשושן הבירה. בשושן הבירה אשר שם הי' מושב המלך והמן והאחשדרפנים היה ניתן הדת בפירוש להשמיד ולהרוג את כל היהודים בי"ג אדר. והמלך והמן ישבו לשתות. להראות להמן כי בכל לבו מסכים עמו ואין לבו נוקפו ע"ז. והעיר שושן. אשר היו היהודים דרים שם. ושם היו יודעים רק הפתשגן הכתב להיות העמים עתידים ליום הזה י"ג אדר.

היו

of your kingdom, and their laws differ from [those of] every people,
and they do not keep the king's laws; it is [therefore] of no use for the
king to let them be. 9. If it pleases the king, let it be written to destroy
them, and I will weigh out ten thousand silver talents into the hands
of those who perform the work, to bring [it] into the king's
treasuries." 10. And the king took his ring off his hand and gave it to
Haman the son of Hammedatha the Agagite, the adversary of the
Jews. 11. And the king said to Haman, "The silver is given to you,
and the people—to do to them as it pleases you." 12. And the king's
scribes were summoned in the first month, on the thirteenth day
thereof, and it was written according to everything that Haman had
ordered to the king's satraps and to the governors who were over
every province, and to the princes of every people, each province
according to its script and each people according to its tongue; it was
written in the name of King Ahasuerus, and it was sealed with the
king's ring. 13. And letters shall be sent

and...the king's laws—*to give taxes for the king's work.*—[*Rashi*] They do not pay their work tax, but excuse themselves with "Today is the Sabbath; today is Passover."—[*Meg.* 13b] The Talmud also states that Haman told Ahasuerus that if a fly fell into their wine, they would take it out and drink the wine, but if his majesty, the king, touched the wine, they would spill it out.

it is of no use—*There is no apprehension; there is no profit.*—[*Rashi*]

9. **let it be written to destroy them**—*Let letters be written to be sent to the governors of the provinces to destroy them.*—[*Rashi*]

10. **And the king took his ring off**—*This represents the granting of any great matter that is requested of the king; the one who has the ring on his hand is the ruler over all the king's affairs.*—[*Rashi*]

11. **The silver is given to you**—Keep the money; I seek neither their loss nor their gain.—[*Mid. Abba Gurion, Lekach Tov*] *Malbim* explains that the king wished to demonstrate his integrity, that he did not seek monetary gain, but merely wished to rid his kingdom of an undesirable element. He even offered Haman money from the royal treasury to finance the project.

13. **And letters shall be sent**—Heb. וְנִשְׁלוֹחַ. *And letters shall be sent, estre tramis in O. Fr.,* [être transmis in modern French], *to be sent, which is of the* [same grammatical] *structure as (Jud. 11:25): "did he ever fight?* (נִלְחוֹם נִלְחַם)"; *(I Sam. 2:27): "Did I appear?* (נִגְלֹה נִגְלֵיתִי)"; *(Hos. 10:15): "was silenced* (נִדְמֹה נִדְמָה)."—[*Rashi*]

בְּיַד הָרָצִים אֶל־כָּל־מְדִינוֹת הַמֶּלֶךְ לְהַשְׁמִיד לַהֲרֹג
וּלְאַבֵּד אֶת־כָּל־הַיְּהוּדִים מִנַּעַר וְעַד־זָקֵן טַף וְנָשִׁים
בְּיוֹם אֶחָד בִּשְׁלוֹשָׁה עָשָׂר לְחֹדֶשׁ שְׁנֵים־עָשָׂר הוּא־
חֹדֶשׁ אֲדָר וּשְׁלָלָם לָבוֹז׃ יד פַּתְשֶׁגֶן הַכְּתָב לְהִנָּתֵן
דָּת בְּכָל־מְדִינָה וּמְדִינָה גָּלוּי לְכָל־הָעַמִּים לִהְיוֹת
עֲתִדִים לַיּוֹם הַזֶּה׃ טו הָרָצִים יָצְאוּ דְחוּפִים בִּדְבַר
הַמֶּלֶךְ וְהַדָּת נִתְּנָה בְּשׁוּשַׁן הַבִּירָה וְהַמֶּלֶךְ וְהָמָן
יָשְׁבוּ לִשְׁתּוֹת וְהָעִיר שׁוּשָׁן נָבוֹכָה׃ ס ד א וּמָרְדֳּכַי
יָדַע אֶת־כָּל־אֲשֶׁר נַעֲשָׂה וַיִּקְרַע מָרְדֳּכַי אֶת־בְּגָדָיו
וַיִּלְבַּשׁ שַׂק וָאֵפֶר וַיֵּצֵא בְּתוֹךְ הָעִיר וַיִּזְעַק זְעָקָה
גְדוֹלָה וּמָרָה׃ ב וַיָּבוֹא עַד לִפְנֵי שַׁעַר־הַמֶּלֶךְ כִּי אֵין
לָבוֹא אֶל־שַׁעַר הַמֶּלֶךְ בִּלְבוּשׁ שָׂק׃ ג וּבְכָל־מְדִינָה

תו"א ומרדכי ידע את כל אשר נעשה. מגלה טו: כי אין לבא אל שער המלך בלבוש שק. ברכות נט:

תרגום

ולהובדא ית כל יהודאי מן
עולימא ועד סבא טפליא
ונשיא ביומא חדא בתלת
עסר יומין לירח תרי עסר הוא
ירחא דאדר ושלליהון לעדאה:
יד דיטגמא דכתבא למהוי
מתיהיבא בכל גזרתיה בכל
פלכא ופלכא מפרסם לכל
עממיא למהויהון זמינין ליומא
הדין: טו ריהוטנין נפקו זריזין
בפתגמא דמלכא וגזרתא
אתיהיבת בשושן בירנתא
ומלכא והמן הוו יתבין למשתי
חמרא וקרתא דשושן
מתערבלא בחדות עממין
נוכראין ובקל בכיתא דעמא
בית ישראל: א ומרדכי ידע
על ידא דאליהו כהנא רבא ית
כל מה דאתעבד בשמי מרומא
ומה דאתחיבו עמא בית ישראל לשתיצאה מגו עלמא והיכמא דאתכתיב ואתחתים להובדותהון מן
עלוי ארעא היכדין אתכתיב ואתחתים בשמי מרומא על עיסק דאתהניאו מן סעודתיה דאחשורוש
רשיעא ברם חותמא הוה חתים מן טינא ושדר מרי עלמא ית אליהו כהנא רבא לחואה למרדכי
דיקום ויצלי קדם מרי עלמא על עמיה וכד ידע מרדכי בזע ית לבושוי ואלבש לבושא דשק
על בסריה ושוי קיטמא על רישיה וקבל קבלתא רבתא ובכא במרירות נפשא בקל עציב:
ב ואתא עד קדם תרע פלטירא דמלכא ארום לית רשו לגבר למיעל לתרע פלטירא דמלכא
בד לביש לבושא דשק: ג ובכל פלכא ופלכא ובכל קריא וקריא אתר דפתגם מלכא וגזירת

רש"י

(שמואל א ב כז) הנגלה נגליתי (הושע יב) נדמה נדמיתי: בשלשה עשר לחודש שנים עשר. ביום י"ג לאותו חדש שהוא י"ב לחדשי השנה: (יד) פתשגן. לשון ארמי ספור הכתב דריטממנ"ט בלע"ז: להנתן דת. ליווי הכתב שהי' אומר להנתן חוק גזרת המלך: גלוי לכל העמים. דבר זה: (טו) והדת נתנה בשושן. מקום שהיה המלך שם ניתן החוק בו ביום להיו' עתידי' ליום י"ג לחדש אדר לכך. והעיר שושן נבוכה. היהודי' שבה: (א) ומרדכי ידע. בעל החלום אמר לו שהסכימו העליוני' על כך לפי שהשתחוו לצלם בימי נבוכדנצר ושנהנו מסעודת אחשורוש: (ב) כי אין לבוא. אין ד"א לבוא אל שער

שפתי חכמים

ומביא ראיה מגזרת אם נלחום כו': ו דק"ל הרי בכל מדינה ניתן הדת ולמה אמר בשושן. לכ"פ מקום שהמלך כו': ז דק"ל היאך העיר שהיא עצים ואבנים נבוכה. לכ"פ היהודים שבה: ח אף ע"ג דתרי דעות איכא בפ"ק דמגילה ובמדרש ילקוט כתב רש"י שניהם יחד דס"ל דהא והא גרם כי זולת חטא הצלם לא נגזרה עליהם כליה כ"כ וזולת חטא הסעודה היה עדיין הש"י מאריך אפו ובזה נחתם גזר דין' כמלא אופן הגזירה היה בעבור הצלם והחתימה הגזר דין היה בעבור

אבן עזרא

התואר מבנין נפעל כמו נשאול נשאל דוד: (יד) פתשגן. כמו נוסחה: גלוי. שלא יהיה בסתר: עתידים. נכונים לעתיד מגזרת ועתדה בשדה לך: (טו) דחופים. בדמות דחופים במהירות: והעיר שושן. שם היהודים נבוכ' כי מה תחשב הבירה כי כולה היא משרתי המלך ואין שם יהודי רק מרדכי לבדו: נבוכה. פועל עבר ע"כ הוא מלעיל מגזרת נבוכים הם בארץ כאדם שהשתבש ולא ידע מה יעשה: (א) ומרדכי. כאשר ידע זה הדבר מיד קרע בגדיו: ויצא בתוך העיר. היא עילם המדינה: (ב) כי אין לבא אל שער המלך בלבוש

קיצור אלשיך

היו היהודים נבוכים. על מה ולמה יהיו העמים עתידים. ולב יודע מרת נפשו. ע"כ לבם אמרו להם כי איזה צרה מחכה עליהם:

(א) **ומרדכי** ידע את כל אשר נעשה. מחמת שהי' מרדכי יושב בשער המלך ע"כ נתגלה לו כל ענין המלך והמן. וכל ענין הגזרה באר היטב אך הי' ירא לגלות בפירוש להיהודים את כל ענין הגזרה. אולי יתודע הדבר להמן כי נגלה להיהודים גזרתו ויתפרסם הדבר בין האומות כי יהי' להם רשות להרוג היהודים ולשלול ממונם. לא יחכו על יום המוגבל. רק היהודים חייתם וממונם תיכף יהי' הפקר. ע"כ קרע את בגדיו וילבש שק ואפר ויצא בתוך העיר ויזעק זעקה גדולה. מה היה זעקתו רק תיבה אחת „ומרה" ומהו המרירות לא אמר:

(ב) **ויבא** עד לפני שער המלך. עוד טעם על מה שלא הגיד מרדכי לאנשי שושן בפירוש ענין הגזרה. מחמת שרצה שלא יסמכו בנ"י עליו על שהוא יושב בשער המלך וידבר עם השרים הקרובים למלכות ויתחנן לפניהם שידברו עם המלך ויפייסו להמן על אשר מרדכי לא כרע ולא השתחוה לפניו ויבטלו הגזרה. זאת לא רצה מרדכי. ע"כ אמרו חז"ל כי מרדכי ידע כי נתחייבו ישראל כליה על אשר נהנו מסעודת אחשורוש ועל שהשתחוו לצלם. וכ"ז שלא יעשו ישראל תשובה גמורה הגזרה לא תבטל. ע"כ לבש מרדכי שק ואפר ויראו כי לא יכול מרדכי לבוא לשער המלך ולא יכול לבא לאסתר לבקש מהמלך. וגם לא תדע מה לבקש. כי לא תדע מהות הגזרה. אך אחרי שהחריד מרדכי את כל ישראל שבשושן ויתעוררו כל ישראל לתשובה בצום ובכי

by the hand of the couriers to all the king's provinces, to destroy, kill, and cause to perish all the Jews, both young and old, little children and women, on one day, on the thirteenth day of the twelfth month, which is the month of Adar, and their spoils to be taken as plunder. 14. The copy of the writ was for an edict to be given in every province, published to all the peoples, to be ready for that day. 15. The couriers went forth in haste by the king's order, and the edict was given in Shushan the capital, and the king and Haman sat down to drink, and the city of Shushan was perturbed.

4

1. And Mordecai knew all that had transpired, and Mordecai rent his clothes and put on sackcloth and ashes, and he went out into the midst of the city and cried [with] a loud and bitter cry. 2. And he came up as far as the king's gate, for one may not enter the king's gate dressed in sackcloth. 3. And in every province,

14. **The copy of the writ**—Heb. פַּתְשֶׁגֶן, *an Aramaism, the account of the writ, derèsmant in Old French, text, contents, account.*—[*Rashi*]

for an edict to be given—*The command of the writ was that it proclaimed that the decree of the king should be issued as a statute.*—[*Rashi*]

published to all the peoples—*This matter* [that they be prepared for this specific date].—[*Rashi*]

The *Gra* explains that Ahasuerus was afraid to publicize his plan of genocide because he knew that the Jews had many friends among the dignitaries of the empire who would seek ways and means of freeing them from this decree. He therefore publicized the decree only to the satraps, the governors, and the princes. The copy, which was "published to all the peoples," read merely, "to be prepared for this day."

15. **and the edict was given in Shushan the capital**—*the place where the king was situated; there the statute was given on that day, to be ready for the thirteenth day of the month of Adar. Therefore*—

and the city of Shushan was perturbed—[i.e] *the Jews therein.*—[*Rashi*] The *Gra* explains that the entire populace was perplexed because they read that they should be ready for that day, but they did not understand what that meant.

4

1. **And Mordecai knew all that had transpired**—*The Master of Dreams told him that the celestial beings had concurred about it, because they had prostrated themselves to an*

וּמְדִינָה מְקוֹם אֲשֶׁר דְּבַר־הַמֶּלֶךְ וְדָתוֹ מַגִּיעַ אֵבֶל
גָּדוֹל לַיְּהוּדִים וְצוֹם וּבְכִי וּמִסְפֵּד שַׂק וָאֵפֶר יֻצַּע
לָרַבִּים׃ ד וַתָּבוֹאינָה ותבאנה קרי נַעֲרוֹת אֶסְתֵּר
וְסָרִיסֶיהָ וַיַּגִּידוּ לָהּ וַתִּתְחַלְחַל הַמַּלְכָּה מְאֹד וַתִּשְׁלַח
בְּגָדִים לְהַלְבִּישׁ אֶת־מָרְדֳּכַי וּלְהָסִיר שַׂקּוֹ מֵעָלָיו
וְלֹא קִבֵּל׃ ה וַתִּקְרָא אֶסְתֵּר לַהֲתָךְ מִסָּרִיסֵי הַמֶּלֶךְ
אֲשֶׁר הֶעֱמִיד לְפָנֶיהָ וַתְּצַוֵּהוּ עַל־מָרְדֳּכָי לָדַעַת מַה־
זֶּה וְעַל־מַה־זֶּה׃ ו וַיֵּצֵא הֲתָךְ אֶל־מָרְדֳּכָי אֶל־רְחוֹב
הָעִיר אֲשֶׁר לִפְנֵי שַׁעַר־הַמֶּלֶךְ׃ ז וַיַּגֶּד־לוֹ מָרְדֳּכַי
אֵת כָּל־אֲשֶׁר קָרָהוּ וְאֵת ׀ פָּרָשַׁת הַכֶּסֶף אֲשֶׁר אָמַר
הָמָן לִשְׁקוֹל עַל־גִּנְזֵי הַמֶּלֶךְ בַּיְּהוּדִיים יתיר י׳ לְאַבְּדָם׃
ח וְאֶת־פַּתְשֶׁגֶן כְּתָב־הַדָּת אֲשֶׁר־נִתַּן בְּשׁוּשָׁן
לְהַשְׁמִידָם נָתַן לוֹ לְהַרְאוֹת אֶת־אֶסְתֵּר וּלְהַגִּיד לָהּ
וּלְצַוּוֹת עָלֶיהָ לָבוֹא אֶל־הַמֶּלֶךְ לְהִתְחַנֶּן־לוֹ וּלְבַקֵּשׁ
מִלְּפָנָיו עַל־עַמָּהּ׃ ט וַיָּבוֹא הֲתָךְ וַיַּגֵּד לְאֶסְתֵּר אֵת
דִּבְרֵי מָרְדֳּכָי׃ י וַתֹּאמֶר אֶסְתֵּר לַהֲתָךְ וַתְּצַוֵּהוּ אֶל־

תו"א ותתחלחל המלכה מאד. מגילה טו סוטה כ נדה עא: ותקרא אסתר להתך. מגילה טו בתרא ד׳

תרגום

דיניה מטי אבלא רבא ליהודאי וצומא ובכותא ומספדא ולבוש שק וקטמא הוה מתשם עלוי צדיקיא סגיאין׃ ד ועלן עולימן דאסתר ורבנהא וחויאו לה ואזדעזעת מלכתא לחדא ושדרת לבושי מלכותא למלבש ית מרדכי ולמעבר ית שקיה מעלויה ולא קבל׃ ה וקראת אסתר לדניאל דמתקרי התך די על מימר פומיה מתחתכן פתגמי מלכותא ופקדת ליה על מרדכי למדע מה דין קל בכותא די הוא בכי ועל מה דין לא קבל לבושי מלכותא דשדרת ליה׃ ו ונפק התך למללא לות מרדכי לפתאה דקרתא די לקדם תרע פלטרין דמלכא׃ ז וחוי ליה מרדכי ית כל די ערעיה על עיסק דלא סגיד להמן ולא גחן לאנדרטיה וית דררא דממון כסף עסר אלפין ככרין די אמר המן למתקל על ידיהון דגבאין דממנן על בית גנזי מלכא בגין יהודאי להובדותהון׃ ח וית דיטגמא כתב גזירתא דאתיהיב בשושן לשציותהון יהב ליה לאחזאה ית אסתר ולחואה לה מה דחשב המן רשיעא על עמא דיהודאי ולפקדא עלה למיעל לות מלכא לפייסא ליה ולמבעי רחמין על עמה׃ ט ועל התך וחוי לאסתר ית פתגמי מרדכי׃ י ואמרת אסתר להתך למיזל ולמללא למרדכי ופקידת ליה על עיסק מרדכי

רש"י

המלך ללבוש שק: (ג) דבר המלך ודתו. כשהשלוחים נושאי הספרים עוברים שם ונתנה הדת בעיר: (ז) פרשת הכסף

אבן עזרא

שק. כי הוא דרך בזיון המלכות: (ג) ומספד. קינות: יוצע. מבנין הכבד הדגוש הנוסף והאות הסר הוא יו"ד כיו"ד אלק מים והנכון בעיני כי היו"ד שרש כיו"ד אשר יולד לו והוא מבנין הכבד הדגוש שלא נקרא שם פועלו. יש בדברי יחיד שהתך הוא דניאל והקרוב אלי כי לא נמשכו ימיו עד מלוך אחשורוש כי זקן היה ומעלת החכמ' לא תסור: (ד) ותתחלחל. מגזרת חיל אחז יושבי פלשת מהפעלים השניים שם כפולים: (ז) פרשת. מגזרת לפרוש להם שביאר לפרים דבר הכסף ביהודים. בעבור היהודים: לאבדם. והטעם למחות שמם: (ח) אשר נתן. בנין נפעל והנו"ן מובלע בתי"ו: בשושן להשמידם. הטעם כתב דת אשר נתן להשמיד את כל אשר

לקוטי אנשי שם

(ז) איתא במדרש חזית בשעה שנחתמו אותן האגרות בהתימת המלך ובהתימת המן וילך המן ובני חבורתו שמח וטוב לב. ופגעו במרדכי שהיה הולך לפניהם ולאה מרדכי ג׳ תנוקות שהיו באים מבית הספר וכן מרדכי אחריהם וכשראה המן וכל חבורתו שמרדכי רץ אחרי התינוקות הלכו אחרי מרדכי לדעת מה ישאל מהם מרדכי כיון שהגיע מרדכי אצל התינוקות שאל לאחד מהם פסוק לי פסוקך אמר לו אל תירא מפחד פתאום ומשואת רשעים כי תבא. פתח השני ואמר אני קריתי היום ובזה הפסוק עמדתי מבית הספר עוצו עצה ותופר דברו דבר ולא יקום כי עמנו אל. פתח הג׳ ואמר

קיצור אלשיך

ובכי ומספד אז שלח לאסתר ע"י התך שתבא אל המלך וע"י יושעו ישראל אחר תשובתם כאשר נבאר הלאה: (ד) **ותבאנה** נערות אסתר ויגידו לאסתר כי מרדכי הולך ברחובות העיר בלבוש שק וצועק ומרה ותתחלחל מאד ותשלח בגדים להלביש את מרדכי למעלה על השק. או להסיר השק מעליו. בבדי שיוכל לבא לשער המלך לדבר עמו. ולא קבל מרדכי את הבגדים ולא הסיר השק מעליו. וכיון שראת׳ אסתר כי לא תוכל לדבר עם מרדכי ע"כ

(ה) **ותקרא** אסתר להתך מסריסי המלך. ולא שלחה אחת מסריסיה. כדי שיתר הסריסים לא יבינו שהולך בשליחותה בדברים הנוגעים אליה. רק הולך הוא בשליחותה אל המלך ותאמר לו שילך אל מרדכי להתודע ממנו מה זה הצער ועל מה זה בא לו הצער מאיזה סבה:

(ז) **ויגד לו** מרדכי את כל אשר קרהו. ואת פתשגן כתב הדת. אשר עשוי להשנות ולבטלו מחמת כי כתוב בו להיות עתידים. ולא כתוב בו מי יהיו עתידים האומות על ישראל או ישראל על האומות. ע"כ יכול המלך לתקן הדבר. וגם פרשת הכסף שאמר המן ליתן למלך. יוכל היות שניתן לו יותר כסף ויבטל הגזרה. ע"י פתשגן הכתב כנ"ל:

(י) **ותאמר** אסתר להתך ותצוהו אל מרדכי. שצוותה לאמר אל מרדכי בל יתחרה ריב עם המן. וס"ש אח"כ.

wherever the king's orders and his edict reached, there was great mourning for the Jews, and fasting and weeping and lamenting; sackcloth and ashes were put on the most prominent. 4. And Esther's maidens and her chamberlains came and told her, and the queen was extremely terrified, and she sent clothing to dress Mordecai and to take off his sackcloth, but he did not accept [it].
5. Then Esther summoned Hathach, [one] of the king's chamberlains, whom he had appointed before her, and she commanded him concerning Mordecai, to know what this was and why this was. 6. So Hathach went forth to Mordecai, to the city square, which was before the king's gate. 7. And Mordecai told him all that had befallen him, and the full account of the silver that Haman had proposed to weigh out into the king's treasuries on the Jews' account, to cause them to perish. 8. And the copy of the writ of the decree that was given in Shushan he gave him, to show Esther and to tell her, and to order her to come before the king to beseech him and to beg him for her people. 9. And Hathach came, and he told Esther what Mordecai had said. 10. And Esther said to Hathach, and she ordered him to [tell]

image in the days of Nebuchadnezzar and because they had enjoyed Ahasuerus's feast.—[*Rashi* from *Midrash Abba Gurion, Esther Rabbah, Targum*] [In these sources, Mordecai's knowledge is attributed to Elijah the prophet. *Rashi*'s source is unknown.] The *Gra* explains that Mordecai knew that the decree had come about through him, and because of that he emitted a loud cry for the fate of his people, and a bitter cry because of his role in it.

2. **for one may not enter**—*It is improper to enter the king's gate dressed in sackcloth.*—[*Rashi*]

3. **the king's orders and his edict**—*When the couriers carrying the letters passed, the edict was given in the city.*—[*Rashi*] The *Gra* explains that the satraps and the governors who were friendly to the Jews immediately revealed the contents of the confidential documents to them. "The king's orders" denotes the confidential documents, and "his edict" denotes the publicized copy.

4. **And...came**—because Mordecai had come up as far as the king's gate.—[*Malbim*]

and she sent—She wished to hear from Mordecai what this was all about; she therefore sent clothing for him to wear over the sackcloth.—[*Malbim*]

מָרְדֳּכָי: יא כָּל־עַבְדֵי הַמֶּלֶךְ וְעַם מְדִינוֹת הַמֶּלֶךְ
יֹדְעִים אֲשֶׁר כָּל־אִישׁ וְאִשָּׁה אֲשֶׁר־יָבוֹא אֶל־הַמֶּלֶךְ
אֶל־הֶחָצֵר הַפְּנִימִית אֲשֶׁר לֹא־יִקָּרֵא אַחַת דָּתוֹ
לְהָמִית לְבַד מֵאֲשֶׁר יוֹשִׁיט־לוֹ הַמֶּלֶךְ אֶת־שַׁרְבִיט
הַזָּהָב וְחָיָה וַאֲנִי לֹא נִקְרֵאתִי לָבוֹא אֶל־הַמֶּלֶךְ זֶה
שְׁלוֹשִׁים יוֹם: יב וַיַּגִּידוּ לְמָרְדֳּכָי אֵת דִּבְרֵי אֶסְתֵּר:
יג וַיֹּאמֶר מָרְדֳּכַי לְהָשִׁיב אֶל־אֶסְתֵּר אַל־תְּדַמִּי
בְנַפְשֵׁךְ לְהִמָּלֵט בֵּית־הַמֶּלֶךְ מִכָּל־הַיְּהוּדִים: יד כִּי
אִם־הַחֲרֵשׁ תַּחֲרִישִׁי בָּעֵת הַזֹּאת רֶוַח וְהַצָּלָה יַעֲמוֹד
לַיְּהוּדִים מִמָּקוֹם אַחֵר וְאַתְּ וּבֵית־אָבִיךְ תֹּאבֵדוּ וּמִי

תו"א ויגידו למרדכי את דברי אסתר. מגילה טו:

דלא יגרי עם המן מצותא ארום דבבו דביני יעקב ועשו הוה נטר ליה: יא ושויאת אסתר מלין בפום התך ואמרת ליה כדנא תימר למרדכי הלא המן רשיעא גזר על מימר אחשורוש דלא למיעל לות מלכא לדרתא גואה בלא רשו זכען כל עבדי מלכא ועמין דדירין בפלכי מלכא ידעין די כל גבר ואנתתא די יעול לות מלכא לדרתא גואה די לא מתקרי על פומיה דהמן חדא היא גזירת דיניה לממת לבר ממן די יושיט ליה מלכא ית תגרא דדהבא ויחי ואנא לא אתקריתי למיעל לות מלכא דין זמן תלתין יומין: יב וכד חזא המן רשיעא ית התך דשמיה דניאל אעיל ונפק לות אסתר ותקיף רוגזיה ביה וקטליה ואזדמנו תמן מיכאל וגבריאל מלאכיא וחויאו למרדכי ית פתגמי אסתר: יג ואמר מרדכי למיכאל ולגבריאל לאתבא לות אסתר כדנא תימרון לה לא תחשבי בנפשיכי למהך לאשתיזבא בבית מלכא מן כל יהודאי: יד ארום אם משתק שתוקי בעידנא הדא ולא תפגיעי על יהודאי רוחא ושזבותא

רש"י / שפתי חכמים

פירוש הכסף: (יג) אל תדמי בנפשך. אל תחשבי כמו הסעודה וכן סוכיה מהר"ר שלמה אלקבץ בהקדמת ספרו מני
(במדבר לג כו) והיה כאשר דמיתי. אל תדמי בנפשך אל תהי סבורה להמלט ביום ההריגה בבית המלך שאין את
רוצה לסכן את עצמך עכשיו על הספק לבא אל המלך שלא ברשות: (יד) ומי יודע אם לעת כזאת הגעת. ומי

אבן עזרא

בשושן כי היא עיר היהודים: (יא) ועם מדינות המלך. אפי' העם יודעים זה: אחת דתו. אחת היא דת המלך לכל להמית: לעולם לבד. יבא עם מ"ס או מאחריו או מלפניו לבד מאחד והוא לבד כך נזכיר שמך: יושיט. לשון תרגום כמו ישלח ואין לו ריע במקרא: שרביט. מלה רביעית

והטעם בשבט ויש אומרים שהרי"ש נוסף כרי"ש שרשר' ואיננו אמת כי הרי"ש איננה מאותיו' המשרתות רק נכפלו ככפל פ"א ונאפופיה גם רי"ש סגריר: (יג) אל תדמי. תחשבי מגזרת כאשר דמיתי ושניהם מגזרת דמיון במחשבת הנפש: (יד) דגשות לד"י והללה. להסרונו"ן השורש והטעם שיעמוד

קיצור אלשיך

אחר כך ויגידו למרדכי. שמורה שאחרים הגידו ולא התך כתב המתרגם שהמן הרג את התך ונזדמנו מיכאל וגבריאל ויגידו למרדכי. והם ג"כ השיבו לאסתר:

לקוטי אנשי שם

ועד זקנה אני סיא ועד שיבה אני אסבול אני עשיתי ואני אשא אני אסבול ואמלט. כיון ששמע מרדכי כך שחק והיה שמח שמחה גדולה. אמר לו המן מה הוא זאת השמחה ששמחת לדברי התינוקות כלנו. אמר על בשורות טובות שבשרוני שלא אפחד מן העצה הרעה שיעלת עליהו מיד כעס המן ואמר אין אני שולח ידי תחלה אלא באלה

(יא) כל עבדי המלך וגו'. הנה אסתר רמזה לו ג' דברים המונעים הליכתה לבית המלך. א' כי הנה בדרך טבע אין לה בית מנוס ומה גם למצוא חן להצליח. והוא כי הנה בהתפשה כגנב על שלא נקראת ובאה שאחת דתה להמית. אין לה מענה רק לומר כי היא לא ידעה דת המלך. אך לא יאמינו לי כי הלא הדבר מפורסם כי כל עבדי המלך ועם מדינות המלך אשר לא בשושן המה יודעים אשר כל איש ואשה. ואפילו אשתו של מלך אחת דתו להמית בלי הפרש בין מלכה לזולתה. וא"כ איככה אוכל ואתנצל באומרי לא ידעתי. ב' כי גם אם אמצא חן ויושיט לי את שרביט הזהב לא יהיה מציאת החן רק לחיות בלבד. ותכפל מציאת החן שאחר שאחייב את ראשי למלך אמלט נפשי מעוברי הדת ומגזרת המן וגם לבקש על עמי וינתן לי זה לא יחשוב אנוש. ג' כי אני לא נקראתי לבא אל המלך זה שלשים יום. ואחר שלא יאחרו אותי מלבא אל המלך למה אסכן עצמי בהיות פנאי כי הדת לא נתנה עד חדש אדר. עכ"ז לא החליטה שלא תלך. כי אולי יעשה לי נס ומה גם בזכות ישראל. ע"כ אם מרדכי ינזור שאלך אלך:
(יג) ויאמר מרדכי להשיב אל אסתר וגו'. הנה ידענו כי ראש משפחת אסתר היה המלך שאול. והוא גרם שיבא המן לעולם. כאשר הקב"ה אמר לשאול שילך להלחם עם עמלק ויהרוג בהם מעולל ועד יונק. הוא השאיר את אגג מלך עמלק עד מחר. ובאותו לילה נתעברה ממנו אשה אחת. והולידה את המדתא. ומהמדתא נולד המן. שגזר הגזרה על ישראל להשמידם. וקולר כל הצער הזה של ישראל מהתולל על ראש שאול. וזהחיוב על אסתר להשתדל לבטל הגזרה. כי אם ח"ו תתקיים הגזרה יתענש שאול שעל ידו יהרגו אלפים ורבי רבבות יהודים. והיא ג"כ לא תמלט. וזהו אשר אמר מרדכי להשיב אל אסתר הלא ידעת כי נוסח הגזרה להשמיד „כל היהודים" אל תדמי בנפשך להמלט בית המלך מכל היהודים. אל תחשוב מחמת שאת בבית המלך תמלט מן הגזרה שהיא על כל היהודים. לא תמלט מן תיבת כל היהודים. ומחמת שהיתה אסתר אומרת הלא הזמן להתקיים הגזרה רחוק אחד עשר חדש ועוד מועד להתחנן לפני המלך. ע"כ אמר לה מרדכי שלא תמתין בתחינתה למלך. מחמת שני טעמים. א' כי חיו ישראל חיי צער ופחדו יומם ולילה אולי לא ימתינו האומות עד יום המוגבל. שנית מחמת כי החדש הזה הוא ניסן. המוכן להיות לעולם חדש גאולה. ע"כ שלח אליה.
(יד) כי אם החרש תחרישי בעת הזאת רוח והצלה יעמוד ליהודים ממקום אחר [כי הקב"ה אמר לא מאסתים ולא געלתים לכלותם] ובחכמת שלא תהי' הגאולה על ידך יהי' עון בית אביך שאול עליך ועליו
ואת

Mordecai: 11. "All the king's servants and the people of the king's
provinces know that any man or woman who comes to the king, into
the inner court, who is not summoned, there is but one law for him,
to be put to death, except the one to whom the king extends the
golden scepter, that he may live, but I have not been summoned to
come to the king these thirty days." 12. And they told Esther's words
to Mordecai. 13. And Mordecai ordered to reply to Esther, "Do not
imagine to yourself that you will escape in the king's house from
among all the Jews. 14. For if you remain silent at this time, relief
and rescue will arise for the Jews from elsewhere, and you and your
father's household will perish; and who

but he did not accept [it]—because he did not wish to interrupt his supplications for even one moment, because this would constitute giving up his trust in God and relying on mortal man.—[*Malbim*] The *Gra* explains that Esther sent the clothing to Mordecai because she thought that he had a confidential message for her, and did not wish to speak to a messenger. She therefore sent the clothing so that he would be admitted to the king's gate, but he did not accept them because he did not wish to part with his sackcloth for even one moment.

5. **Hathach**—This was Daniel, known as Hathach, either because he was cut off (חֲתָכוּהוּ) from his greatness, or because all government matters were decided (נֶחְתָּכִין) according to his advice.—[*Targum, Meg.* 15a] He was Esther's confidante, and could be entrusted with confidential information.—[*Malbim*]

concerning Mordecai—That he should speak to Mordecai, and see if he could learn the meaning of his actions.—[*Gra*]

what this was and why this was—i.e., the meaning of the weeping and the reason Mordecai had refused the royal garments.—[*Targum*] *Yosef Lekah* explains that Esther followed the procedure of a physician who diagnoses the illness and attempts to fathom the cause before commencing treatment.

7. **the full account of the silver**—*the explanation of the silver.*—[*Rashi*]

13. **"Do not imagine to yourself**—Heb. אַל תְּדַמִּי, *do not think, like (Num. 33:56) "And it will be, that which I thought (דִּמִּיתִי)." Do not imagine to yourself; do not think to escape in the king's palace on the day of the massacre; because you do not wish to imperil yourself now to come to the king without permission.*—[*Rashi*]

14. **and who knows whether at a time like this**—*And who knows whether the king will desire you next year, which is the time of the massacre.*—[*Rashi*]

יוֹדֵ֔עַ אִם־לְעֵ֣ת כָּזֹ֔את הִגַּ֖עַתְּ לַמַּלְכֽוּת׃ טו וַתֹּ֥אמֶר
אֶסְתֵּ֖ר לְהָשִׁ֥יב אֶֽל־מָרְדֳּכָֽי׃ טז לֵךְ֩ כְּנ֨וֹס אֶת־כָּל־
הַיְּהוּדִ֜ים הַנִּמְצְאִ֣ים בְּשׁוּשָׁ֗ן וְצ֣וּמוּ עָ֠לַי וְאַל־תֹּאכְלוּ֩
וְאַל־תִּשְׁתּ֨וּ שְׁלֹ֤שֶׁת יָמִים֙ לַ֣יְלָה וָי֔וֹם גַּם־אֲנִ֥י וְנַעֲרֹתַ֖י
אָצ֣וּם כֵּ֑ן וּבְכֵ֞ן אָב֤וֹא אֶל־הַמֶּ֙לֶךְ֙ אֲשֶׁ֣ר לֹֽא־כַדָּ֔ת
וְכַאֲשֶׁ֥ר אָבַ֖דְתִּי אָבָֽדְתִּי׃ יז וַיַּעֲבֹ֖ר מָרְדֳּכָ֑י וַיַּ֕עַשׂ
כְּכֹ֛ל אֲשֶׁר־צִוְּתָ֥ה עָלָ֖יו אֶסְתֵּֽר׃ ה א וַיְהִ֣י ׀ בַּיּ֣וֹם
הַשְּׁלִישִׁ֗י וַתִּלְבַּ֤שׁ אֶסְתֵּר֙ מַלְכ֔וּת וַֽתַּעֲמֹד֙ בַּחֲצַ֤ר
בֵּית־הַמֶּ֙לֶךְ֙ הַפְּנִימִ֔ית נֹ֖כַח בֵּ֣ית הַמֶּ֑לֶךְ וְהַמֶּ֜לֶךְ
יוֹשֵׁ֨ב עַל־כִּסֵּ֤א מַלְכוּתוֹ֙ בְּבֵ֣ית הַמַּלְכ֔וּת נֹ֖כַח פֶּ֥תַח
הַבָּֽיִת׃ ב וַיְהִי֩ כִרְא֨וֹת הַמֶּ֜לֶךְ אֶת־אֶסְתֵּ֣ר הַמַּלְכָּ֗ה

תו"א לך כנוס את כל היהודים. שם: וצומו עלי וגו' ואל תשתו. יבמות קכה: כאשר אבדתי אבדתי. מגילה ו: ויעבר מרדכי. שם: ויהי ביום השלישי ותלבש אסתר מלכות. שם יד זוהר פ' חקת: ותעמוד בחצר בית המלך הפנימית. מגילה פ"א דף טו: ויהי כראות המלך את אסתר המלכה. שם:

תרגום

יקום ליהודאי מן אתר אוחרן בגין זכות אבהת עלמא וישיזיב יתהון מרי עלמא מן יד בעלי דבביהון ואנת וגניסת בית אבהתך תובדין על ההיא חובתא ומן הוא חכימא די ינדע אין לשתא דאתיא בעידנא הדא את מטיא למחסן מלכותא: טו ואמרת אסתר למיכאל וגבריאל לאתבא לות מרדכי: טז איזיל כנוש ית כל יהודאי די אשתכחון בשושן וצומו עלי לא תיכלון ולא תשתון תלתא יומין וצלו קדם מרי עלמא בליליא ובימָמא ואוף אנא ועולימתי נצום היכדין ובתר כן איעול לות מלכא דלא כדינא והיכמא דהובדית מן בית נשי ואדברית מנך באונסא כדין אובד מן חיי עלמא הדין בגין פורקן עמא בית ישראל: יז ונסס וכנס מרדכי ועבר על חדוות חגא דפסחא וצומא גזר ויתב על קטמא ועבד ככל די פקדת עלוי אסתר: א והוה ביומא תליתאה דפסחא ולבישת אסתר לבושי מלכותא ושרת עלה רוח קודשא וקמת וצליאת בדרת דבית מלכא גואה דמתבני לקבל בית מלכא די בירושלם ומלכא הוה יתיב על כורסי מלכותיה בבית מלכותא ומסתכל כל קבל תרע ביתא ענת אסתר וכן אמרת רבון דעלמא לא תמסרנני ביד ערלא הדין ולא תעבד רעות המן רשיעא מני היכמא די עבד מן ושתי דשם טעם על מלכא ופקיד למקטלה בגין דהוה צבי למסב ית ברתיה וכד אתכנשו עולימתא לידוי דהגי הות תמן ברתיה דהמן והות צבית מן שמיא דבכל יומא ויומא הות מקלקלא בריעא עצוצא ובמוי דרגלן ופומה הוה סרי לחדא ואפיקו יתה בבהילו ומינה אסתקף עלי הדא לאתנסבא ליה וכען שוי יהי לרחמין בעינוי דלא יקטלינני דיעביד צבותי ובעותי די אנא בעיא מניה ואוף אנת ברחמך סגיאין חוס על עמך ולא תמסר בנוי דיעקב בידוי דהמן בר המדתא בר עדא בר בזנאי בר אפליטום בר דיוסוס בר פרוס בר המדן בר תליון בר אתניסומוס בר חרום בר חרסום בר שגר בר נגר בר פרמשתא בר ויזתא בר אגג בר סומקר בר עמלק בר אליפז בר עשו רשיעא: ב והוה כד חזא

שפתי חכמים

הלוי שכן דעת רשב"י בפ"ק דמגלה: ט פי' עד עכשיו נבעלתי באונס ועכשיו אלך מדעתי: י דק"ל הל"ל ויעש מרדכי כל אשר צותה מהו ויעבור לכ"פ שעבר על דת: כ דאל"כ בגדי מלכות מבעי"ל. פ"ק

רש"י

יודע אם יחפוץ בך המלך לשנה הבאה שהוא זמן ההריגה: לעת כזאת. שהוא היה עומד בניסן וזמן ההריגה באדר לשנה הבאה: הגעת למלכות. אם תגיעי לגדולה שאת בה עכשיו: (טז) אשר לא כדת. שאין דת ליכנס אשר לא יקרא ומדרש אגדה אשר לא כדת שעד עתה באונס ט ועכשיו ברצון: וכאשר אבדתי. וכאשר התחלתי לילך לאבוד אלך ואמות. ומ"א כאשר אבדתי מבית אבא אובד ממך שמעכשיו שאני ברצון נבעלתי לעכו"ם אני אסורה לך: (יז) ויעבר מרדכי. על דת להתענות י ביום טוב ראשון של פסח שהתענה י"ד בניסן ט"ו וט"ז שהרי ביום י"ג נכתבו הספרים: (א) מלכות. בגדי מלכות ורבותינו אמרו שלבשתה כ רוח הקדש כמה דאת אמר (דברי הימים א יב יח) ורוח לבשה את עמשי:

אבן עזרא

רוח והצלה ליהודים מדרך אחרת ולא על ידך ואם תחשבי שתמלטי תאבדי וכל בית אביך עמך: ומי יודע אם לעת כזאת. הטעם מי יודע שמא לא הגעת למלכות אלא בעבור העת הזאת שתושיעי את ישראל: (טז) לך כנוס. אסוף וכמוהו לכנוס את הגרים: הנמצאים בשושן. העיר: וצומו עלי. בעדי: שלשת ימים. עד יום השלישי והנה לא אכלו בערב והתענו שני ימי' ושני לילות כי הכתוב הוא לילה ויום והנ' אסתר בטחה באלהיה ע"כ התענת' ולא בטחה ביופיה כי פני המתענה תשתנינה אף כי עד יום השלישי: וכאשר אבדתי שאינני יושבת עם עמי אובד לגמרי וזה פועל עבר תחת עתיד והטעם עד מחשבתה וכמוהו וכאשר שכלתי שכלתי: (א) ותלבש אסתר מלכות. הטעם לבוש מלכות כי מלת

לקוטי אנשי שם

התינוקות. ע"כ. ומאמר שמרדכי היה ירא אולי תאמר אסתר מה אוכל להועיל אם הגזרה חתומה מאת המלך ע"כ שלח מרדכי להגיד לה את אשר קרהו עם התינוקות. שהגזרה תבטל. וע"פ המדרש מכל לומר את אשר קרהו עם אליהו הנביא שאמר לו אם ישראל יעשין תשובה יגאלו:

קיצור אלשיך

ואת ובית אביך תאבדו. ומי יודע מה שהגעת למלכות. היה בשביל העת הזאת. מחמת שהקב"ה ידע שתהיה עת כזאת ע"כ הזמינך למלכה להציל את בית אביך שאול שלא יענש ממרום:

(א) ויהי ביום השלישי מן הצומות. ותלבש אסתר בגדי מלכות. שהיתה נראה כמלכה בת מלכים. ותעמוד וגו'. שעד כאן היה לה רשות ללכת בלי קריאה. והקב"ה הזמין שבעת הזאת הי' המלך בטל מעסקיו וישב נכח פתח הבית לראות בהנכנסים והיוצאים בחצר הפנימית: (ב) ויהי כראות המלך את אסתר המלכה עומדת בחצר. ואינה הולכת הלאה מחמת ע"כ נשאה חן בעיניו.

ויאמר

knows whether at a time like this you will attain the kingdom?"
15. Then Esther ordered to reply to Mordecai:
16. "Go, assemble all the Jews who are present in Shushan and fast on my behalf, and neither eat nor drink for three days, day and night; also I and my maidens will fast in a like manner; then I will go to the king contrary to the law, and if I perish, I perish."
17. So Mordecai passed and did according to all that Esther had commanded him.

5

1. Now it came to pass on the third day, that Esther clothed herself regally, and she stood in the inner court of the king's house, opposite the king's house, and the king was sitting on his royal throne in the royal palace, opposite the entrance of the house.
2. And it came to pass when the king saw Queen Esther

at a time like this—*For he was presently in Nisan, and the time of the massacre was in Adar of the next year.*—[*Rashi*]

you will attain the kingdom—*if you will attain the greatness which you now enjoy.*—[*Rashi*]

16. **contrary to the law**—*for it is contrary to the law for one who is not summoned to enter. And the Midrash Aggadah* [explains]*: contrary to the law, for until now, I was coerced* [to cohabit with him], *but now* [I will do so] *willingly.*—[*Rashi* from *Meg.* 15a]

and if I perish, I perish—*And just as I have begun to go to destruction* [by appearing before Ahasuerus without being summoned], *I will go and die. And the Midrash Aggadah* (ad loc.) [explains]*: As I am lost to my father's house, so will I be lost to you, for from now on, that I am submitting willingly to a heathen, I will be forbidden to you.*—[*Rashi*]

17. **So Mordecai passed**—*i.e., He transgressed the law by fasting on the first festive day of Passover, for he fasted on the fourteenth, the fifteenth, and the sixteenth, for the letters were written on the thirteenth day.*—[*Rashi* from *Meg.* ad loc.] Note that according to *Esther Rabbah* and *Lekah Tov,* the fasts were on the thirteenth, the fourteenth, and the fifteenth.

5

1. **regally**—*regal clothing. But our Sages said* (*Meg.* 15a) *that divine inspiration enwrapped her, as it is said* (I Chron. 12:18): "*And a spirit enwrapped Amasai.*"—[*Rashi*] The *Gra* explains that she attained divine inspiration because she was heartbroken. *Iyyun Yaakov* writes that before the repentance and the fast, God hid His face from them, so to speak, but now that they had fasted and repented, they again merited the Shechinah.

עֹמֶדֶת בֶּחָצֵר נָשְׂאָה חֵן בְּעֵינָיו וַיּוֹשֶׁט הַמֶּלֶךְ
לְאֶסְתֵּר אֶת־שַׁרְבִיט הַזָּהָב אֲשֶׁר בְּיָדוֹ וַתִּקְרַב
אֶסְתֵּר וַתִּגַּע בְּרֹאשׁ הַשַּׁרְבִיט׃ ג וַיֹּאמֶר לָהּ הַמֶּלֶךְ
מַה־לָּךְ אֶסְתֵּר הַמַּלְכָּה וּמַה־בַּקָּשָׁתֵךְ עַד־חֲצִי
הַמַּלְכוּת וְיִנָּתֵן לָךְ׃ ד וַתֹּאמֶר אֶסְתֵּר אִם־עַל־
הַמֶּלֶךְ טוֹב יָבוֹא הַמֶּלֶךְ וְהָמָן הַיּוֹם אֶל־הַמִּשְׁתֶּה
אֲשֶׁר־עָשִׂיתִי לוֹ׃ ה וַיֹּאמֶר הַמֶּלֶךְ מַהֲרוּ אֶת־הָמָן
לַעֲשׂוֹת אֶת־דְּבַר אֶסְתֵּר וַיָּבֹא הַמֶּלֶךְ וְהָמָן אֶל־
הַמִּשְׁתֶּה אֲשֶׁר־עָשְׂתָה אֶסְתֵּר׃ ו וַיֹּאמֶר הַמֶּלֶךְ
לְאֶסְתֵּר בְּמִשְׁתֵּה הַיַּיִן מַה־שְּׁאֵלָתֵךְ וְיִנָּתֵן לָךְ וּמַה־
בַּקָּשָׁתֵךְ עַד־חֲצִי הַמַּלְכוּת וְתֵעָשׂ׃ ז וַתַּעַן אֶסְתֵּר
וַתֹּאמַר שְׁאֵלָתִי וּבַקָּשָׁתִי׃ ח אִם־מָצָאתִי חֵן בְּעֵינֵי
הַמֶּלֶךְ וְאִם־עַל־הַמֶּלֶךְ טוֹב לָתֵת אֶת־שְׁאֵלָתִי
וְלַעֲשׂוֹת אֶת־בַּקָּשָׁתִי יָבוֹא הַמֶּלֶךְ וְהָמָן אֶל־הַמִּשְׁתֶּה
אֲשֶׁר אֶעֱשֶׂה לָהֶם וּמָחָר אֶעֱשֶׂה כִּדְבַר הַמֶּלֶךְ׃

תו"א ויאמר לה המלך מה לך. שם: יבא המלך והמן. שם:

מלכא ית אסתר מלכתא קימא כד נסיסא בדרתא והרתין עינהא זלגן דמעין ומסתכלא כלפי שמיא מן יד אטעינת רחמין בעינוי ואושיט מלכא לאסתר ית תגדא דדהבא דהוה נקט בידיה וקריבת אסתר ומטת לידא ואחידת ברישא דתגדא: ג ואמר לה מלכא מה צרוך אית ליך אסתר מלכתא ומה בעותיך אפילו אם אנת בעיא לפלגות מלכותי אתנינה ליך לחוד למבני בית מוקדשא דאיהו קאים בתחום פלגות מלכותי לא אתן ליך דהכדין קיימית בשבועה לגשם ערבאה וסנבלט חורונאה וטוביה עבדא עמונאה דלא למשבק למבני יתיה דדחיל אנא מן יהודאי דלמא ימרדון בי הדא בעותא לא אעבד ליך מלתא אחריתי די אנת בעיא מני אגזור ותתעבד בבהילו ורעותיך אתיהב ליך: ד ואמרת אסתר אין על מלכא שפיר ייתי מלכא והמן יומא דין לשירותא דעבדת לכון: ה ואמר מלכא אוחיאו ית המן למעבד ית פתגם גזירת אסתר ועל מלכא והמן למשתיא די עבדת אסתר: ו ואמר מלכא לאסתר במשתיא דחמרא מה שאלתיך אסתר מלכתא ומה בעותיך אפילו אין אנת בעיא עד פלגות מלכותי תתעבד בעותיך לחוד למבני בית מוקדשא דאיהו קאים בתחום פלגות מלכותי לא אתן ליך דהכדין קיימית בשבועה לגשם ערבאה וסנבלט חורנאה וטוביה עבדא עמונאה דלא למשבק למבני יתיה דלמא ימרדון בי יהודאי: ז ואתיבת אסתר ואמרית לית אנא בעיא פלגות מלכותא בשאלתי ולא בנין בית מוקדשא בבעותי: ח אין אשכחית רחמין בעיני מלכא ואין על מלכא ישפר למתן ית שאלתי ולמעבד ית בעותי ייעול מלכא והמן למשתיא די אעבד להון ברמשא ולמחר אנא עבדא כפתגם

רש"י

(ג) **עד חצי המלכות.** דבר שהוא באמצע ובחצי המלכו' הוא בית המקדש שהתחילו לבנותו בימי כורש וחזר בו וצוה לבטל המלאכ' ואחשורוש שעמד אחריו גם הוא ביטל המלאכה ופשוטו של מקרא אף אם תשאלי ממני חצי המלכות אתן לך: (ד) **יבוא המלך והמן.** רבותינו אמרו טעמים הרבה בדבר מה ראתה אסתר שזימנה את המן כדי לקנאו במלך ובשרים שהמלך יחשוב שהוא חושק אליה ויהרגנו ועוד טעמים רבים: (ה) **אל המשתה.** כל סעודה נקראת על שם היין שהוא עיקר: (ח) **ומחר אעשה כדבר המלך.** מה שבקשת ממני כל הימים לגלות לך את עמי ואת מולדתי:

אבן עזרא

ותלבש לעדה נכנס' אל החצר הפנימית ושומרי השער לא יכלו לדבר לה מאומה כי היא המלכה: (ג) וינתן לך. חפצך או דברך: (ה) מהרו את המן. הנה הוא פועל יוצא ויתכן להיות כך מהר המלט שמה והטעם מהר נפשך. (ח) ומחר אעשה. שאומר שאלתי ולפי דעתי שאיחרה אסתר לדבר ביום הראשון במשתה היין בעבור שלא ראתה שום אות

קיצור אלשיך

(ג) **ויאמר** לה המלך. בתמהון. מה לך. אחר שהבין כי ודאי איזה דבר גדול הניעה לבא אל המלך או להצילה מאיזה סכנה. ע"ז אמר מה לך. או להשיג איזה ריוח ותועלת. וע"ז אמר ומה בקשתך. עד חצי המלכות וינתן לך ונהיה שותפים בהמלוכה. (ד) **ותאמר** אסתר וגו'. הטעמים שזמנה אסתר את המן אל המשתה רבים המה. ונוכל לומר לבל יחשוב אחשורוש כי משנאה עצמיית שיש לה על המן מבקשת את נפשו. לכן הראתה כי היא אין לה עליו שום שנאה רק הצלת נפשה ועמה היא מבקשת. ב' כאשר העלה חמת המלך עליו יקבל תיכף ענשו ולא יתקרר חמת המלך ע"י מליצים עליו. ועוד טעמים רבים בגמרא ובמדרש: (ה) **לעשות** את דבר אסתר. בל יחשיבו הקוראים את המן כי אסתר תתכבד בביאת המן. רק המן יבוא מצד צווי אסתר ופקודתה. כעבד המחויב לעשות רצון אדוניו: (ו) **מה** שאלתך ומה בקשתך. במשתה הזה ידע המלך כי אין לאסתר שום סכנה ע"כ לא שאל מה לך. רק בקשה גדולה יש לה. על עצמה או על אחרים. ע"כ שאל מה שאלתך עבור עצמך או מה בקשתך עבור אחרים. ואסתר אמרה שאלתי ובקשתי. יש לי לשאול על עצמי ולבקש עבור אחרים: (ח) **ומחר** אעשה כדבר המלך לאמר שאלתי ובקשתי:

ויצא

standing in the court, that she won favor in his eyes, and the king
extended to Esther the golden scepter that was in his hand, and
Esther approached and touched the end of the scepter. 3. And the
king said to her, "What concerns you, Queen Esther, and what is
your petition? Even to half the kingdom, it will be given to you."
4. And Esther said, "If it pleases the king, let the king and Haman
come today to the banquet that I have prepared for him." 5. And
the king said, "Rush Haman to do Esther's bidding," and the king
and Haman came to the banquet that Esther had prepared. 6. And
the king said to Esther during the wine banquet, "What is your
petition? It shall be granted you. And what is your request? Even
up to half the kingdom, it shall be fulfilled." 7. Then Esther replied
and said, "My petition and my request [are as follows]: 8. If I have
found favor in the king's eyes, and if it pleases the king to grant
my petition and to fulfill my request, let the king and Haman come
to the banquet that I will make for them, and tomorrow I will do
the king's bidding."

3. **Even to half the kingdom**—*A thing that is in the middle and at the halfway mark of the kingdom. That is the Temple, which they started to build in the days of Cyrus, and he reneged and commanded to discontinue the work, and Ahasuerus, who succeeded him, also discontinued the work. The simple meaning of the verse is: Even if you request half the kingdom from me, I will give it to you.*—[*Rashi* from *Meg.* 15b]

4. **let the king and Haman come**—*Our Sages stated many reasons for the matter. What did Esther see* (i.e., what motivated her) *to invite Haman? In order to make the king and the princes jealous of him, that the king should think that he desired her and kill him, and many other reasons.*—[*Rashi* from *Meg.* 15b]

5. **to the banquet**—Heb. הַמִּשְׁתֶּה, lit. drinking feast. *Every feast is called* (מִשְׁתֶּה) *on account of the wine, which is the principal feature.*—[*Rashi*]

8. **and tomorrow I will do the king's bidding**—*that which you requested of me all these days, i.e., to reveal my nationality and my lineage to you.*—[*Rashi*]

ט ויצא המן ביום ההוא שמח וטוב לב וכראות
המן את־מרדכי בשער המלך ולא־קם ולא־זע
ממנו וימלא המן על־מרדכי חמה: י ויתאפק המן
ויבוא אל־ביתו וישלח ויבא את־אהביו ואת־זרש
אשתו: יא ויספר להם המן את־כבוד עשרו ורב
בניו ואת כל־אשר גדלו המלך ואת אשר נשאו
על־השרים ועבדי המלך: יב ויאמר המן אף לא־
הביאה אסתר המלכה עם־המלך אל־המשתה
אשר־עשתה כי אם־אותי וגם־למחר אני קרוא־
לה עם־המלך: יג וכל־זה איננו שוה לי בכל־עת
אשר אני ראה את־מרדכי היהודי יושב בשער
המלך: יד ותאמר לו זרש אשתו וכל־אהביו יעשו־

תו"א ויספר להם המן. גם: אף לא הביאה אסתר. זוהר פ' תלוה: וכל זה איננו שוה לי מגלה גם:

תרגום

גזירת מלכא: ט ונפק המן מלות מלכא ביומא ההוא חדי ובדח לבא וכד חזא המן ית מרדכי וית טפליא דעסיקין בפתגמי אוריתא בסנהדרין דעבדת להון אסתר בתרע מלכא ומרדכי לא קם מן קדם אנדרטיה ולא רתת מניה אלהן פשט ית רגליה ימיניה ואחוי ליה שטר זבינתא דאזדבן ליה בטולמא דלחם דמכתבא באסטרקליליה כל קבל ארכובתיה מן יד תקיף רוגזיה ואתמלי המן עלוי מרדכי רותחא: י ואזדריז המן ועל לביתיה ושדר וקרא ית רחימוי וית זרש רשיעתא אנתתיה ברת תתני פחת עבר נהרא: יא ואשתעי להון המן ית יקר עתריה והיך אתמני עם דוכסי מלכא והיך רהטין קדמוי סגיאות בנוי דסכומהון מאתן ותמניא בר מן עסרתי אוחרנין דאנון פולמרכין על פלכיא ובר מן שמשי דהוא ספרנא דמלכא וית מה די רבי יתיה מלכא וית דזקפיה עלוי כל רברבנוי ועבדוי דמלכא: יב ואמר המן ברם לא הנעלה אסתר מלכתא עם מלכא למשתיא די עבדת אלהן יתי ואוף עדן מחר אנא מזומן לותה למסעוד עם מלכא: יג וכל דא ליתיה טימי לותי בכל עדן די אנא חזי ית מרדכי יהודאה דיתיב בסנהדרין עם עולימיא בתרע פלטרין דמלכא: יד ואמרת ליה זרש אנתתיה וכל רחימוי אין שפיר בעינך גימר קדמך מלתא חדא מה דנעביד ליה למרדכי יהודאה אם הוא חד מן צדיקיא דאתבריאו בעלמא אין בחרבא נקטול יהיה כבר אתהפך חרבא ותתרמי עלנא גיהב יתיה לרגומא כבר בגם דוד גלית פלשתאה ואם בתרא דנחשא נרמי יתיה כבר בזעיה מנשה ונפק מניה נזרוק יתיה ליכא רבא כבר בזעוניה בני ישראל ועברו בגוה נרמי יתיה לגו אתון נורא יקידתא כבר דעקרוהי חנניה מישאל ועזריה ונפקו מן גויה נתרמי יתיה לגוב אריותא כבר לא חבילו אריותא בדניאל כד חי

רש"י

(י) ויתאפק. נתחזק לעמוד על כעסו כי היה ירא להכנס בלא רשות. ויתאפק איסטני"ר בלע"ז: (יג) איננו שוה לי. איני חש לכל הכבוד אשר לי: בכל עת וגו'. אמרו רבותינו שהיה מראה לו שטר שמכר עצמו לעבד על הוסר מזונות כשנתמנו ראשי גייסות מרדכי והמן במלחמ' אחת:

אבן עזרא

שחידש הדס בעבור תענית ישראל וכאשר ראתה ביום השני דבר גדולת מרדכי הזק לבה: (ט) ולא זע. והוא חסר פ"א כמו והיום רד מאד מגזרת יחגרו ביזע והנכון בעיני שהוא מן השניים כמו ביום שיזועו כטעם פחד ותנועה: (י) ויתאפק המן. שלא גילה סודו לאדם עד בואו אל ביתו והוא מגזרת להתאפק וקרוב מטעם לסבול: (יא) ורוב בניו. א' המדקדקי' כי פירושו גדולת בניו כמו קרית מלך רב כי איך יגיד לאשתו שיש לו בנים רבים ולפי דעתי שכן הוא ספר לאוהביו עם אשתו מזלו הטוב ויש לו עושר רב ובנים רבים וכל זה לא ישוה בעיניו מאומה אע"פ שהמלך גדלו ומרוב גדולתו שתה עם המלכ' וישתה עוד מחר: (יג) וטעם יושב בשער המלך. בעבור שהיא מעל' גדול' והוא מכעיס אותי:

קיצור אלשיך

(ט) ויצא המן ביום ההוא שמח וטוב לב. הנה אומר וטוב לב. אחר שהיה שמח. אמנם הורה סמיות עיני לבו אשר סמאו הש"י כי אם היה זולתו שיקרנו כמקרה הזה. היה לבו נוקפו בענין הזה מה היום מיומים שזימנתני המלכה עם המלך הלא דבר הוא. ומה גם כי גם בעיני המלך יפלא סבת המשתה ויאמר אליה מה שאלתך וגו' ומדוע לא שם המן אל לבו מדוע דוקא בימים ההם אחרי שלחו הספרים אל כל מדינות המלך להשמיד היהודים עשתה המלכה המשתה. היה לו לחשוב מחשבות אולי המלכה יהודית ואליה נוגע הדבר. אך הוא לא שת לבו לזאת. כי מאת ה' היתה סבה שלא ירגיש כלום רק ויצא המן שמח וטוב לב. ואומרו ביום ההוא. כי רק ביום ההוא היה שמח ולא למחר. ואומרו וימלא המן חמה. כי בפעם הראשון לא היה מרדכי כורע ומשתחוה לו. דנו המן מעט לכ"ז. יען כריעה והשתחויה שייך לענין אלוהות. אבל לקום לפני שר גדול הוא המנהג והנימוס. וכאשר מרדכי לא קם ממנו ע"כ נתמלא עליו חמה: (יא) ויספר וגו'. המן היה כמתאונן ואומר ראו נא אוהבי הצלחתי כי גדלה מאד. בעושר ובנים ושררה. ואפילו המלכה אוהבת אותי. וכאשר עשתה משתה למלך אנכי הייתי מוכרח להיות על המשתה. וגם למחר אני קרוא לה אל המשתה. רק מחמת שאינו מן הנימוס שהמלכה תעשה משתה לפני לבד ע"כ אני קרוא לה עם המלך. וכל זה איננו שוה לי וגו'. נגד הבוז וקלון שיש לי ממרדכי. ולא אוכל

לעשות

9. And Haman went out on that day, happy and with a cheerful heart, but when Haman saw Mordecai in the king's gate, and he neither rose nor stirred because of him, Haman was filled with wrath against Mordecai. 10. But Haman restrained himself, and he came home, and he sent and brought his friends and Zeresh his wife. 11. And Haman recounted to them the glory of his riches and the multitude of his sons, and all [the ways] that the king had promoted him and that he had exalted him over the princes and the king's servants. 12. And Haman said, "Esther did not even bring [anyone] to the party that she made, except me, and tomorrow, too, I am invited to her with the king. 13. But all this is worth nothing to me, every time I see Mordecai the Jew sitting in the king's gate." 14. And Zeresh his wife and all his friends said, "Let them make

9. **And Haman went out on that day, etc.**—Scripture relates Haman's base character to us: despite all his advancements and promotions, he was not happy because he constantly yearned for a higher position. Only now that he felt himself equal to the king, insofar as only he and the king were invited to Esther's banquet, was he "happy and with a cheerful heart." This euphoric state was short-lived, however, for as soon as he saw Mordecai, his thoughts turned to sadness and melancholy.—[*Malbim*]

nor stirred—Not only did he not rise, but he did not even show fear or trepidation because of him. Now, if Mordecai did not prostrate himself before Haman for religious reasons, he should have at least been frightened, knowing full well that he would be punished for his failure to comply with the king's mandate. Therefore, Haman became incensed with Mordecai personally, and not as before, with Mordecai's people.—[*Malbim*]

10. **restrained himself**—*He strengthened himself to control his anger because he was afraid to take revenge without the sanction of the king.* וַיִּתְאַפַּק *is e se retint in Old French, and he controlled himself.*—[*Rashi*]

13. **is worth nothing to me**—*I do not care for all the honor that I have.*—[*Rashi*]

every time, etc.—*Our Sages said that he* [Mordecai] *would show him a deed that he* [Haman] *had sold himself* [to Mordecai] *as a slave because he lacked food when Mordecai and Haman were appointed heads of troops in a war.*—[*Rashi* from *Meg.* 15a and b, *Yalkut Shimoni, Manoth Halevi* as an addendum to *Targum.* See above 3:2.]

עץ גבה חמשים אמה ובבקר | אמר למלך ויתלו את מרדכי עליו ובא עם המלך אל המשתה שמח וייטב הדבר לפני המן ויעש העץ: ס
ו א בלילה ההוא נדדה שנת המלך ויאמר להביא את ספר הזכרנות דברי הימים ויהיו נקראים לפני המלך:

תו"א בלילה ההוא נדדה שנת המלך. פס יט ויאמר להביא את ספר הזכרונות. מגלה טו:

נתרמי יתיה קדם כלבין כבר אסתתם פום כלבין בארעא דמצרים על בני ישראל למדברא נגלי יתיה כבר במדברא נפישו וסגיאו מה עוד קטלא נקטול יתיה והידא מיתא תתעבד ליה גרמי יתיה לבית אסירי כבר מן בית אסירי אמליכו ליוסף סכינא נתרמי על צואריה כבר הוה אתהפכת סכינא מעלוי דיצחק עיניה נעור ונשבוק יתיה יקטל בנא כמא דקטל שמשון פורענותיה דגברא הדין לא ידעינן מה נעביד אלא צליבא רבא אתעבד ליה ועל בבא דביתיה דמיה ישתפך קומתיה התרמי על צליבא ויחזון יתיה כל יהודאי וכל חברוי ורחימוי שמיא וארעא כחדא ציתין על צליבא דאתקין המן למרדכי הוה לצפרא ועל קדם מלכא ושאל מניה על צליבא הדין בשעתא ההיא לא שלח מנוי ולא שכב המן בר המדתא עד דאזל ואיתי ית נגריא ית קיצאי נגריא דעבדין צליבא וקיצאי דמתקנין סכין דפרזל ובנוי דהמן דיצין וחדין וזרש אתתיה מנגנא בכנרין עם המן רשיעא ואמר אגרא לנגרי אנא יהב ולקיצאי אנא מתקן שירותא על צליבא קם המן רשיעא למנסיא צליבא בקומתיה נפקת בת קל בשמי מרומא ואמרת ליה יאי המן רשיעא ולך שפר בר המדתא ושפר פתגמא קדם המן ועבד צליבא לגרמיה דהוה מן יומא דזמנת אסתר ית המן לשירותא אתעקו בני ישראל ואמרין דין לדין הדין מסנינן בכל יומא ויומא דתבעי אסתר מן מלכא דנקטליה והיא מזמנא ליה לשירותא בהא שעתא שפכו דבית יעקב כולהון לבהון ואתרחיצו על אבוהון די בשמיא וכן אמרין קדמוי עיני יהן עני כל מעיקיא היך דתלין עיני עבדוי למריהון והיך עיני אמתא לרבונתה כדין תלין עיננא עלך עד עדן דתתגלי ותפרוק יתנא דהא סנאה ובעל דבבא מגדף ואמר מן אינון יהודאי בכן שמע בקל צלותהון ועבד בעותהון. ביה בליליא מטול די בכל זמנא די פרק יתהון מן בעלי דבביהון בליליא פריק יתהון מפרעה ומסנחריב מן כל דקמו עליהון: א ביה בליליא ההוא נדת שינתא דמלכא ביה בליליא ההוא נפק פורקנא ליהודאי. ביה בליליא אדכרת שרה לביתיה דאבימלך. ביה בליליא אתקטלו כל בוכרי דמצראי ביה בליליא ההוא אתגליין נבואן לנביאן וחלמין לחלמי חזויא ביה בליליא ההוא אתרגיש עלמא כוליה מדינן וכל דיריהון אבלא רבא בכל כרכיא מספדא ויללא בכל מדינתא עולמין אסירין בסקין סבין וסבן שקפין על לבהון וכולון צוחין במרר ובקל רב מיללין ואמרין ווי דחזינן עקא על עקא ותבירא על תבירא ומתברנא קדמאה לא אתסינן ומחתנא לא אתיהיבת אסו ומסדונא לא אתנחמנא וכיבי לבנא לא עברו מננא דקרית אבהתנא רטישא על ארעא ומקדשא סנר סנאה ועזרתנא דשישו בעלי דבבנא ופרעה ומצראי

רש"י

(א) נדדה שנת המלך. של נס היה. ויש אומרים שם את לבו על שזמנה אסתר את המן שמא נתנה עיניה בו ויהרגהו: להביא את ספר הזכרונות. דרך המלכים כשאין שינתן נודדת אומרים לפניהם משלים ושיחות עד ששנתם חוזרת עליהם. ורבותינו אמרו מתוך שנתן לבו על המן ואסתר אמר אי אפשר שלא ידע אדם שהוא אוהבי עצתם ויגלה לי וחזר ואמר שמא עשה לי אדם טובה ולא גמלתיו ואין חוששין

שפתי חכמים

דמגילה. ר דק"ל למה זה נדדה שנת המלך בלילה הזאת יותר מבכל הלילות והלילה הזה לא היה יכול לישן בהיותו שמח וטוב לב ששמח במשתה אסתר ובדרך הטבע השמחים במשתה ביום ההם ישנים

אבן עזרא

(א) בלילה ההוא. בדרש שנת מלכו של עולם והטעם שהשם לא ייסן רק שומר ישראל יסבב סיבתה זכירת מעשים שעברו בעבור שנדדה שנת המלך י"א כי טעם להביא ספר דברי הימים להתענגו בשמיעת דבריו שעברו ויש אומרים בעבור

קיצור אלשיך

לעשות לו מאומה יען הוא יושב בשער המלך. (יד) יעשו עץ גבוה חמשים אמה. פיהם הכשילם. שיהי' די להמן ולעשרה בניו שתלו כולם על העץ הזה המן למעלה ובניו למטה ממנו: (א) בלילה ההוא נדדה וגו'. כי בלילה ההוא רעיוניו על משכבו סליקו אומר בלבו מי יודע אם אסתר תסתיר עצה עם המן ועלי יתלחשו רעה. ויאכלו וישתו מאהבה מסותרת וכורים שוחה ללכדני ואנכי לא ידעתי. ויאמר בלבו מה זה כי אין גולה את אזני. אולי מבלתי הייתי גומל טובה תחת טובה. ע"כ אין גולה את אזני מסודי המן ואסתר. וע"כ אמר להביא את ספר הזכרונות דברי הימים. לדרוש ולראות אם השיב איש עמו או גלה סודו ולא השיב לו גמולו. ותיכף ישלם לו גמולו הטוב. וישמע השומע ואשר ידע דבר סתר של המן ואסתר ויבא ויגלה לי ואשלם לו שכרו משלם עוד קודם המשתה בכדי שאדע מה לעשות. ונראה כי היו שני דברי הימים. אחד ביד המשנה. והשני ביד המלך עצמו. ומן המלך נשכח מי היה המגיד

לקוטי אנשי שם

(יד) מה טעם שהשיעורי' ל' אמה. איתא בילקוט ויתלו את מרדכי ואח"כ אתה נכנס עם המלך אל המשתה ואכול ושתה ויערב לך יראה שתלאו לגוב כנגדך ולכך שמח. מעתה יש לומר שכל כונתם היה שיהיה הדבר בפרסום שיהי' נראה בכל העיר ע"כ היה כוונתם להגביה כל מה דאפשר. ואם יעשו העץ יותר מחמשים אמה לא יהיה באפשר שיהי' המן רואה אותו בבית המלך בעת אכילתו. והוא ע"פ מה דאיתא בגמ' [עירובין כ] שפתחי מלכים דרכם לעשות גובה חמשים אמה. מעתה לא היה באפשרם לעשות העץ גבוה יותר מחמשים אמה. כיון שהיה רצונם שיהי' המן יושב בבית המלך ויראה את מרדכי שתלאו לגוב. ועד חמשים אמה יהיה אפשר להמן לישב עם המלך ויוכל לראות דרך פתח המלך כשהוא לגוב. אמנם אם יגביהו יותר אז לא יהי' באפשרו לראות את מרדכי לגוב כי המשקוף שעל הפתח יהי' לו לשטן ומבדיל ולא יהיה באפשרו לראותו ולמטה מחמשים אמה ג"כ לא רצו שיעשה העץ כי רצונם היה להגביה תליתו כל מה דאפשר כדי לעשות הדבר בפרסום. ע"כ עשה ע"פ חמשים אמה:

על

a gallows fifty cubits high, and in the morning say to the king that they should hang Mordecai on it, and go to the king to the banquet joyfully." The matter pleased Haman, and he made the gallows.

6

1. On that night, the king's sleep was disturbed, and he ordered to bring the book of the records, the chronicles, and they were read before the king.

14. **Let them make a gallows fifty cubits high**—They suggested that they hang Mordecai on a lofty gallows because this way his body would continue to be visible after his death. They suggested that the gallows be fifty cubits high in order that it should be seen from afar, so that Haman would be able to see it from the royal courtyard. It was God's plan that Haman would erect a high gallows so that Ahasuerus would see it when it was pointed out by Harbona, as below 7:9.—[*Gra*] *Midrash Lekah Tov* also states that the purpose of the lofty gallows was that it should be visible from a distance.

6

1. **the king's sleep was disturbed**—*It was a miracle. And some say that he took to heart that Esther had invited Haman; perhaps she had set her eyes upon him, and he would assassinate him.*—[*Rashi*, first from *Mid. Abba Gurion* and *Targum*, then from *Meg.* 15b]

Midrash Abba Gurion states that Gabriel descended and disturbed Ahasuerus's sleep by casting him down to the ground. He said to him, "You ingrate! Get up and reward the one who deserves reward!" *Esther Rabbah* tells us that Ahasuerus dreamed that Haman drew a sword to slay him. He awoke in terror and ordered his scribes to read him the book of chronicles. They opened the books to the account of the assassination plot that Mordecai had disclosed to the king. When they told the king, "Behold Haman is standing in the court," he said, "What I saw in my dream is true! This one has come only to kill me."

to bring the book of the records—*It is customary for kings that when their sleep is disturbed, parables and lectures are recited to them until their sleep is restored. Our Rabbis, however, explained that since he took to heart* [the matter of] *Haman and Esther, he said* [to himself], *"It is impossible that none of my friends should know their plan and divulge it to me." He* [thought] *again and said* [to himself], *"Perhaps someone did me a favor, and I did not reward him and they don't care about me anymore." Therefore, "he ordered to bring the book of the records."*—[*Rashi* from *Meg.* ad loc.]

ב ויִּמָּצֵא כָתוּב אֲשֶׁר הִגִּיד מָרְדֳּכַי עַל־בִּגְתָנָא
וָתֶרֶשׁ שְׁנֵי סָרִיסֵי הַמֶּלֶךְ מִשֹּׁמְרֵי הַסַּף אֲשֶׁר בִּקְשׁוּ
לִשְׁלֹחַ יָד בַּמֶּלֶךְ אֲחַשְׁוֵרוֹשׁ׃ ג וַיֹּאמֶר הַמֶּלֶךְ מַה־
נַּעֲשָׂה יְקָר וּגְדוּלָּה לְמָרְדֳּכַי עַל־זֶה וַיֹּאמְרוּ נַעֲרֵי
הַמֶּלֶךְ מְשָׁרְתָיו לֹא־נַעֲשָׂה עִמּוֹ דָּבָר׃ ד וַיֹּאמֶר
הַמֶּלֶךְ מִי בֶחָצֵר וְהָמָן בָּא לַחֲצַר בֵּית־הַמֶּלֶךְ
הַחִיצוֹנָה לֵאמֹר לַמֶּלֶךְ לִתְלוֹת אֶת־מָרְדֳּכַי עַל־הָעֵץ

תו״א לא נעשה עמו דבר. שם טז:

לא עצו עלנא כהדא עצתא ומלכי עממיא לא חשיבו עלנא כמחשבתא הדא למהוי עתידין ליומא הדין לשיציותנא מעל אפי ארעא גלי רזין גלא ליה רזא דנא למרדכי די גזרת מותנא אתגזרת על דבית ישראל ואוף לעברין ולאמהן לא זבינו יתנא. ביה בליליא ההוא נדת שנתיה דקודשא בריך הוא מרומא ואין לא כתיב הדין קרא לא הות אפשר למימריה דכתיב עורה למה תישן יי חס ושלום לית קדמוי שנה אלא כד חטין בית ישראל עבד גרמיה דכוות דמיך ברם כד עבדין רעותיה לא נאם ולא דמיך נטר ישראל. ביה בליליא ההוא נדת שנתיה דמרדכי צדיקא דהוה שהיד ולא שכיב והוה שכיב ולא דמיך דהון בית ישראל מתכנשין ויהבין קדמוי ואמרין ליה את גרמת לנא ית כל בישתא הדא ואין את קמתא מן קדם המן רשיעא וכרעת וסגדתא ליה לא אתה עלנא כל עקתא הדא מתיב מרדכי ואמר לון לבושא די הוה לבש המן רשיעא צייריין עלוי תרין צלמין חד מן קדמוי וחד מן בתרוי ואין קמית וסגידית ליה אשתכחית דאפלח לטעותא ואתון ידעין מן דפלח לטעותא יאבד מן עלמא הדין ומתרד מן עלמא דאתי ושתקון מניה כולון. ביה בליליא נדת שינתא דהמן רשיעא דהוה שהיד ולא שכיב והוה שכיב ולא דמיך מחימת דהוה מתקן ית צליבא למצלב ית מרדכי עלוי ולא הוה ידע די לנפשיה הוה מתקן יתיה. ביה בליליא ההוא נדת שינתא דאסתר צדקתא דהות עבדת לחמא לאעלא ית המן בשירותא עם מלכא אחשורוש. ביה בליליא ההוא נדת שנתיה דמלכא אחשורוש טפשא דהוה שהיד ולא שכיב והוה שכיב ולא דמיך די נקט יתיה רוחא דנקטא למלכי וחבטת יתיה כולי ליליא עני וכן אמר לכל רברבנוי מה דאכלית לא הנאה לי ומה דשתית לא אתקבל עלי שמיא רעמין עלי ושמי שמיא מרימין בקליהון הידא מהגן אמרית למשבק למדינתא ולא שבקית לון או אסתר והמן מכונין למקטל יתי דלא אעלת אסתר לשירותא עמי אלא המן בלחודוי ביה בליליא ההוא על דכרן אברהם יצחק ויעקב קדם אבוהון די בשמיא דאשתלח מן מרומא מלאכא הוא מיכאל רב חילא דישראל ויתיב ברישיה דמלכא ונדד ית שנתא מניה כולי ליליא עד די אמר לאעלא קדמוי ית ספר דכרניא סכי דיומא והון קרין ביה קדם מלכא עבדי דיניהון דמלכי קדמאי דהון מן קדמוי ויתיב לעיל מן עינוי דמלכא והוה מסתכל מלכא וחזי כדמות גבר עני ואמר ליה למלכא המן בעי דנקטלך ונמליך יתיה חלופך והא מקדים בצפרא ובעי למשאל מנך גברא דפרקך מן מותא ובעי למקטליה אלא אמר ליה להמן מה למעבד לגברא דמלכא צבי ביקריה והחזי דלא שאל מנך אלא לבושין דמלכא וכתרא דמלכותא וסוסיא די רכיב עלוי מלכא: ב ואשתכח כתוב בספרא די חוי מרדכי על בגתנא ותרש תרין רבני מלכא די נטרי פלטרין די בעו לאושטא ידא לקטלא ית מלכא אחשורוש בבית דמכיה: ג ואמר מלכא מה אתעביד יקרא ורבותא למרדכי על דין ואמרו עולימי מלכא משומשנוי לא אתעביד עד כדון עמיה שום מדעם: ד ואמר מלכא מן גברא דקאם בדרתא והמן על לדרתא

אבן עזרא

שנדדה שנתו שמא עגוש הוא על דבר שנדר ולא הקימו וזה קרוב אלי: (ג) יקר. הוא שם ולעולם הוא קמוץ רק אם הי׳ סמוך כמו ואת יקר תפארת גדולתו ואם היה שם התואר יהיה היו״ד קמוץ בקמץ גדול וכאשר יסמך יתערב עם השם

קיצור אלשיך

על בגתנא ותרש ולא ידע למי ישלם גמול הצלתו. רק זאת ידע כי אסתר הגידה לו בשם אחד. ומחמת כי רצה המלך לשלם גמול לאסתר. ומה יוכל ליתן לה יותר ממה שיש לה הלא מלכה היא. ע״כ גדל את המן שהביא את אסתר בסבתו להיותה מלכה. והשב שבזה יהי׳ נחת רוח לאסתר [וע״כ כעת נתגדל אצל המלך ביותר החשד על המן ואסתר] ואח״כ השתדל המן שידמה להמלך שהוא היה המגיד. וע״כ נשאו על כל השרים. והמן היה מוחק מספר דברי הימים שם מרדכי וכתב במקומו שם המן. כי הגיד המן. אבל בדברי הימים שהיה בבית המלך תחת ידו ורשותו שם היה כתוב האמת כי הגיד מרדכי. וע״ז אמר.

(ב) וימצא כתוב בד״ה שלפני המלך אשר הגיד מרדכי גמזה נודע למלך כי כל מה שגדל את המן היה בטעות בחשבו שהוא היה סבה להצלתו. ועיקר הגדולה הזאת מגיע למרדכי. ובזה נודע השגחת ה׳, איך באותו רגע שחשב המן לבקש נפש הצדיק לתלותו. נהפך הדבר כי נתודע למלך שגדולת המן מגיע למרדכי:

(ג) מה נעשה יקר וגדולה וגו׳. המלך שאל הלא מגיע לו ע״ז שני דברים. יקר. זהו כבוד בשעתו להודיע אשר פעל ועשה שהציל את המלך ממות. שנית גדולה לעתיד לגדלו על כל השרים. ויענו המשרתים לא נעשה עמו דבר. לא כבוד ולא גדולה:

(ד) מי בחצר. מודיע תוקף הנס שלא היה טבעי. אלא השגחיי. כי באותו הרגע בא המן לומר למלך לתלות את מרדכי ומסבב הסבות כבר הכין לו כלי מות. לכאורה נראה כי נכתב שלא כסדר. תחלה היה לו לכתוב והמן בא לחצר בית המלך. וכאשר הרגיש המלך

כי

2. And it was found written that Mordecai had reported about Bigthana and Teresh, two chamberlains of the king, of the guards of the threshold, who had sought to lay a hand on King Ahasuerus. 3. And the king said, "What honor and greatness was done to Mordecai on that account?" And the king's servants who minister before him said, "Nothing was done for him." 4. And the king said, "Who is in the court?" And Haman had come to the outside court of the king's house, to petition the king to hang Mordecai on the gallows

2. **And it was found written**—It was miraculously found written. Shimshai the scribe erased it, and the angel Gabriel rewrote it.—[*Meg.* 16a] *Rashi* points out that Shimshai was the royal scribe since the days of Cyrus. Because of his hatred for the Jews, he wrote the false accusation against the dwellers of Judea and Jerusalem (Ezra 4:6-8). *Rokeach* points out that Gabriel was the angel who wrote on the wall in the time of Belshazzar. Hence, we associate him with the writing in the book of chronicles of Ahasuerus. *Midrash Abba Gurion* states that Shimshai was Haman's son. When he came to the column where Mordecai's service to the king was recorded, he rolled the scroll past it, and the scroll rolled back by itself. The Talmud and Midrash state that the book read itself aloud, so as not to rely on Shimshai, who would not read anything favorable to Mordecai.

Alshich explains that when Ahasuerus heard that Mordecai had reported the plot, he realized that Haman had been promoted by mistake, and that Mordecai deserved all the honor and glory. This illustrates Divine Providence, for at the very moment that Haman came to hang Mordecai, the tables were turned, and the king became aware that Mordecai deserved all the honor.

3. **What honor and greatness was done to Mordecai**—The king asked: Does not Mordecai deserve two rewards? First, he deserves to be honored at this moment, to show the public that he saved the king's life. Second, he should be awarded with greatness for the future, i.e., he should be promoted over all the princes and dignitaries. The servants replied that neither honor nor greatness had been bestowed upon Mordecai.—[*Alshich*]

אֲשֶׁר־הֵכִין לוֹ׃ ה וַיֹּאמְרוּ נַעֲרֵי הַמֶּלֶךְ אֵלָיו הִנֵּה הָמָן
עֹמֵד בֶּחָצֵר וַיֹּאמֶר הַמֶּלֶךְ יָבוֹא׃ ו וַיָּבוֹא הָמָן וַיֹּאמֶר
לוֹ הַמֶּלֶךְ מַה־לַּעֲשׂוֹת בָּאִישׁ אֲשֶׁר הַמֶּלֶךְ חָפֵץ
בִּיקָרוֹ וַיֹּאמֶר הָמָן בְּלִבּוֹ לְמִי יַחְפֹּץ הַמֶּלֶךְ לַעֲשׂוֹת
יְקָר יוֹתֵר מִמֶּנִּי׃ ז וַיֹּאמֶר הָמָן אֶל־הַמֶּלֶךְ אִישׁ אֲשֶׁר
הַמֶּלֶךְ חָפֵץ בִּיקָרוֹ׃ ח יָבִיאוּ לְבוּשׁ מַלְכוּת אֲשֶׁר
לָבַשׁ־בּוֹ הַמֶּלֶךְ וְסוּס אֲשֶׁר רָכַב עָלָיו הַמֶּלֶךְ וַאֲשֶׁר
נִתַּן כֶּתֶר מַלְכוּת בְּרֹאשׁוֹ׃ ט וְנָתוֹן הַלְּבוּשׁ וְהַסּוּס
עַל־יַד־אִישׁ מִשָּׂרֵי הַמֶּלֶךְ הַפַּרְתְּמִים וְהִלְבִּשׁוּ אֶת־
הָאִישׁ אֲשֶׁר הַמֶּלֶךְ חָפֵץ בִּיקָרוֹ וְהִרְכִּיבֻהוּ עַל־הַסּוּס
בִּרְחוֹב הָעִיר וְקָרְאוּ לְפָנָיו כָּכָה יֵעָשֶׂה לָאִישׁ אֲשֶׁר
הַמֶּלֶךְ חָפֵץ בִּיקָרוֹ׃ י וַיֹּאמֶר הַמֶּלֶךְ לְהָמָן מַהֵר קַח

הו"א הכין לו. שם: ויאמר המן בלבו. שם:

תרגום

די בביה מלכא בריתא למימר
למלכא למצלב ית מרדכי
על קיסא דזמין ליה: ה ואמרו
עולימי מלכא לותיה הא המן
קאים בדרתא ואמר מלכא
יעול: ו ועל המן ואמר ליה
מלכא מה חזי לאתעבדא
לגבר די מלכא צבי ביקריה
וחשיב המן בלביה ואמר מן
צבי מלכא למעבד יקרא
יתיר מני: ז ואמר המן לות
מלכא גבר די מלכא צבי
ביקריה: ח ישים מלכא טעם
ייתון לבוש ארגונא די לבישו
ביה ית מלכא ביומא די על
למלכותא וסוסא די רכב עלוי
מלכא ביומא דעל למלכותא
ודי אתיהב כלילא דמלכותא
ברישיה: ט ויהי מתיהב לבוש
ארגונא וסוסא על ידא דגברא רבא מרברבי דמלכא אסטרטיגין וילבשון הורגיני מלכא ית גברא דמלכא
צבי ביקריה וירכיבינוהי עלוי סוסא בפתאה דקרתא ויקלסון קדמוי כדנא יתעביד לגברא דמלכא
צבי ביקריה: י ואמר מלכא להמן אוחי סב ית לבוש ארגונא וית סוסיא כמא די מלילתא ועבד
כן למרדכי יהודאה אמר ליה המן לאידין מרדכי אתיב ליה מלכא למרדכי יהודאה אמר ליה המן

רש"י

עוד לי לפיכך ויאמר להביא את ספר הזכרונות: (ט) ונתון הלבוש והסוס על יד איש. ואת הכתר לא הזכיר

אבן עזרא

הסמוך יקר רוה איש תבוג' והטעם יפרים ביניהם: (ו) חפץ ביקרו. המלך חפץ לעשות יקר לו: ויאמר המן בלבו יש בדברי יחיד כי מזה הכתוב נלמוד כי בנבואה נכתב' זאת המגלה כי מי יודע תעלומות לב כי אם השם שיגל' סודו אל עבדיו הנביאים. ואחרים אמרו כי היה דרך סברא או המן גילה סודו אחר כן או ביום עצמו וכמוהו ויאמר עשו בלבו. והאמת כי זאת המגלה ברוח הקדש נכתבה: מלאנו למי יחפוץ וגם דרכו יחפץ שני משקלים: (ח) יביאו. המשרתים: ואשר נתן כתר מלכות בראשו. יש אומרים שהרגיש שהר' המלך על כתר המלכות בעבור כבוד המלכות על כן אמר ונתון הלבוש והסוס ולא הזכיר הכתר והנכון בעיני שוי"ו בראשו שב על הסוס כי יש סוס של מלך שישימו כתר מלכות

קיצור אלשיך

כי אחד בא אל החצר שאל מי בחצר. ומדוע אמר תחלה שאלת המלך מי בחצר. קודם שאמר שבא המן לחצר. שנית שהיה להם להשיב בקצרה „המן" ומדוע האריכו לומר „הנה המן עומד בחצר". אמנם בשמוע המלך כי לא נעשה יקר למרדכי. תמה ואמר מי בחצר. כלומר מי זה עומד בחצר המלך. שר וגדול שצריך להשגיח בצרכי המלך להטיב את הראוי להטיב. ואם המלך מחמת שהוא טרוד בעסקי המלוכה לא ישים לב לזה. השר צריך להשגיח ע"ז. ולגמול טוב. לעושי טוב. ובפרט עבור הצלת המלך ממות לחיים. ובאותו רגע שאמר המלך מי בחצר. והמן בא וגו'. והשיבו לו הנה המן עומד בחצר להשגיח על כל הנעשה ומי גדול ממנו. והנה הוא בא לחצר. ועל מה ולמה הוא בא כעת בבקר השכם לא נדע. ויאמר המלך יבא.

(ו) **ויבא** המן וגו'. הנה המלך לא שאל את המן מדוע באת בבקר השכם. ולמה באת. רק תיכף אמר לו מה לעשות וגו'. אמנם הלא כתבנו כי כל חפץ המלך היה מדאגה אולי יש דבר סתר בין אסתר והמן ועליו יחשבו רעה. ומה שאין מגיד ומגלה לי סודם הוא מחמת שני דברים. מחמת שלא ראו ממני שאשלם טובה לעושה לי טובה. שנית מי זה יתערב בין המלכה והמן. ואף אם ישקלו על ידו אלף כסף לא יגיד. מה עשה המלך. צוה להמן לעשות היקר והכבוד הוא בעצמו למרדכי. למען יודע לעיני הכל כי גדול כבוד מגיד דבר סתר למלך. יותר מכבודו של המן. ואף המן בעצמו ובכבודו מוכרח להכניע לפניו. ואז היודע מאומה נסתרות שבין המלכה והמן אף שיהי' פסח ידלג כאיל וירוץ מהר להגיד לי. והתחכם המלך בשני דברים. אחד שהמעלה והיקר אשר יעשה למרדכי תהיה למעלה מיקר תפארת המן וע"כ שאל לו מה לעשות באיש וגו' למען יעלה על רוחו שעליו ידבר המלך ויעדיף בשאלתו יקר למעלה מיקר תפארת גדולתו. ולמען יעלה על רוחו של המן שעליו יכוון המלך. ע"כ לא אמר המלך מה לעשות באיש אשר המלך חפץ בגדולתו. כי אם כה יאמר יעלה על רוחו של המן שעל איש אחר יכוון המלך כי הגדולה כבר ניהגה לו על כל השרים. ע"כ לא הזכיר המלך רק היקר בלבד. ויחשוב המן בלבו כי רק אותו ירצה לכבד. ומסתמא ישאל הכבוד היותר גדול שיכול להיות כאשר שאל באמת. ואת הכבוד אשר שאל המן נתן למרדכי: ואת המן הכניע תחתיו בתכלית השפלות. למען הכל יראו כי המגלה סוד לפני המלך גדול אצלו יותר מהמן. וע"כ מי שיודע איזה סוד על המלכה והמן לא ייראו מפניהם רק יבואו ויגידו למלך ויקחו גמולם הטוב מאת המלך:

(י) **מהר** קח וגו' המלך כעס מאד על גאותו של המן לבקש כל זאת. ואינו חסר לו רק הכסא מלכות. ע"כ אמר בחמתו להמן מהר קח את כל אשר דברת ועשה כן למרדכי היהודי. כי אליו מגיע הכבוד הזה. וגם מגיע לו שאתה בעצמך תעשה לו הכבוד הזה אחר שלקחת ממנו גדולתו בערמה. ע"כ תרוץ לפניו

that he had prepared for him. 5. And the king's servants said to him, "Behold Haman is standing in the court." And the king said, "Let him enter." 6. And Haman entered, and the king said to him, "What should be done to a man whom the king wishes to honor?" And Haman said to himself, "Whom would the king wish to honor more than me?" 7. And Haman said to the King, "A man whom the king wishes to honor— 8. Let them bring the royal raiment that the king wore and the horse that the king rode upon, and the royal crown should be placed on his head. 9. And let the raiment and the horse be delivered into the hand of one of the king's most noble princes and let them dress the man whom the king wishes to honor, and let them parade him on the horse in the city square and announce before him, 'So shall be done to the man whom the king wishes to honor!'" 10. And the king said to Haman, "Hurry, take

6. **What should be done to a man**—He did not say, "What should be done to Mordecai?" because he feared that Haman would request the entire kingdom for Mordecai, since he believed that Haman was Mordecai's friend. He therefore asked a general question.—[*Gra*]

wishes to honor—Providentially, the king did not mention greatness, because if he had, Haman would know that he did not mean him, since he could be given no more greatness than he already had; he was already fabulously wealthy and occupied the highest position in the kingdom.—[*Gra*]

7. **A man whom the king wishes to honor**—but upon whom no more greatness can be bestowed.—[*Gra*]

9. **And let the raiment and the horse**—*But he did not mention the crown, because he saw that the king became jealous* (lit. that the king's eye was evil) *because he said that they should place the crown on a person's head.*—[*Rashi* from *Mid. Abba Gurion, Pirké d'Rabbi Eliezer,* ch. 50]

את־הלבוש ואת־הסוס כאשר דברת ועשה־כן
למרדכי היהודי היושב בשער המלך אל־תפל
דבר מכל אשר דברת: יא ויקח המן את־הלבוש
ואת־הסוס וילבש את־מרדכי וירכיבהו ברחוב
העיר ויקרא לפניו ככה יעשה לאיש אשר המלך
חפץ ביקרו: יב וישב מרדכי אל־שער המלך
והמן נדחף אל־ביתו אבל וחפוי ראש: יג ויספר
המן לזרש אשתו ולכל־אהביו את כל־אשר קרהו
ויאמרו לו חכמיו וזרש אשתו אם מזרע היהודים
מרדכי אשר החלות לנפל לפניו לא־תוכל לו כי־
נפול תפול לפניו: יד עודם מדברים עמו וסריסי
המלך הגיעו ויבהלו להביא את־המן אל־המשתה
אשר־עשתה אסתר: ז א ויבא המלך והמן לשתות
עם־אסתר המלכה: ב ויאמר המלך לאסתר גם
ביום השני במשתה היין מה־שאלתך אסתר

הו"א ועשה כן למרדכי. מגלה יט ג: ויקח המן. שם (ברכות ג יומא מ). את הלבוש. שם: ויקרא לפניו ככה יעשה. שם ג וישב מרדכי. שם: ויספר המן. שם: אם מזרע היהודים שם עקירה שער כו. וסריסי המלך. מגלה שם:

תרגום

סניאין מרדכי יהודאי אית בשושן אתיב ליה מלכא להוא דסדרת אסתר ליה סנהדרין בתרע פלטרין דמלכא אמר ליה המן בבעו מנך קטול יתי ולא תגזור עלי כפתגמא הדין אמר ליה מלכא אוחי ולא תמנע מדעם מן כל מה דמלילתא: יא ודבר המן ית לבוש ארגונא וית סוסא ואלביש ית מרדכי וארכיביניה בפתאה דקרתא וקלס קדמוי כדין יתעבד לגברא די מלכא צבי ביקריה: יב ותב מרדכי לסנהדרין די בתרע פלטרין דמלכא ואשלח ית לבוש ארגונא מעלוהי ולבש סקא ויתיב על קטמא נהוה מודה ומצלי עד כמשא והמן אתבהל ואזל לביתיה אבל על ברתיה ומתעטף על רישיה כאבלא על ברתיה וכסופיה: יג ואשתעי המן לזרש אנתתיה ולכל רחימוי ית כל די ערעיה ואמרו ליה חכימוי וזרש אנתתיה אין מזרעא דצדיקיא מרדכי דשריתא למפל קדמוי היכמא די נפלו מלכיא קדם אברהם במישר חקליא אבימלך קדם יצחק ויעקב נצח מלאכא ועל ידוי דמשה ואהרן טבעו פרעה וכל משריתיה בימא דסוף וכל מלכיא ושלטוניא דאבאישו להון מסר יתהון אלההון בידיהון ואף אנת לא תיכול לאבאשא ליה ארום מפל תפול קדמוי: יד עוד כען אינון ממללין עמיה ורבני מלכא מטו ואוחו להנעלא ית המן למשתיא דעבדת אסתר: א ועל מלכא והמן למשתי עם אסתר מלכתא: ב ואמר מלכא לאסתר אוף ביומא תנינא במשתיא דחמרא מה שאלתך

רש"י

שראה עינו של מלך רעה על שאמר שיתנו הכתר בראש אדם: (יב) וישב מרדכי לשקו ולתעניתו: אבל וחפוי ראש. רבותינו ז"ל פירשו הדבר במסכת מגילה: (יג) אשר החלות לנפל וגו'. אמרה אומה זו נמשלו לכוכבים ולעפר כשהם יורדים יורדים עד לעפר וכשהם עולים עולים

שפתי חכמים

שינה שקופים בלילה כמסכת אחר משתה. לכ"פ נס היה: מ דק"ל לל"ל דשב מרדכי הלא כל עלמו של רכתוב איתו אלא לספר במפלתו של המן. לכ"פ לשקו ולתעניתו ויום ג' לתעניתו היה שפתחיל להתענות ביום י"ד בניסן ומה שקרא המקרא ליום אתמול שלישי ויהי ביום השלישי ותלבש אסתר מלכות יום שלישי לשילום ברלים היה. נ דק"ל מה אכילות שייך כזה. לזה אמר ר"פ וכו' דדרשו בפ"ק דמגילה ע"ז ס בגמרא בפ"ק דמגילה דייק מסיפיה דקרא כי נפול תפול לפניו שתי נפילות אלו למה מלמד שאמרו לו אומה זו נמשלת לעפר ולכוכבים וכו' גם רש"י עיקר דיוקו מסיפיה דקרא לכן כתב

אבן עזרא

בראשו כאשר ירכב עליו המלך ואין אחד מעבדי המלך רשאי לרכוב עליו וזה דבר ידוע: (יב) נדחף. מעצמו והוא אבל וחפוי ראש פעול והטעם שכסה ראשו והעד ופני המן חפו והיא מגזרת ויחפהו ואם הוא בבנין אחר: (יג) ויאמרו לו

קיצור אלשיך

כעבד. וגם ההלבשה תעשה בעצמך: (יב) והמן נדחף. בכל עת שהיה המן הולך ברחוב עשו האנשים דרך עבורו. ובעת ההיא כאשר התקבצו המון בני אדם לאלפים לראות החדשות אשר נעשה בפתע פתאום. נפל גאות המן ולא עשו לו דרך לעבור רק הי' נדחף מאיש לאיש בין ההמון ובדרך אבלות. וחפוי ראש. היה מכסה ראשו ופניו שהי' מתבייש מהם: (יג) ויספר המן וגו'. המן נחם את אשתו וב"ב. כי זה הי' רק מקרה בעלמא שהמלך נזכר בנדוד שנתו. וכאשר הביאו לפני ספר הזכרונות. ושמע שלא שלם שכר למרדכי על אשר הגיד על בגתנא ותרש. ורצה המלך לעשות לו היקר הזה. ולא יותר. והדבר הזה היה נעשה ע"י אחר. רק מחמת שאנכי הקדמתי לבא ע"כ נעשה זאת על ידי. ובדבר תליתו עוד לא דברתי עם המלך. אמנם חכמיו ויועציו יעצוה לטובתו בל יתגרה עוד עם מרדכי כי לא יצלח. ומה שאתה חושב זאת למקרה. תדע כי לא מקרה היא. אם מרדכי הוא מזרע היהודים. אשר החלות לנפול לפניו. שאתה נפלת קודם נפילתו. לא תוכל לו עוד. ועצתנו שתעשה שלום עמו. ונפל תפול לפניו לפייסו שימחול לך. ואם יתרצה עמך תוכל עמוד. ואם לא ימחול לך. עוד נפול תפול. כי נפילה זו היא רק התחלה לנפילותיך: (יד) עודם מדברים וגו'. אין שלטון ביום המות. וכל כבודו חלף ועבר ממנו כי עד עכשיו מי יכול להעיז להפריע את המן כשהוא מדבר עם אנשים. ובעת עודם מדברים עמו. באו סריסי המלך. ולא שרים. ויבהלו את המן. גם זה העזה נגד המן להבהלו ולמהרו עוד הוא מדבר עם אנשים. גם אולי לא ירצה המן לילך אל המשתה. להביא. הסריסים יביאו אותו בע"כ. (ב) מה שאלתך ומה בקשתך. מחמת כי הוגד למלך כי

the raiment and the horse as you have spoken and do so to Mordecai the Jew, who sits in the king's gate; let nothing fail of all that you have spoken." 11. And Haman took the raiment and the horse, and he dressed Mordecai and paraded him in the city square and announced before him, "So shall be done to the man whom the king wishes to honor!" 12. And Mordecai returned to the king's gate, and Haman rushed home, mourning and with his head covered. 13. And Haman recounted to Zeresh his wife and to all his friends all that had befallen him, and his wise men and Zeresh his wife said to him, "If Mordecai, before whom you have begun to fall, is of Jewish stock, you will not prevail against him, but you will surely fall before him." 14. While they were still talking to him, the king's chamberlains arrived, and hastened to bring Haman to the banquet that Esther had prepared.

7

1. So the king and Haman came to drink with Queen Esther.
2. And the king said to Esther also on the second day during the wine feast, "What is your petition, Queen Esther,

12. **And Mordecai returned** —*to his sackcloth and to his fasting.*—[*Rashi* from *Meg.* 16a] Since this was the third day of the fast, Mordecai still wore his sackcloth. *Yosef Lekah* explains that Mordecai wore the sackcloth only during the morning prayers. After the prayers, he would remove it and go to sit in the king's gate. At this point, he returned to the king's gate, but did not yet give up the fast and the sackcloth since their prayers had not yet been answered.

mourning and with his head covered—*Our Sages explained the matter in Tractate Megillah* (ad loc.).—[*Rashi*] *Rashi* refers to the following account: As he was parading him through the street where Haman lived, his daughter, who was standing on the roof, saw him. She thought that the man riding the horse was her father and the man walking before him was Mordecai. So she took a chamber pot and cast it upon her father's head. He looked up at her, and when she saw that it was her father, she fell off the roof and died. Hence it is written: And Haman rushed home, mourning and with his head covered—mourning for his daughter, and with his head covered because of what had happened to him.

המלכה ותנתן לך ומה־בקשתך עד־חצי המלכות
ותעש: ג ותען אסתר המלכה ותאמר אם־מצאתי
חן בעיניך המלך ואם־על־המלך טוב תנתן לי
נפשי בשאלתי ועמי בבקשתי: ד כי נמכרנו אני
ועמי להשמיד להרוג ולאבד ואלו לעבדים
ולשפחות נמכרנו החרשתי כי אין הצר שוה בנזק
המלך: ס ה ויאמר המלך אחשורוש ויאמר לאסתר
המלכה מי הוא זה ואי־זה הוא אשר־מלאו לבו
לעשות כן: ו ותאמר אסתר איש צר ואויב המן
הרע הזה והמן נבעת מלפני המלך והמלכה:

תו"א אם מצאתי חן בעיניך. שבה הפסקות בשאלתה עקידה שער מד: כי נמכרנו אני ועמי. מגילה שם: כי אין הצר שוה בנזק המלך. זוהר פ' תצוה: ויאמר המלך אחשורוש ויאמר לאסתר המלכה. מגלה פ"א דף טו: איש צר ואויב המן. שם דף יב וטו:

אסתר מלכתא ויתיהב ליך ומה בעותיך אפילו עד פלגות מלכותא אתננה ליך לחוד למבני בית מוקדשא דקאים בפלגות תחום מלכותי לא אתן ליך דהיכדין קיימית בשבועה לגשם ולטוביה ולסנבלט ברם אוריכי עד דירבי דריוש בריך ויחסן מלכותא ותתעבד: ג וזקפת אסתר ית עינהא כלפי שמיא ואתיבת אסתר מלכתא ואמרת אין אשכחית רחמין קדמך מלכא רמא ואין קדם מלכא דארעא שפיר תתיהב לי שיזיב נפשי מן ידוי דסנאה בשאלתי ופורקן עמי מן ידוי דבעלדבביה בבעותי: ד ארום אזדבננא מגן אנא ועמי בית ישראל לאשתצאה לאתקטלא ולהובדא ואלולי לעבדין ולאמהן אזדבננא שתקית ארום לית מעיקא טימין ורווחא באנזקא דמלכא: ה ואמר מלכא אחשורוש ואמר לאסתר מלכתא מן הוא דין ובאידין אתר הוא גברא חציפא וחייבא ומרודא די אמלכיניה לבביה למעבד כדין: ו ואמרת גברא מעיקא ובעל דבבא דבעא למקטלך ברמשא בבית דמכך ויומא דין בעא למלבש אסטלא דמלכותא ולמרכב על סוסא די לך ולאחתא מניכא דדהבא על רישיה ולמרדא בך ולמסב מנך מלכותא ואתתקפת מלתא מן שמיא ואתעביד הדוא יקרא

רש"י

עד לרקיע ועד הכוכבים: (ג) תנתן לי נפשי. שלא אהרג בשלשה עשר באדר שנגזרת גזירת הריגה על עמי ומולדתי: ועמי. ינתן לי בבקשתי שלא יהרגו ואם תאמר מה איכפת לך כי איככה אוכל וראיתי וגו': (ד) כי אין הצר שוה בנזק המלך. אינו חושש בנזק המלך שאילו רדף אחר הנאתך היה לו לומר מכור אותם לעבדים ולשפחות וקבל הממון או החי' אותם להיות לך לעבדים הם וזרעם: (ה) ויאמר המלך אחשורוש ויאמר לאסתר המלכה. כל מקום שנאמר ויאמר ויאמר שני פעמים אינו אלא למדרש ומדרשו של זה בתחלה היה מדבר עמה על ידי

אבן עזרא

חכמיו. בבוא איד הרשע לא יתנבאו אוהביו עליו טוב: (ג) תנתן לי נפשי. הטעם אין שאלתי כי אם נפשי ומה נכבד טעם תנתן לי: (ד) כי נמכרנו. מבנין נפעל והטעם אחר מכרנו והנה והתמכרתם שהם ימכרו עצמם ואין קונה: ואלו כמו ואלו היה אלף שנים והאל"ף נוסף והטעם כי נמכרנו להשמיד ואלו נמכרנו להיותנו עבדים ושפחות הייתי מחרשת כי אין הצר' הזאת הבאה עלינו שוה בעינינו מאומה אע"פ שאין למעלה ממנה אחר הריג' כדי שלא יבא המלך לידי נזק במחשבתו והנה הצר שם כמו צר ומצוק מצאוני או פי' הצר שם התואר כי אין האויב שוה שיבא נזק למלך ומלת נזק בל' ארמית לא להוי ניזוק: (ה) ויאמר המלך אחשורש ויאמר. פעמים להורות שהמלך כעס מיד ומרוב כעסו אמר במהירו' מי הוא זה פעמים באומרו בכעסו מי זה את אשר מי זה אמור מהרה: (ו) תי"ו נבעת. שורש והטעם כמו

קיצור אלשיך

כי אסתר שמחה במפלת המן. ע"כ ידע כי אין לה דבר עם המן. רק יש לה איזה בקשה גדולה שצריכה היא שיהי' הדבר נדבר בפני המן. ע"כ.

(ג) ותען אסתר אינני חפץ שום מתנה רק את חיי וחיי עמי אנכי מבקשת.

(ד) כי נמכרנו אני ועמי להשמיד ולהרוג ולאבד. עיקר מחשבת המן רק עלי להרגני. וע"י מצא עלילה גם על עמי להרוג כולנו. וש"ת הלא המכר כבר נעשה ואין להשיב. הלא המכר בטל מאליו. כי הלא אני ועמי נמכרנו. ולא עלה על דעתך לכנור אותי הנכללת בהמכר. כי לא ידעת כי יהודית אנכי. ואילו ידעת לא מכרת לא אותי ולא עמי. נמצא כי המכר היה בטעות ובטל מאליו. ואלו לעבדים ושפחות נמכרנו. ונשארנו בחיים. החרשתי. כי היה לך איזה ריוח מאתנו. אך מהריגה איזה ריוח יהיה לך. ועוד היזק יהיה לך ממסים וארנוניות שלהם:

(ה) ויאמר המלך אחשורוש. מי עשה הדבר הזה. אנכי מכרתי אותך ועמך? וכאשר אסתר שתקה ולא ענתה דבר ויאמר לאסתר המלכה. אם לא אנכי מי הוא. זה. שעשה כן. זה שיושב לפניו עשה כן. והראה על המן. ואסתר שתקה עוד. ויאמר המלך לאסתר הנה הקונה והמוכר יושבים פה לפניך. פרשי דבריך ואמור מי משנינו הוא. כי אין פה רק אני והוא ולא יבצר מהיות אחד משנינו אמרינא איזה הוא אשר מלאו לבו לעשות כן:

(ו) ותאמר אסתר כל זה עשה איש שהוא צר ואויב. ולא כחמת שעשינו לו איזה היזק והפסד. רק מחמת הרע הזה. שהוא רע בטבעו לכל אדם. והמן נבעת מלפני המלך והמלכה. כי לפני המלך לבד היה יכול להתנצל להחזיק דבריו כי מה שהלשין על היהודים הוא אמת. ולא מאיבה עשה זאת. רק באמת אינם שוים להניחם. רק אז תגדל עליו חמת אסתר. ולפני אסתר בפ"ע היה יכול להתחנן שעשה זאת טרם שידע כי היא יהודית והיהודים המה עמה ומולדתה. ועתה מבטיחה שיוסיף לדבר טוב על היהודים וישיב את הספרים. אבל אז תגדל חמת המלך עליו. ויאמר לו הלא

and it shall be given to you. And what is your request, even up to half the kingdom, and it shall be granted." 3. And Queen Esther replied and said, "If I have found favor in your eyes, O king, and if it pleases the king, may my life be given me in my petition and my people in my request. 4. For we have been sold, I and my people, to be destroyed, to be slain, and to perish; now had we been sold for slaves and bondswomen, I would have kept silent, for the adversary has no consideration for the king's loss." 5. And King Ahasuerus said, and he said to Queen Esther, "Who is this and where is he, who dared to do this?" 6. And Esther said, "An adversary and an enemy, this evil Haman!" And Haman became terrified before the king and the queen.

13. **before whom you have begun to fall, etc.**—*She said, "This nation has been compared to the stars and to the dust. When they descend, they descend to the dust, and when they ascend, they ascend to the sky and the stars."*—[*Rashi* from *Meg.* ad loc.]

7

2. **What is your petition...and what is your request**—What is your petition for yourself, and what is your request for others, and it shall be granted.—[*Gra*] Since the king was told that Esther was happy about Haman's downfall, he knew that Esther had no dealings with Haman, only that she had an important request to make, which necessitated Haman's presence.—[*Alshich*]

3. **If I have found favor in your eyes, O king, and if it pleases the king**—In order to have a request granted, the petitioner requires two things: 1) that the petitioner should find favor in the eyes of the one granting the petition, and 2) that the petitioned should be in favor of the petition. Therefore, Esther said, "If I have found favor in your eyes, O king, and if it pleases the king."—[*Gra*]

may my life be given me—*that I should not be slain on the thirteenth of Adar, for you have issued an edict of massacre upon my people and my kindred.*—[*Rashi*]

and my people—*shall be given me in my request, that they should not be slain. Now if you ask, "What does it concern you?"* (below 8:6): *"For how can I see, etc.?"*—[*Rashi*]

and my people in my request—My request for myself is that my life be granted, and my request for others is for my people.—[*Gra*] I desire no gift, only my life and the lives of my people.—[*Alshich*]

4. **For we have been sold, I and my people**—She used the expression of selling because Ahasuerus had literally sold the Jewish people to Haman. When Haman offered him ten thousand talents of silver, he replied,

"The silver is given to you," meaning that it is as if I have received the silver and returned it to you. Thus the delivery of the Jewish people to Haman was enacted with the transfer of the silver from Haman to Ahasuerus.—[*Gra*] Esther said, "Haman's main intention is to kill me, and through me, he found an excuse to kill all my people. Lest you say that the sale is irrevocable, I will tell you that the sale is invalid, because 'we have been sold, I and my people,' and you did not intend to sell me, the queen, who is included in the sale, for you did not know that I was Jewish; had you known, you would not have sold me or my people. Consequently, the sale was a mistake and is automatically invalid."—[*Alshich*] *Midreshei Torah* writes that if they had been sold as slaves, Ahasuerus would have profited by the acquisition of their property, their children and their earnings, for their property would belong to him. "But," she says to him, "you can plainly see that the adversary is motivated by his ancient hatred for my people, and not by concern for your benefit." Accordingly, Esther calls him, "an adversary and an enemy, this evil Haman!" She also states, "for the adversary has no consideration for the king's loss," meaning that one who is by nature an adversary, has no consideration for anyone else's loss as long as he succeeds in wreaking vengeance upon his enemies. Another explanation is that "if we were sold slaves and bondswomen, I would be silent," because I would conclude that Israel's iniquities had brought this about, as the Torah predicts, (Deut. 28:68) "You will then offer yourselves for sale as slaves and bondswomen to your enemies, but there will be no purchaser." There will be no customers seeking to purchase you, even though you will be offered for very low prices. To be sold to be slain and to perish however, is not predicted by the Torah. Accordingly, the king will suffer a loss and be hurt by adding to the punishment meted upon Israel by God. The adversary has no consideration for this loss, which the king will suffer. He is the king's enemy and seeks his detriment. Accordingly, Esther did not say, "the adversary of Israel," but merely, "an adversary." He is an adversary both to the Jews and to the king. Thereupon, the king called to the princes, "Who is this and where is he, who dared to do this," that which I did not order and which never entered my mind? They could not answer because they were terrified of him and of Haman. Therefore, he said to Esther, "Who is he and where is he, etc?" Who is he who did not fear to transgress my will, for I only ordered to chastise them. Where could he hide, this person who dared to hurt me with the evil of his heart?

for the adversary has no consideration for the king's loss— *He does not care for the king's loss, for if he sought your benefit, he should have said, "Sell them for slaves and bondswomen and receive the money, or keep them to be your slaves, they and their descendants."*—[*Rashi*]

5. **And King Ahasuerus said, and he said to Queen Esther**—*Wherever it says, "And he said, and he said," twice, it is to be expounded upon, and the midrashic interpretation of this is: Originally, he would speak to her by messenger, but now that he knew that she was of a royal family, he spoke to her personally.*—[*Rashi* from *Meg.* 16a] *Ibn Ezra* explains that the repetition is due to the king's anger. He uttered repeatedly, "Who is this and where is he? Tell me quickly!"

Who is this and where is he—This translation follows the *Targum. Malbim* explains: Who is this, and what is this that made him dare to do this? *Eshkol Hakofer* interprets this as a repetition. Ahasuerus asked those around him, "Who is this?" When he received no reply, he turned to Esther and asked her, "And where is he?" He further suggests that Ahasuerus reasoned that it was improper to do such a horrendous deed even to a simple, average king, surely not to a monarch as great as he. Moreover, it was improper to do this even to a simple, average queen, surely not to a queen as great as Queen Esther, descended from a great royal family! He therefore asked: Who is this who raised a hand against the king, and where is he who raised a hand against the queen?

who dared to do this—lit., whose heart filled him to do this. This was not an act done on the spur of the moment, but the result of thought and premeditation.—[*Eshkol Hakofer*]

6. **An adversary and an enemy**—His hatred for the Jews made him dare to do this, and concerning who he is, he is this evil Haman.—[*Malbim*] He hates the king as well as the Jews.—[*Midreshei Torah*]

this evil Haman—All his counsels are for evil. He gave the counsel to slay Vashti, and he plotted against my people to destroy us.

The Talmud (*Meg.* 16a) tells us that she pointed toward Ahasuerus, and an angel came and pushed her hand so that she should point toward Haman. Why would Esther point toward Ahasuerus? The *Gra* explains that a person's imagination plays a role in his actions, for example, we sometimes see that a person wishes to call Simon and calls Reuben instead. That is because he is thinking about Reuben. In the case of the righteous, they could be talking to a temporal king while their thoughts are attached to the Almighty, as we find in the case of Daniel (Dan. 4:16) who, while speaking to Nebuchadnezzar, addressed God and said, "My Lord, may the dream be for Your enemies and its interpretation for Your foes." (See Commentary Digest ad loc.) Similarly, in Nehemiah 2:4: "And the king said to me, 'For what do you make request?' And I prayed to the God of heaven." Here too, Esther's heart was directed to the Holy One, blessed be He, and her thoughts were about Ahasuerus, [who was guilty in this matter], and because of her thoughts, she pointed toward Ahasuerus, until an angel pushed her hand and pointed it toward Haman.—[*Gra*]

ז וְהַמֶּלֶךְ קָם בַּחֲמָתוֹ מִמִּשְׁתֵּה הַיַּיִן אֶל־גִּנַּת הַבִּיתָן
וְהָמָן עָמַד לְבַקֵּשׁ עַל־נַפְשׁוֹ מֵאֶסְתֵּר הַמַּלְכָּה כִּי
רָאָה כִּי־כָלְתָה אֵלָיו הָרָעָה מֵאֵת הַמֶּלֶךְ׃ ח וְהַמֶּלֶךְ
שָׁב מִגִּנַּת הַבִּיתָן אֶל־בֵּית ׀ מִשְׁתֵּה הַיַּיִן וְהָמָן נֹפֵל
עַל־הַמִּטָּה אֲשֶׁר אֶסְתֵּר עָלֶיהָ וַיֹּאמֶר הַמֶּלֶךְ הֲגַם
לִכְבּוֹשׁ אֶת־הַמַּלְכָּה עִמִּי בַּבָּיִת הַדָּבָר יָצָא מִפִּי
הַמֶּלֶךְ וּפְנֵי הָמָן חָפוּ׃ ט וַיֹּאמֶר חַרְבוֹנָה אֶחָד מִן־
הַסָּרִיסִים לִפְנֵי הַמֶּלֶךְ גַּם הִנֵּה־הָעֵץ אֲשֶׁר־עָשָׂה

הגו"א והמלך קם. מגילה פ"א דף טז: והמלך שב. שם: והמן נפל על המטה. שם סנהדרין קה: הגם לכבוש את המלכה. פסחים ק:

תרגום

למרדכי צדיקא אחוי דאבא בר יאיר בר שמעי בר שמידע בר בענה בר אלה בר מיכה בר מפיבושת בר יהונתן בר שאול מלכא בר קיש בר אביאל בר צרור בר בכורת בר אפיה בר שחרים בר עזיה בר ששון בר מיכאל בר אליאל בר עמיהוד בר שפטיה בר פנואל בר פיתח בר מלוך בר ירובעל בר ירוחם בר חנניא בר זבדי בר אלפעל בר שמרי בר זבדיה בר רמות בר חשום בר שחורא בר עזא בר גוזא בר גרא בר בנימין בר יעקב בר יצחק בר אברהם גברא מעיקא ובעל דבבא המן
ביש הדין בעא למצלביה והמן אשתעמים מן קדם מלכא ומלכתא: ז ומלכא זקף ית עינוי
וחזא והא עסרתי מלאכין דמיין לעסרתי בנוי דהמן קטעין אילניא די בגנתא גואה בכן קם ברתחיה
ממשתיה דחמרא ואזל לגנתא גואה למחמי מה הוא דין והמן קם למתבע חייסא על נפשיה מאסתר מלכתא
ארום חזא ארום אסתקפת עלוהי בישתא מלות מלכא: ח ומלכא תב ברתחיה מגנתא גואה לבית
משתיא דחמרא והא גבריאל מלאכא דחף ית המן רשיעא וחמא מלכא והמן גחין עלי דרגשא די
אסתר עלה ותוה מלכא ואמר הא ברם בקושטא לא אתא המן אלהן למשכוב עם מלכתא כד אנא שרי
בביתא כען כל עממיא ואומיא ולישניא דנו מה אית למעבד ביה פתגמא נפק מפומיה
דמלכא ואפוי דהמן אתחפיאו בהתא: ט ואמר חרבונא חד מן רבניא קדם מלכא ברם הא קיסא די זמן

שפתי חכמים

ונזמר לסורות שדיוקו ממה שכתיב אח"כ: ע"פ של כלהם נגמרה ואח"כ ק"ל מה רעה עשו לו שאמר כלתה הרעה ועוד במה ידע שנגמרה הרעה דלא ידע לו עוד כאשר אירע באמת וכ"פ השנאה והנקמה כלומר נגמר' השנא' שישנאהו ויעש' בו נקמה: פ והמן נופל נפל מבע"ל. וכ"פ המלאך דיחפו וסכי איתא בפ"ק דמגילה ופירש"י

רש"י

עליה עכשיו שידע שממשפחת מלכים היא דבר עמה הוא בעצמו: (ז) כי כלתה. נגמרה הרעה והשנאה והנקמה. (ח) והמן נפל. המלאך דחפו: על המטה אשר אסתר עליה. דרכן היה ליסב בסעודה על לדן על גבי המטות כמו שנאמר בראש הספר מטות זהב וכסף לבני המשתה: הגם לכבוש. לשון תימה הוא לכבוש לאנוס בחזקה כמו (במדבר לב כב) ונכבשה הארץ: (ט) גם הנה העץ. גם רעה אחרת עשה שהכין העץ לתלות אוהבו של

אבן עזרא

נבהל מגזרת והנה בעתה: (ז) כי כלתה. כמו כי כלה היא: (ח) והמן נופל. שהיה מתחנן ומשתחוה לרגליה וכראותו כי שב המלך נפל מרוב פחדו ודרך הדרש ידועה: לכבוש את המלכה. כינוי לשכיב' שתהיה תחת רשותו והנה יכריחנה וכמוהו וכבשוה. וטעם עמי שאני ראיתי זה: חפו. המפרשים והטעם כסו פניו כי כן משפט מלכי פרס שיכסו עבדי המלך פני מי שכעס עליו המלך שלא יראנו עוד המלך וזה דבר ידוע בספרי פרס: (ט) חרבונ'. יש אומרים כי אליהו ז"ל

לקוטי אנשי שם

(ז) איתא בגמ' [מגילה טז] והמלך קם בחמתו. והמלך שב מגינת הביתן. מקיש שיבה לקימה. מה קימה בחמה אף שיבה בחמה דמלאכי' אדמו כבני אדם בניו של המן קטעין אילניא דבגינתא. ולבאר דבר זה מדוע סרהו לו לאחשורוש דבר זה ולא הפסד אחר. הנה איתא [בב"ב טז ע"ב] גבי ג' רעי איוב מנא הוו ידעי מהצרות של איוב. ותירצו דאילני הוו להו וכיון דכמשי הוו ידעי. ואיתא בגמרא שבת [קנו ע"ב] דמזל יום או מזל שעה גורם מה שיהיה אצל האדם שנולד באותו מזל וחכמי האמות הקדמונים היו יודעים ע"פ חכמת המזלות מה שיזדמן אצל האדם באותו מזל. ולפי זה יכל לומר שאם היה אדם נוטע אילן באותו יום ושעה שנולד האדם יהיה האילן בר מזליה ומכל המאורעות וכהזדמנות שיהיה אל האילן מזה יוכלו לשפוט ולידע מאורעותיו של אותו אדם. והאדם הוא עץ השדה בן גילו ובר גדו ומזלו. ועי"כ יכל לומר דריעי איוב היו לכל א' חד ואחד אילנות נטועות באותו מזל שנולדו חבריו. ומזה ידע כל אחד מה שנתהוה עם חבריו. וזה שאמר כיון דכמשי הוו ידעי. היינו כאשר ראו שהאילנות הנטועות במזלו של איוב מתקלקלים וכמשו מזה שפטו על איוב שהוא בן גילם ובר מזלם שגם אללו נתהוה איזה צרות וקלקולים. ואפשר שבחצרות מלכים בימים הקדמונים היו נוטעין אילני' כאלה עבור כל בני משפחתם לידע מכל אשר יתהוה עמהם. וזהו גינת ביתן המלך. לשון בית המלך. בני ביתו ומשפחתו וכאשר שתילהם וגידולם עולה יפה ידע מזה כיכל

קיצור אלשיך

הלא שקרן אתה וככל אשר תחפוץ תדבר. וע"כ נבעת מלפני המלך והמלכה כשהיו ביחד:

(ז) **והמלך** קם בחמתו וגו'. מחמת כשאמרה אסתר לפני המלך כי המן בגזרתו להשמיד ולהרוג היה העיקר אצלו להרגני. תיכף נזכר המלך כי גם ושתי נהרגה על ידו. בגנת הביתן. וגם אסתר אמרה כן איקני בושתי והרגה. ועכשו איקני בדידי לקטלני. וע"כ הלך המלך אל גנת הביתן להתאבל על ושתי ע"כ היה המן ירא ללכת אחרי המלך אל גנת הביתן לבקש על נפשו. כי כאשר יראה המלך את המן בגנת הביתן יתעורר עליו חמת המלך להשחיתו תיכף על דבר ושתי כי נהרגה על ידו. ע"כ עמד לבקש על נפשו מאסתר. שתמליץ עליו לפני המלך. מחמת שעל ידו נעשתה מלכה. ועוד זה המן מדבר לפני המלכה והמלך בא מגנת הביתן שאחר שהכאיב לבו מושתי בגנת הביתן מקום רעתה שב אל מקום משתה היין הוא המקום אשר שם נגלו אליו קנאת המן את אשתו להרינה להוסיף יגון זאת על יגונו מהקודמות וירא והנה המן על המטה וגו' אז אמר הגם לכבוש וגו' הדבר יצא מפי המלך ופני המן חפו. נתכסו. כאלו נגמר דינו להריגה. ואינו רשאי עוד לראות פני המלך. מ"מ המלך בעצמו עוד לא אמר שימיתו את המן. עד שבא חרבונה. ואמר אל המלך דע לך כי המן רוצה להורגך כי גם הנה העץ
אשר

7. And the king arose in his fury from the wine feast to the orchard
garden, and Haman stood to beg for his life of Queen Esther, for
he saw that evil was determined against him by the king. 8. Then
the king returned from the orchard garden to the house of the wine
feast, and Haman was falling on the couch upon which Esther was,
and the king said, "Will you even force the queen with me in the
house?" The word came out of the king's mouth, and they covered
Haman's face. 9. Then said Harbonah, one of the chamberlains
before the king, "Also, behold the gallows

7. **was determined**—*the evil, the hatred, and the vengeance were decided.*—[*Rashi*]

8. **Then the king returned from the orchard garden**—The Talmud (*Meg.* 16a) relates that his returning was similar to his arising. Just as he arose in fury, so did he return in fury. When he went out, he found ministering angels in human form standing and uprooting trees from the orchard. He asked them, "What are you doing?" They replied, "Haman ordered us to do it." He came into the palace and found Haman falling on Esther's couch. He exclaimed, "Trouble inside, trouble outside!"

and Haman was falling—*The angel pushed him.*—[*Rashi* from *Meg.* 16a] The grammatical structure is the present tense, meaning that he attempted to rise, but the angel was constantly pushing him down.—[*Rashi* ad loc.] *Ibn Ezra* explains that Haman was beseeching Esther to intercede for him, and prostrated himself before her feet. When he saw that the king had returned, he fell from terror. The *Gra* explains that because of his extreme anguish, he was unable to stand.

on the couch upon which Esther was—*Their custom was to sit at a meal* [leaning] *on their sides on couches, as is stated in the beginning of the Book* (1:6): *"couches of gold and silver" for those who participated in the banquet.*—[*Rashi*]

Will you even force—Heb. הֲגַם. *This is an expression of wonder.* לִכְבּוֹשׁ [denotes] *to subdue with force, like (Num. 32:22): "and the land is conquered* (וְנִכְבְּשָׁה)."—[*Rashi*] *Ibn Ezra* too explains in this manner. The *Gra* explains it as an expression of slaying. Will you even slay the queen with me in the house?

and they covered Haman's face—The servants covered his face, for it was the custom of the kings of Persia to cover the face of any servant who fell into the disfavor of the king as a sign that the king would never see him again.—[Ibn Ezra] The Targum renders: and Haman's face was covered with shame.

9. **Also, behold the gallows**—*He also committed another evil, that he prepared the gallows to hang the king's friend, who saved the king from poison.*—[*Rashi*]

הָמָן לְמָרְדֳּכַי אֲשֶׁר דִּבֶּר־טוֹב עַל־הַמֶּלֶךְ עֹמֵד
בְּבֵית הָמָן גָּבֹהַּ חֲמִשִּׁים אַמָּה וַיֹּאמֶר הַמֶּלֶךְ תְּלֻהוּ
עָלָיו׃ י וַיִּתְלוּ אֶת־הָמָן עַל־הָעֵץ אֲשֶׁר־הֵכִין לְמָרְדֳּכָי
וַחֲמַת הַמֶּלֶךְ שָׁכָכָה׃ ס ח א בַּיּוֹם הַהוּא נָתַן הַמֶּלֶךְ
אֲחַשְׁוֵרוֹשׁ לְאֶסְתֵּר הַמַּלְכָּה אֶת־בֵּית הָמָן צֹרֵר
הַיְּהוּדִיים יתיר י׳ וּמָרְדֳּכַי בָּא לִפְנֵי הַמֶּלֶךְ כִּי־הִגִּידָה
אֶסְתֵּר מַה הוּא־לָהּ׃ ב וַיָּסַר הַמֶּלֶךְ אֶת־טַבַּעְתּוֹ
אֲשֶׁר הֶעֱבִיר מֵהָמָן וַיִּתְּנָהּ לְמָרְדֳּכָי וַתָּשֶׂם אֶסְתֵּר
אֶת־מָרְדֳּכַי עַל־בֵּית הָמָן׃ ס ג וַתּוֹסֶף אֶסְתֵּר וַתְּדַבֵּר
לִפְנֵי הַמֶּלֶךְ וַתִּפֹּל לִפְנֵי רַגְלָיו וַתֵּבְךְּ וַתִּתְחַנֶּן־לוֹ
לְהַעֲבִיר אֶת־רָעַת הָמָן הָאֲגָגִי וְאֵת מַחֲשַׁבְתּוֹ אֲשֶׁר
חָשַׁב עַל־הַיְּהוּדִים׃ ד וַיּוֹשֶׁט הַמֶּלֶךְ לְאֶסְתֵּר אֵת
שַׁרְבִט הַזָּהָב וַתָּקָם אֶסְתֵּר וַתַּעֲמֹד לִפְנֵי הַמֶּלֶךְ׃
ה וַתֹּאמֶר אִם־עַל־הַמֶּלֶךְ טוֹב וְאִם־מָצָאתִי חֵן לְפָנָיו
וְכָשֵׁר הַדָּבָר לִפְנֵי הַמֶּלֶךְ וְטוֹבָה אֲנִי בְּעֵינָיו יִכָּתֵב
לְהָשִׁיב אֶת־הַסְּפָרִים מַחֲשֶׁבֶת הָמָן בֶּן־הַמְּדָתָא
הָאֲגָגִי אֲשֶׁר כָּתַב לְאַבֵּד אֶת־הַיְּהוּדִים אֲשֶׁר בְּכָל־

תו"א וחמת המלך. ראה הגהה יב מגילה טז סנהדרין קח זבחים קיג: ותשם אסתר את מרדכי על בית המן. מגילה י: ותאמר אם על המלך טוב. עקידה שער לב:

תרגום

הָמָן לְמִצְלַב יַת מָרְדְּכַי דְּמַלֵּל
טָבָא בְּגִין מַלְכָּא וְעַל יְדוֹי
אִשְׁתְּזֵיב מִקְטוֹל וְהָא קֵיסָא
קָאֵם בְּבֵית הָמָן כְּעַן אִין עַל
מַלְכָּא שַׁפִּיר יִתְנְסַח אָע מִן
בֵּיתֵיהּ וּזְקִיף יִתְמְחֵי עֲלוֹהִי
רוּמֵיהּ חַמְשִׁין אַמִּין וַאֲמַר
מַלְכָּא אֲזִילוּ צְלִיבוּ יָתֵיהּ
עֲלוֹהִי׃ י וּצְלִיבוּ יַת הָמָן עַל
קֵיסָא דִּי זַמֵּן לְמָרְדְּכַי וְרִתְחָא
דְּמַלְכָּא אִשְׁתְּדִיכַת׃ א בְּיוֹמָא
הַהוּא מְסַר מַלְכָּא אֲחַשְׁוֵרוֹשׁ
לְאֶסְתֵּר מַלְכְּתָא יַת בֵּיתָא
דְּהָמָן מְעִיק יְהוּדָאֵי וְיַת אֱנָשֵׁי
בֵּיתֵיהּ וְיַת כָּל טִסְבְּרוֹי וְיַת כָּל
עֻתְרֵיהּ וּמָרְדְּכַי עָל קֳדָם מַלְכָּא
אֲרוּם חֲוִיאַת לֵיהּ אֶסְתֵּר מָן
הוּא לָהּ׃ ב וְאַעְדֵּי מַלְכָּא יַת
סִטוּמְתָּא דְּעִזְקְתָא דִּי אַעֲבִיר
מֵהָמָן וִיהָבָהּ לְמָרְדְּכַי וְשַׁוִּיאַת
אֶסְתֵּר יַת מָרְדְּכַי רַב וְסַרְכָן עַל
גְּנִיסֵיהּ דְּהָמָן׃ ג וְאוֹסִיפַת
אֶסְתֵּר וּמַלֵּלַת קֳדָם מַלְכָּא
וּנְפָלַת קֳדָם רִגְלוֹי וּבְכִיאַת
וּפַיְיסַת לֵיהּ לְבַטָּלָא יַת בִּישַׁת
הָמָן דְּמִן יִחוּס דַּאֲגַג וְיַת
זִמְיוֹנֵיהּ דִּי חֲשִׁיב עַל יְהוּדָאִין׃
ד וְאוֹשִׁיט מַלְכָּא לְאֶסְתֵּר יַת תִּיגְדָא דְּדַהֲבָא וְאִזְדַּקְפַת אֶסְתֵּר וְקָמַת קֳדָם מַלְכָּא׃ ה וַאֲמַרַת אִין
עַל מַלְכָּא שַׁפִּיר וְאִין אַשְׁכָּחִית רַחֲמִין קֳדָמוֹהִי וְתַקִּין פִּתְגָמָא קֳדָם מַלְכָּא וְטָבְתָא אֲנָא קֳדָמוֹי בְּעֵינוֹי

רש"י

מלך שהציל המלך מסם המות: (א) מה הוא לה. איך הוא קרוב לה: (ג) להעביר את רעת המן. שלא

אבן עזרא

כדמה למלך כדמות כרים: (י) והטעם וחמת המלך שככה. שלא נחה חמתו עד תלות המן מגזרת והשכותי מעלי ואם הסגנים בנייכים: (א) מה הוא לה. שהוא דודה: (ב) העביר. מלה יוצא' בעבור שהוסר מאחד ונתן לאחר וכמוהו ואת העם העביר אותו. ומרדכי מושל על בית המן כי עושר רב היה לו גם עבדים ושפחות כי אין אחר המלך גדול ממנו: וטעם ותוסף אסתר. בעבור כי כל שאלת' היתה להשמיד המן: (ה) וכשר. הטע' טוב וכמוהו אי זה יכשר בכושרות:

קיצור אלשיך

אשר עשה המן בעצמו לתלות את מרדכי לא משנאתו אותו רק על אשר דבר טוב על המלך להצילו ממות. ועדיין עומד העץ בבית המן לתלותו כאשר יוכל לעשות זאת בחשאי. ע"כ אמר המלך תלהו עליו. וכן היה. וחמת המלך שככה:

(א) ביום ההוא וגו'. הגם כי המלכה אינה צריכה לבית המן. כי לא יחסר לה בתים בחצר המלך. רק מחמת כי המן הוא עדיין צורר היהודים. כי אף שהמן איננו אך גזרתו מתקיימת. וכדי להחליש הגזרה ולהפיל מוראת היהודים על האומות. ע"כ באותו יום שנתלה המן נתן אחשורוש את בית המן לאסתר המלכה להראות כי אסתר איננה תחת הגזרה. רק היא תירש את כל אשר להמן ומרדכי בא לפני המלך. ויסר המלך את טבעתו אשר נתן תחלה להמן בעת מכירתו היהודים להמן. אותו טבעת נתן עתה למרדכי להודיע להאומות כי גם מרדכי איננו תחת הגזרה של המן. וע"כ שמה אסתר את מרדכי על בית המן. ומחמת כי ראתה אסתר שהמלך נותן רק מתנות ומענין בטול הגזרה אין דובר דבר. ע"כ.

(ג) ותוסף אסתר לדבר לפני המלך וגו' וכשר הדבר לפני המלך יכתב להשיב את הספרים וגו':

לקוטי אנשי שם

משפחת המלך עומדים בכוס הסלחם. ולזה כאשר ראה אחשורוש כי בני דהמן קוללים אילנות מגנת הביתן או שלוחי המן. הבין מזה כי המן ובניו רוצים לשרש ולעקור כל בית המלכות. וזש"א מה קימה בהנה. מאשר הראה לו אסתר כי המן חושב בלבו להרע לו. אף שיבה בחמה שראה בגנת הביתן כי כן הוא האמת כאשר אמרה לו אסתר:

(ה) הנה איתא בתרגום שני בעת בכתב המן בגזרה על היהודים נתן דת בכל המדינות שכל איש מן בני עממין אשר יסתיר בביתו גברא או אתתא מכל היהודים. או אשר יקח בביתו עבד או שפחה מכל היהודאין להצילם בביתו יתקטיל גברא ההוא על תרע קרתא. ע"כ. והנה אם תתקיים הגזרה ההיא כדת פרס ומדי די לא תעדי. הנה גם אחשורוש יתחייב מיתה על שהכניס את אסתר לביתו או שימסור את אסתר לידם להריגה. וזה שאמרה אסתר לאחשורוש אם מצאתי חן לפניו להציל אותי שלא אהרג מאותות כמשמעות הדת. וגם וכשר הדבר לפני המלך עצמו שלא יגיע אליו הרעה של דת ההוא. וזהו בני עניים דספרי אהדדי באי אפשר שיתקיימו שניהם שעינו נחין אלא א"כ התבטל הגזרה מכל וכל. שהרי אם יגלה המלך להצילני. תגיע הגזרה למלך עצמו. שכן היה דת פרס ומדי שהמלך יתחייב מיתה אם יעבור על גזרותיו. וזהו

ואתם

that Haman made for Mordecai, who spoke well for the king, standing in Haman's house, fifty cubits high!" And the king said, "Hang him on it!" 10. And they hanged Haman on the gallows that he had prepared for Mordecai, and the king's anger abated.

8

1. On that day, King Ahasuerus gave Queen Esther the house of Haman the adversary of the Jews, and Mordecai came before the king, because Esther had told him what he was to her. 2. And the king took off his ring, which he had removed from Haman and gave it to Mordecai, and Esther placed Mordecai in charge of the house of Haman. 3. And Esther resumed speaking before the king, and she fell before his feet, and she wept and beseeched him to avert the harm of Haman the Agagite and his device that he had plotted against the Jews. 4. Then the king extended the golden scepter to Esther, and Esther arose and stood before the king. 5. And she said, "If it please the king, and if I have found favor before him, and the matter is proper before the king, and I am good in his sight, let it be written to rescind the letters, the device of Haman the son of Hammedatha, the Agagite, which he wrote to destroy the Jews who are in all

who spoke well for the king—You should know that Haman wishes to kill you, because "behold the gallows that Haman has built for Mordecai," only because "he spoke well for the king," and saved you from death. It is still standing in Haman's house, to hang him in secret as soon as the opportunity presents itself. The king therefore said, "Hang him on it!" and so it was. The king's anger then abated.—[*Alshich*] The *Gra* explains that Ahasuerus understood Harbona to mean, "that he said, 'it (the gallows) is good for the king.'" He therefore ordered his execution.

8

1. **what he was to her**—*how he was related to her.*—[*Rashi, Ibn Ezra*]

2. **And the king took off**—the two things he had given Haman, viz. great wealth and great power. He took these away and gave them to Mordecai. Haman's house denotes his wealth, and the ring denotes his power.—[*Gra*]

3. **to avert the harm of Haman**—*that his evil plan should not be realized.*—[*Rashi*]

מדינות המלך: ו כי איככה אוכל וראיתי ברעה
אשר־ימצא את־עמי ואיככה אוכל וראיתי באבדן
מולדתי: ס ז ויאמר המלך אחשורוש לאסתר
המלכה ולמרדכי היהודי הנה בית־המן נתתי
לאסתר ואתו תלו על־העץ על אשר־שלח ידו
ביהודיים יתיר י׳: ח ואתם כתבו על־היהודים כטוב
בעיניכם בשם המלך וחתמו בטבעת המלך כי־
כתב אשר־נכתב בשם־המלך ונחתום בטבעת
המלך אין להשיב: ט ויקראו ספרי־המלך בעת־
ההיא בחדש השלישי הוא־חדש סיון בשלושה
ועשרים בו ויכתב ככל־אשר־צוה מרדכי אל־
היהודים ואל האחשדרפנים והפחות ושרי המדינות
אשר | מהדו ועד־כוש שבע ועשרים ומאה מדינה
מדינה ומדינה ככתבה ועם ועם כלשנו ואל־
היהודים ככתבם וכלשונם: י ויכתב בשם המלך

תו״א ויקראו ספרי המלך. ראש השנה ז: מהודו ועד כוש. מגלה ב: מדינה ומדינה ככתבה. שם: ככתבם ולשונה. שם:

יפקד מלכא וישים טעם למכתב למהוי תיבין פטקיא זמיוני דהמן בר המדתא דמן יחוס אגג די כתב להובדא ית כל יהודאין די בכל פלכי מלכא: ו ארום איכדין אכול לסוברא ולמיחמי בבישתא די תהדן ית עמי והיכדין אכול למתעתדא ולמחמי בעידן דיובדון גניסת ילדותי: ז ואמר מלכא אחשורוש לאסתר מלכתא ולמרדכי יהודאי הא בית המן יהבית לאסתר ויתיה צליבו על קיסא בגין די אושיט ידיה ביהודאי: ח ואתון סרהיבו כתובו בגין יהודאין כד שפיר בעיניכון בשום מימרא דמלכא וסטימו בעזקתא דסיטומתא דמלכא ארום פטקא דמתכתיב בשום מימרא דמלכא ומסתתם בעזקתא דסטומתא דמלכא לא יתוב ריקנו: ט ואתקריאו לבלרין דמלכא בעידנא ההוא בירחי תליתי הוא ירח סיון בעסרין ותלתא יומין ביה ואתכתיב בכל די פקיד מרדכי לות יהודאין ולות אסטרטילוסין והפרכין ורברבנין דמתמנן ארכונין על פלכיא דמן הנדיא רבא ועד כוש למאה ועסרין ושבע פלכין פלכא ופלכא כרושם כתבהא ועמא ועמא כממלל לישניה ולות יהודאין כרושם כתביהון וכממלל לישנהון: י ואכתב בשום מימרא דמלכא

שפתי חכמים

גופל משמע ל׳ עושה והולך נופל תמיד רולה לזקוף ומגלה מפילו: צ דק״ל סיה בקשה להפך מהשבות המן והוא השיב הנה בית המן ואין זה תשובה לשאלתה. לכך פירש ומעתה הכל רואים וכו׳:

רש״י

תתקיים עלתו הרעה: (ז) הנה בית המן וגו׳. ומעתה צ הכל רואים שאני חפץ בכם וכל מה שתאמרו יאמינו הכל שמאתי הוא לפיכך אין צריכין אתם להשיבם אלא כתבו ספרים אחרים כטוב בעיניכם: (ח) אין להשיב. אין נאה להשיבו ולעשות כתב המלך בזיוף: (ט) ככתבה.

אבן עזרא

(ו) כ״ף איככה אוכל. כפול ויש אומרים שהם שתי מלות כמו איכה כי מלאנו איכה תרע׳ שטעמו כטעם איכה איככה אוכל לחיות. נו״ן באבדן. במקום מ״ם הוא לשון נקבות והטעם באבדן נפשות מולדתי ויותר טוב היות באבדן שם הפועל כמו מכת חרב והרג ואבדן והנו״ן נוסף כי משקלי שמות הפעלים משתנים: (ח) ונחתום. שם הפעל והטעם וגחתום נחתם במשקל כי נכסוף נכספתה. יש לשאול למה כתב מרדכי להרוג שונאי היהודים ורב לו ולהם שימלטו דע כי הכם גדול היה והג׳ אחשורוש אמר לו עשה כל מה שתוכל כדי למלט עמך כי הספרים הראשונים שכתב המן נכתבו בשמי ונחתמו בטבעתי לא אוכל להשיבם כי כן דתי מדי ופרס והעד כדברי דניאל שלא היה יכול דריוש להצילו והנה הוצרך מרדכי לכתו׳ כן דעו שהמלך צוה להמן שהיה משנה למלך שיכתוב כתב בשם המלך ונתן לו המלך טבעתו לחתום בה שיהרגו היהודים את אויביהם בשלש׳ עשר לחודש אדר והנה המן הפך הדבר שיהרגו היהודים ביום הנזכר וכאשר ידע המלך מחשבתו הרע׳ תלהו על העץ על אשר שלח ידו ביהודים הפך רצון המלך וזה פירוש ובכוא׳ לפני המלך כאשר אפרש והנה העד הנאמן שנתל׳ המן וצוה המלך להכתב ספרים אחרים ונחתמו בטבעתו כרצונו הראשון וזהו ונהפוך הוא: (ט) מהודו. סוף שמאלית מלכותו: (י) רכבי הרכש. מרכוש המלך שאין כמותם: האחשתרנים. י״א הפרדים: הרמכים.

לקוטי אנשי שם

שאמרה אסתר כי נמכרנו אני ועמי להשמיד להרוג. ר״ל אני בעצמי כי המלך יהי׳ מוכרח למסור גם אותי להריגה. ואלו לעבדים ולשפחות נמכרנו החרשתי. רלונה. שאם היה מותר להגוים לקנות עבד או שפחה מן ישראל לביתו להצילם. אז החרשתי. כי לא יגיע לי שום רעה שגם המלך היה יכול להציל אותי בביתו. אבל עכשיו שגזר המן כך אין הצר שוה בנזק המלך. נזק המלך דייקא כי המן רלה בגזרותיו להזיקו או להזיקך. כי היא ידע שאני יהודית והמלך אוהב אותי. לכן חשב מחשבות וכתב בגזירותיו כדי שיבא המלך ויציל אותי ומחשבתו להרוג את המלך כדת פרס ומדי. וכשמוע המלך הדבר הזה אמר ואתם כתבו על היהודים וגו׳.

קיצור אלשיך

(ח) ואתם כתבו על היהודים וגו׳. הנה בכתב הדת נכתב להשמיד להרוג את כל היהודים. ולא נכתב מי יהיו ההורגים ומי יהיו הנהרגים. ע״כ נוכל לפרש האומות יהרגו את כל היהודים. ונוכל לפרש להשמיד ולהרוג את כל. דהיינו את כל האומות. ומי יהיו ההורגים אותם. היהודים. וזה היה כונת המלך ואתם כתבו על תיבת „היהודים" כטוב בעיניכם. שהיהודים יהיו ההורגים כי כתב אשר נכתב בשם המלך אין להשיב. א״ל להגיד פירוש בהכתב יכול כל אדם. והמלך עצמו יאמר כי כך היה כונתו. והמן איננו להכחיש כונה זו:

ומרדכי

the king's provinces. 6. For how can I see the evil that will befall my people, and how can I see the destruction of my kindred?" 7. Then King Ahasuerus said to Queen Esther and to Mordecai the Jew, "Behold the house of Haman I have given to Esther, and they have hanged him on the gallows because he laid a hand on the Jews. 8. And you—write about the Jews as you see fit, in the name of the king, and seal [it] with the king's ring, for a writ that is written in the name of the king and sealed with the king's ring cannot be rescinded." 9. And the king's scribes were summoned at that time, in the third month—that is the month of Sivan—on the twenty-third day thereof, and it was written according to all that Mordecai commanded, to the Jews and to the satraps and the governors, and the princes of the provinces from Hodu to Cush, a hundred and twenty-seven provinces, every province according to its script and every nationality according to its tongue, and to the Jews according to their script and according to their tongue. 10. And he wrote in the name of King

7. **and to Mordecai the Jew**—Ahasuerus was afraid to tell Esther alone that the writ could not be rescinded, because she would be likely to cry. He therefore told her this in Mordecai's presence.—[*Gra*]

Behold the house of Haman, etc.—*And from now on everyone will see that I desire you, and whatever you say, everyone will believe that it comes from me; therefore, you do not have to rescind them, but write other letters as you see fit.*—[*Rashi*]

8. **And you—write about the Jews, etc.**—He told Mordecai and Esther to confer together and write concerning the Jews as they saw fit, for the first letters could not be rescinded. They emended the copy of the writ, which read merely, "to be prepared for this day," to read, "for the Jews to be prepared for this day." If they were to send this to the populace, they would not have heeded them. They therefore sent it to the satraps and the governors, who feared Mordecai, and who would be afraid to disregard the new version.—[*Gra*]

cannot be rescinded—*It is not fitting to rescind it and to make the king's writ invalid.*—[*Rashi*]

9. **according to its script**—*with its characters.*—[*Rashi*]

according to its tongue—*the spoken language.*—[*Rashi*]

אחשורוש ויחתם בטבעת המלך וישלח ספרים
ביד הרצים בסוסים רכבי הרכש האחשתרנים בני
הרמכים: יא אשר נתן המלך ליהודים | אשר בכל-
עיר-ועיר להקהל ולעמד על-נפשם להשמיד
להרג ולאבד את-כל-חיל עם ומדינה הצרים אתם
טף ונשים ושללם לבוז: יב ביום אחד בכל-מדינות
המלך אחשורוש בשלושה עשר לחדש שנים-
עשר הוא-חדש אדר: יג פתשגן הכתב להנתן
דת בכל-מדינה ומדינה גלוי לכל-העמים ולהיות
היהודיים יתיר י' עתודים עתידים קרי ליום הזה להנקם
מאיביהם: יד הרצים רכבי הרכש האחשתרנים יצאו
מבהלים ודחופים בדבר המלך והדת נתנה בשושן
הבירה: ס טו ומרדכי יצא | מלפני המלך בלבוש
מלכות תכלת וחור ועטרת זהב גדולה ותכריך
בוץ וארגמן והעיר שושן צהלה ושמחה:

תו"א האחשתרנים בני הרמכים. גם פ"ב: ומרדכי יצא מלפני המלך. מגלה טז: והעיר שושן צהלה ושמחה. גם יא:

סבס"ס כ"י ולהרג בוא"ו ונפקא מינה לענין דינא

תרגום

אחשורוש ואסתהם בעזקת
סטומתא דמלכא ושלח פטקין
בידא דרהטנין רהטי סוסון
ורכבי רכשא ערטולגי רמכין
דאתנטילו טחוליהון ואתקדרו
פסת כף רגליהון: יא דיהב
מלכא ליהודאי לסיעא די
בכל קרוא וקרוא לאתכנשא
ולקימא ית נפשיהון לשיצאה
ולקטלא ולהובדא ית כל
חילות עמא ופלכא דמעיקין
יתהון טפלין ונשין ושלליהון
לעדאה: יב ביומא חד בכל
פלכא דמלכא אחשורוש
בתלת עסר יומין לירח תרי
עסר הוא ירחא באדר:
יג דיטגמא דכתבא לאתיהבא
גזרת דינא בכל פלכא ופלכא
בריר לכל עממיא דיהון
יהודאי אטימוסין ליומא הדין
לאתפרע מבעלי דבביהון:
יד רהטנין דרכיבין על רכשא
ערטולגי נפקו זריזין וסחיפין
בפתגמא דמלכא וגזירת דינא
אתיהיבת בשושן בירנתא: טו ומרדכי נפק מן קדם מלכא בלבושא דמלכותא דתכלא כד חדי
ושפיר לביה ביקרא סגי וברבו יתירא לביש לבושא דמלכותא מילא כרפסא ותכלתא שיר בדהב
טב דאופיר ומקבעין ביה מרגלין ואבנין טבן לגו מן סרבלא לביש מיננקא דכרום ימא מערבא
לגו מניה לבושא כתונא דארגון דציירין עלה כל צפר גדפא ועופי שמיא והון דמיה דכתונא ארבע
מאה ועשרין ככרי דדהבא והמינא מחית בחרציה די מקבעין בארכוהי אבני בורלא מוקי פרתיאין
רמי ברגליה מחתין במוקדונין דדהבא ומתחתמין בזמרגדין וספסרא מדאה תלי בחרציה מחית בחולת
חוליה דדהבא וציר עלה קרתא דירושלם ועל ידיה דספסרא צייר עלה נדא דמחוזא חידא
מדאה מחית ברישיה דצייר בצבעונין ועביד לעילא מניה כלילא רבא דדהבא מוקדונא ולעילא מן
כלילא טוטפן דמקבעין בדהבא דידעין כל עממיא אומיא ולישניא די הוא מרדכי יהודי למקימא
קריא דכתיב ויחזון כל עמא דארעא ארום שמא דיי אתקרי עלך ובמפקיה מרדכי מן תרעא דמלכא
שוקיא באסיא מכבין ודרתא בארגונא נגיד טולא בחבלי בוצא עולמן מחתן ברישיהן כלילן וכהניא
נקטין בידיהון חצוצרתא ומכריזין ואמרין כל דלא יהון לשלמא למרדכי ולשלמא ליהודאי הדמין
יתעבד וביתיה נולי ישתוה ועסרא בני המן פכירין ידיהון ואזלין וזמרין קדם מרדכי צדיקא
ואמרין ומשבחין למן דיהב אגרא ליהודאי ומשלם אגרהון דרשיעיא ברישיהון והדין המן אבונא
טפשא דאתרחיץ בעתריה ועל יקריה. מרדכי ענותנא תברה בצומה ובצלותה ואסתר צדיקתא

רש"י

באותיות שלה: כלשונו. הוא הדיבור: (י) ביד הרצים. רוכבי סוסים שלוה נהם לרוץ: האחשתרנים. מין גמלים הממהרים לרוץ: (יא) ושללם לבוז. כאשר נכתב ברשונות והם בבזה לא שלחו את ידם שהראו לכל שלא נעשה לשם ממון: (יג) פתשגן. אגרת מפורש: (יד) מבהלים. ממהרים אותם לעשות מהרה לפי שלא היה להם פנאי שהיה להם להקדים רגים הראשונים להעבירם: (טו) ותכריך בוץ. מעטה בוץ טלית העשוי

אבן עזרא

הן הסוסיות וכן בלשון ישמעאל שרוב מתכונתה כדרך לשון הקדש ובני הסוסיות הזקים מבני האתונו': (טו) ותכריך. זאת הלשון ידועה בדברי קדמונינו ז"ל והטע' כאדר' שיעוטף בה: בוץ. הוא הבד והוא מין ממיני פשתים במצרים והוא דק ויקר: והעיר שושן. שגם היהודים: והעיר שושן צהלה ושמח'. פירוש צהלה כטעם אורה כאדם שהוא יושב בחושך

קיצור אלשיך

(טו) ומרדכי יצא וגו'. הפסוק מודיע צדקת מרדכי שלא קבל על עצמו שום גדולה עד שהיה נכון לבו בטוח שהיתה אורה וישועה לאחיו האומללים. ואז יצא בלבוש מלכות לא קודם. וספר עוד והעיר שושן שמחה. אמנם מרדכי עם היות שהמלך הפיק רצונו והמן נתלה ובית המן בידו שאסתר נתנת

Ahasuerus and sealed it with the king's ring, and he sent letters by
the couriers on horseback, the riders of the king's steeds—the
camels, bred of the dromedaries— 11. that the king had given to
the Jews who are in every city, [the right] to assemble and to
protect themselves, to destroy, to slay, and to cause to perish the
entire host of every people and province that oppress them, small
children and women, and to take their spoils for plunder. 12. In one
day, in all the provinces of King Ahasuerus, on the thirteenth of
the twelfth month, which is the month of Adar. 13. The copy of the
writ was that an edict be given in every province, published before
all the peoples, and that the Jews be ready for that day, to avenge
themselves upon their enemies. 14. The couriers, those who ride
the king's steeds, the camels, went out hastened and pressed by the
king's order, and the edict was given in Shushan the capital.
15. And Mordecai left the king's presence with royal raiment, blue
and white and a huge golden crown and a wrap of linen and
purple, and the city of Shushan shouted and rejoiced.

10. **by the couriers**—*the horsemen, whom the king commanded to hasten* (lit. *to run*).—[*Rashi*]

the camels—Heb. הָאֲחַשְׁתְּרָנִים.—*a type of camels that run swiftly.*—[*Rashi*] *Ibn Ezra* renders: mules. *Rabbi Joseph Kimchi* in *Sepher Hagaluy*, quoted by *Redak* in *Sefer Hashorashim*, writes that in Median אֲחַשׁ means *large*. תְּרָן is like מִתְּרֵין, from *two*, meaning large animals derived from two species, namely a donkey and a horse.

bred of the dromedaries—Heb. הָרַמָּכִים. This follows *Rashi*'s definition. *Ibn Ezra* and the *Kimchi* render: the mares, based on Arabic, which is similar to Hebrew.

11. **and to take their spoils for plunder**—*as was written in the first* [letters], *but they—"upon the spoils they did not lay their hands," for they showed everyone that it was not done for the sake of money.*—[*Rashi*]

13. **The copy**—*an explicit letter.*—[*Rashi*]

14. **hastened**—*They hastened them to act swiftly, because they had no time, because they had to get ahead of the first couriers to overtake them.*—[*Rashi*]

15. **and a wrap of linen**—Heb. וְתַכְרִיךְ בּוּץ, *a wrap of linen, a shawl in which to enwrap oneself.*—[*Rashi*] *Ibn Ezra* defines it as a coat of Egyptian linen, which is fine and expensive.

and the city of Shushan—where the Jews resided.—[*Ibn Ezra*]

טז ליהודים היתה אורה ושמחה וששן ויקר:
יז ובכל־מדינה ומדינה ובכל־עיר ועיר מקום אשר
דבר־המלך ודתו מגיע שמחה וששון ליהודים
משתה ויום טוב ורבים מעמי הארץ מתיהדים
כי־נפל פחד־היהודים עליהם: ט א ובשנים עשר
חדש הוא־חדש אדר בשלושה עשר יום בו אשר
הגיע דבר־המלך ודתו להעשות ביום אשר
שברו איבי היהודים לשלוט בהם ונהפוך הוא

תו"א ליהודים היתה אורה ושמחה. בב טז עקרים מ"ב פכ"ט: ובכל מדינה ומדינה ובכל עיר ועיר. בס דף כז שמחה וששון ליהודים. סוכה מח:

תרגום

מדיקא מן חרבא דלית אפשר למלכתא למהלכא עם בני נשא בשוקא חזר מרדכי עינוהי וחזא יתה ואמר לה ברוך יי שלא נתננו טרף לשניהם מתיבא אסתר ואמרת ליה עזרי מעם יי עושה שמים וארץ סגיאין מבני נשא הוו חדין על מפלתיה דהמן רשיעא ומודין ומשבחין על פורקנא דהוה לון ליהודאי ומשבחין על פורקנא ויקרא דהוה ליה למרדכי צדיקא בזמנא ההיא דהכן כתיב ומרדכי צדיקא נפק מן קדם מלכא בלבושא דמלכותא תכלא ומילא וכליל דדהבא רבא מכריך בוצא וארגונא וקרתא דשושן צהלה וחדיא: טז ליהודאי הות רשותא למעסק באוריתא ולמיטר שביא ומועדיא ולמגזר עורלת בניהון ולאחתא תפילין על ידיהון ועל רישיהון: יז ובכל פילכא ופילכא ובכל קרוא וקרוא אתר די פתגם מלכא וגזירת דיניה מטי חדות ובדיחת לבא ליהודאין משתיא ויומא טבא וסגיאין מעמא דארעא מתגיירין ארום נפל פחדא דיהודאי עליהון: א ובתרי עסר ירחין הוא ירח אדר בתלת עסר יומין ביה דמטא פתגם מלכא וגזירת דיניה לאתעבדא ביומא

אבן עזרא

ויצא לאויר העולם שהוא הפך בלא אמצעי כן היה דבר ישראל: (יז) מגיע. מבנין נוסף רק הוא פועל עומד וכן הגעת למלכות: מתיהדים. מלה זרה ויאמר רבי יונה המדקדק כי מזאת המל' נלמוד כי מלת תורמין נכונה כי יו"ד יהודה איננה עיקר והנה שב במלת מתיהדים שורש גם הוסיף ואמר מדיה ומליח הנו כמו את מזאך ואת מוכאך כי היה ראוי להיותו מבואך רק בא על דרך הבירין ולא אמר כלום כי וי"ו מבואך אם נוסף איננו תמה כי אותיות אהו"י נמצאו נוספים בין בראש המלה ובין באמצע ובין בסוף גם יעדרו ואין כן מ"ס מדיה ומליה ותשב' על מלת תורמין מה שאמרו רבותינו ז"ל ל' מקרא לחוד ול' תלמוד לחוד ויתכן היות מתיהדים שיתיחסו על שבט יהוד' והנה יהיה בדקדוק יפה: (א) אשר שברו. כמו עיני כל אליך ישברו: ונהפוך הוא.

רש"י

להתעטף: (יז) מתיהדים. מתגיירים:

קיצור אלשיך

בית המן לו עכ"ז לא היה שמח שהצדיקים אין להם שמחה בעולם הזה:

(טז) ליהודים היתה אורה וגו'. קרה ליהודים אשר בשושן כמו מי שהוא באישון לילה ואפלה ושומרים לבקר והבוקר אור טרם צאת השמש בגבורתו ישמחו לראות מציאות אורה ועוד מעט בהנץ החמה ישמחו אז יותר וכאשר השמש יצא על הארץ אז ישישו עוד יותר. הנה כי כן קרה ליהודים אשר בשושן בימים ההם ובזמן ההוא. כי בכל מדינות המלך לא גדלה אפלתם כי סתומים וחתומים היו האגרות עד עת מועד. וגם ליהודים אשר בכל המדינות היה להם כדברי הספר החתום באופן כי היתה אפלתם מעוטה וארוכתם מהרה הצמיחה. כי בטרם יבינו רעתם באה בשורתם וינתן דת גלוי לכל העמים. ליהודים להנקם מאויביהם ואין מכלים. ותהי להם כיושב בבית אפל בצהרים. כי בצאתו ממנו ראה אור גדול בפעם אחד. אך היהודים אשר בשושן היו כיושבי חשך וצלמות וכאור בוקר יאיר אורה קו לקו כן בהנתן דת בשושן בראשונה בדור מללו להשמידם גלוי לכל יושביה וע"כ גם בהתהפך הגזרה ותנתן דת ליהודים להנקם מאויביהם עוד יד המון עם הארץ נטויה להחזיק במעוז דת מדי די לא להשניא ויאמרו להשמיד היהודים כדת ניתנה בראשונה. באופן כי לא שמחו היהודים בעצם בכרוז הב' כי עוד פחדם בלבם מהתקוממות עם. אך בא להם בשהון גאולתם קו לקו כאור בקר שהולך ואור מעט מעט עד נכון היום. וזהו ליהודים אשר בשושן שעליהם ידבר היתה תחלה אורה לבד שהאיר חשכם ועדיין לא באו לגדר שמחה מפחד לבבם כי עדיין לא הטהרו ממוראם. וזהו אמרו היתה אורה. כי עדיין לא היו ג' אחרונות ואח"כ ושמחה וכו' כי ראשונה ביקר וגדולה אשר נעשה למרדכי בלבוש אשר לבש בו המלך והסוס אשר הרכבוהו עליו ברחוב העיר וגו' אז היתה להם אורה מעט מהחשך אפלה ויחלו מעט לפקוח עיני הבטחון ואחרי כן בראותם המן תלוי ועומד תחת העץ אשר הכין למרדכי אז גדל בטחונם ויגיעו עד גדר שמחה ואחרי כן בתת המלך לאסתר את בית המן ותשם אסתר את מרדכי על בית המן אז הגיע בטחונם עד גדר ששון. ואומר כי אחרי ראות כל האומות אשר בשושן את כל האותות האלה לא יערבו אל לבם להרים את ידם ורגלם נגד ישראל כי ראו כי המלך אוהבם ואחר שלש אלה ראו ומרדכי יצא מלפני המלך בלבוש מלכות וגו' אז זולת מה שלא היה לבבם למרע על ישראל גם היו מיקרים אותם והוא אומר ויקר. אך עדיין לא הגיעו להיות פחד היהודים על האומות. כי בעת רעת המן ניתן דת להשמיד ועדיין לא הטהרו מזה וע"כ בשושן לא הגיע בטחונם עד גדר עשות משתה ויום טוב כאשר בכל עיר ומדינה. כי צרת ישראל בכל המדינות באה סתומה להיות עתידים ליום הזה ולא ידעו למה. ובבא הטובה באה מפורשת להנקם מאויביהם. וזה הי' רק בכל עיר ומדינה זולת שושן, כי בה בפירוש נאמר פתגם מעשה הרעה כמ"ש ואת פתשגן כתב הדת וגו' להשמידם נתן לו וע"כ שם פחדו פחד ישראל מכל שאר מדינות המלך. וטעם לפגם אשר נפגמו בני שושן בסער הגדול הזה מהשאר ולבלתי היות שמחתם שלמה מהרה כשאר היהודים הלא הוא כי המה באו אל שלחן המלך אחשורוש אל משתה וי"ט אשר עשה לאוהביו ויהנו מסעודתו ע"כ גם ה' העביר שמחה שלמה מהם מראשית השנה עד אחרית שנה עד פורים לשנה הבאה:

(א) ובשנים עשר חדש וגו' אשר הגיע דבר המלך ודתו להעשות. שהיה הזמן „להעשות" שלא היה אפשר להיות באותו יום בשוא"ת. שיתפשרו שני הצדדים ולא יהרגו לא זה בזה ולא זה בזה. כי דבר המלך הי' מוכרת

16. The Jews had light and joy, and gladness and honor. 17. And in every province and in every city, wherever the king's order and his edict reached, [there was] joy and gladness for the Jews, a banquet and a festive day, and many of the peoples of the land became Jews because the fear of the Jews was upon them.

9

1. And in the twelfth month—which is the month of Adar—on the thirteenth day thereof, when the king's order and his edict drew near to be put into execution, on the day that the Jews' enemies looked forward to ruling over them, it was reversed,

Malbim explains that even the gentiles rejoiced when Mordecai the righteous was aggrandized, as Solomon says (Prov. 29:2): "When the righteous become great, the people rejoice."

16. **The Jews had joy and gladness** —especially for the Jews.—[*Malbim*]

17. **became Jews**—Heb. מִתְיַהֲדִים, *became proselytes.*—[*Rashi, Targum*] *Ralbag* explains that they pretended to be Jewish.

The *Gra* combines both interpretations. Many of the peoples of the land attempted to convert to Judaism, but were not accepted, because no proselytes were accepted in the time of Mordecai. Moreover, they wanted to become Jews only out of fear. Since they were not accepted, they pretended to be Jews, but were not really Jews.

9

1. **And in the twelfth month...drew near to be put into execution, etc.**—Scripture wishes to demonstrate the greatness of the miracle. It would be logical that if the king issued an edict in ambiguous language and various interpretations were given, these interpretations would be studied in order to fathom the king's true intention. Pending this study, nothing could be done. In this case, also, Ahasuerus merely wrote that everyone should be ready for that day. Haman's letters interpreted it to mean that all the nations should be ready to annihilate the Jews, and Mordecai's letters interpreted it in the opposite manner, to mean that the Jews should annihilate their enemies. Therefore, no one should have been permitted to execute the edict, pending a conclusive interpretation. Nonetheless, God performed a miracle in which the Jews slew their enemies, and no one stood up before them to prevent them from doing so. That is the meaning of: "and it was reversed," referring to Mordecai's interpretation of the king's edict, which "drew near to be put into execution," without clearly stating what it entailed.—[*Megillath Setharim*]

אֲשֶׁר יִשְׁלְטוּ הַיְּהוּדִים הֵמָּה בְּשֹׂנְאֵיהֶם׃ ב נִקְהֲלוּ
הַיְּהוּדִים בְּעָרֵיהֶם בְּכָל־מְדִינוֹת הַמֶּלֶךְ אֲחַשְׁוֵרוֹשׁ
לִשְׁלֹחַ יָד בִּמְבַקְשֵׁי רָעָתָם וְאִישׁ לֹא־עָמַד בִּפְנֵיהֶם
כִּי־נָפַל פַּחְדָּם עַל־כָּל־הָעַמִּים׃ ג וְכָל־שָׂרֵי הַמְּדִינוֹת
וְהָאֲחַשְׁדַּרְפְּנִים וְהַפַּחוֹת וְעֹשֵׂי הַמְּלָאכָה אֲשֶׁר
לַמֶּלֶךְ מְנַשְּׂאִים אֶת־הַיְּהוּדִים כִּי־נָפַל פַּחַד־מָרְדֳּכַי
עֲלֵיהֶם׃ ד כִּי־גָדוֹל מָרְדֳּכַי בְּבֵית הַמֶּלֶךְ וְשָׁמְעוֹ
הוֹלֵךְ בְּכָל־הַמְּדִינוֹת כִּי־הָאִישׁ מָרְדֳּכַי הוֹלֵךְ וְגָדוֹל׃
ה וַיַּכּוּ הַיְּהוּדִים בְּכָל־אֹיְבֵיהֶם מַכַּת־חֶרֶב וְהֶרֶג
וְאַבְדָן וַיַּעֲשׂוּ בְשֹׂנְאֵיהֶם כִּרְצוֹנָם׃ ו וּבְשׁוּשַׁן הַבִּירָה
הָרְגוּ הַיְּהוּדִים וְאַבֵּד חֲמֵשׁ מֵאוֹת *אִישׁ׃ ז וְאֵת |
פַּרְשַׁנְדָּתָא וְאֵת | דַּלְפוֹן וְאֵת | אַסְפָּתָא׃ ח וְאֵת |
פּוֹרָתָא וְאֵת | אֲדַלְיָא וְאֵת | אֲרִידָתָא׃ ט וְאֵת |
פַּרְמַשְׁתָּא וְאֵת | אֲרִיסַי וְאֵת | אֲרִידַי וְאֵת | וַיְזָתָא׃

ת"וא ואת פרשנדתא מגלה ס׳: ויזתא. שם: ס"א בלי עמ"ש. *איש בראש הדף ואת בכופה וצריך לכותבם בענין שירת האזינו ובד"א אחר דברו׃
°ס"א לפניהם

דַּחֲשִׁיבוּ בַעֲלֵי דְבָבִין דִיהוּדָאִין
לְמִשְׁלוֹט בְּהוֹן וְאִתְהַפִּיךְ מִן
שְׁמַיָּא בְּגִין זְכוּתָא דְאַבְהָתָא
דִּי יִשְׁלְטוּן יְהוּדָאִין אִינוּן
בְּסַנְאֵיהוֹן׃ ב אִתְכַּנְשׁוּ יְהוּדָאִין
בְּקִירְוֵיהוֹן בְּכָל פִּלְכֵי דְמַלְכָּא
אֲחַשְׁוֵרוֹשׁ לְאוֹשָׁטָא יְדָא בְּכָל
דְּהָבְעִין בִּישַׁתְהוֹן וּגְבַר לָא קָם
בְּאַפֵּיהוֹן אֲרוּם נְפַל פַּחְדֵיהוֹן
עַל כָּל עַמְמַיָּא׃ ג וְכָל רַבְּנֵי
פִּלְכַיָּא וְאִסְטְרַטִּילוּסִין
וְהִיפַּרְכִין וְעָבְדֵי עֲבִידְתָּא דִּי
לְמַלְכָּא מְמַנָּן עֲלֵיהוֹן יַת
יְהוּדָאִין אֲרוּם נְפַל פַּחְדָּא
דְמָרְדְּכַי עֲלֵיהוֹן׃ ד אֲרוּם
אַפּוֹטְרוֹפּוֹס וְרַב וְסַרְכָן מָרְדְּכַי
בְּבֵית מַלְכָּא וּמַטְבְּעֵיהּ נְפַק
בְּכָל פִּלְכַיָּא אֲרוּם גַּבְרָא מָרְדְּכַי
רַב בֵּית אַבָּא לְמַלְכָּא וְאָזֵיל
וּמִתְרַבְרַב׃ ה וּמְחוֹ יְהוּדָאִין
בְּכָל בַּעֲלֵי דְבָבֵיהוֹן מְחַת
קְטִילַת סַיְפָא וּקְטִילַת גוּלְמִין
נַלְפִין וְהוֹבַד נַפְשָׁתָא וַעֲבַדוּ בְּסַנְאֵיהוֹן כִּרְעוּתְהוֹן׃ ו וּבְשׁוּשַׁן בִּירַנְתָּא קְטַלוּ יְהוּדָאִין וְהוֹבִידוּ
חֲמֵשׁ מְאָה גּוּבְרִין כּוּלְּהוֹן רוּפִילִין מִדְּבֵית עֲמָלֵק׃ ז וְיַת פַּרְשַׁנְדָּתָא וְיַת דַּלְפוֹן וְיַת
אַסְפָּתָא׃ ח וְיַת פּוֹרָתָא וְיַת אֲדַלְיָא וְיַת אֲרִידָתָא׃ ט וְיַת פַּרְמַשְׁתָּא וְיַת אֲרִיסַי וְיַת אֲרִידַי

רש"י

(ג) ועשי המלאכה. אותם שהיו ממונים ק לעשות צרכי

שפתי חכמים

ק דק"ל וכי עושי מלאכה נגד שם נמלך שכתב ועושי המלאכה אשר

אבן עזרא

שם התואר מבנין נפעל: (ב) נקהלו היהודים. לאות כי היו להם ערים בשושן: (ד) הולך וגדול. שם הפועל מבנין הקל והגה הוא כשם התואר: (ו) ואבד חמש מאות איש. שם הפועל כמו הנה לא ידעתי דבר היו הכמים בספרד ושמחו

קיצור אלשיך

מוכרח להעשות ללחום ולהלחם. אבל כבר צמח מזל אותו יום לתשועת ישראל ונראה בו ההשגחה מהקב"ה על עם ישראל. כי ע"פ המזל היה כוכב ישראל אז בתכלית השפלות ונגד זה כוכב עמלק בתכלית המעלה. ולכן בחר המן באותו יום. וע"ז אמר ביום אשר שברו אויבי היהודים לשלוט בהם. שהיום היה גורם אשר שבר לתפוס ממשלה על ישראל ועתה הראה ה' מה יד ההשגחה עושה כי לא לבד שלא התגברו הצוררים עליהם. הפך הקב"ה הדבר מהפך אל הפך שירדו הצוררים מתהלת גדולתם אל עמקי בור. וישראל עלו משאול תחתית אל רום ההצלחה. וזה גם האחד הכולל. שע"ז אמר ונהפוך הוא. שנתהפך הדבר מהפך אל הפך. והנם השני. שלא היה הדבר בדרך הטבע שכבר יקרה שמי שמזלו בתכלית השפלות יתגבר אם יעזרהו וישתתף עמו איש שמזלו מצליח ושהצלחת שותפו מכריע רוע מזלו לטוב ע"י שהוא משותף עמו. אבל פה לא היה זה.רק אשר ישלטו היהודים המה בעצמם בלי שום עזר וסיוע: (ב) נקהלו. פה דבר איך היו הענינים בהערים הגדולות הבצורות ששם נמצאו השרים והסגנים וחיל צבא המלך. והם היו למגן בעדם ועוזרים בפועל באופן שצורריהם התיראו מקרוב אליהם או לעמוד כנגדם. כי נעזרו משרי המלך וחיל הצבא. וז"ש שנקהלו בעריהם שהם הערים הגדולות אשר במדינות המלך. אבל איש לא עמד בפניהם. והנה היה הבדל בין העמים ובין השרים. כי העמים שלא ידעו מהספרים החתומים לא נודע להם כלל אם יש רשות מהמלך ללחום ביהודים ולהרגם ג"כ. ושגם האגרות הראשונות לא בטלו. והם פחדו מהיהודים בעצמם אחר שידם רמה מצד פקודת המלך. אבל (ג) וכל שרי המדינות. שהם ידעו מן הספרים החתומים והם לא פחדו כלל מן היהודים כי ידעו שגם הם רשאים להרוג את היהודים ויכולים לשלוח יד גם מצד הפקודה הראשונה היו יכולים לעמוד לעזרת צוררי היהודים ולאחוז הספרים הראשונים. או עכ"פ לעמוד מנגד ולא לעזור לשום אחד מן הכתות אבל הם לא כן עשו רק היו מנשאים את היהודים לעזרם נגד צורריהם והעלימו האגרות הראשונות. וזה לא היה מפחד היהודים. רק כי נפל פחד מרדכי עליהם ויראו שמרדכי ינקום בם: (ד) כי גדול וגו'. יש שרים המיוחדים להנהגת בית המלך. ויש המיוחדים להנהגת המדינה. ויש המיוחדים ללחום עם אויבי המלך מבחוץ לכבוש מדינות והשרים האלה אם מצליחים הם הולכים וגדולים תמיד כל עוד שירבו לכבוש מדינות ולעשות חיל. אומר כי מרדכי היה כולל שלשה המשרות האלה. א' כי גדול היה בבית המלך עצמו ורב ביתו. ב' ושמעו הולך בכל המדינות. כי היה משנה למלך להנהיג המדינות. ג' כי האיש מרדכי הולך וגדול ע"י שהכניע מדינות רבות תחת מלכות אחשורוש כמ"ש (בקפיטל י' פסוק א'): (ה) ויכו היהודים בכל אויביהם. בהאויבים שהיו איבתם בלבם הכו לקצתם מכת חרב לבד בלא הריגה. ולקצתם הרגו ממש. ולקצתם אבדו אף את זרעם שלא יותרו שום זכר מהם. ובהשונאים בפרהסיא עשו כרצונם. כאשר השונאים רצו לעשות להיהודים עשו היהודים להם: (ו) ובשושן הבירה וגו' ובבזה לא שלחו את ידם. להראות

that the Jews should rule over their enemies. 2. The Jews
assembled in their cities, in all the provinces of King Ahasuerus,
to lay hand on those who sought to harm them, and no one stood
up before them, for their fear had fallen upon all the peoples.
3. And all the princes of the provinces and the satraps and the
governors and those that conduct the king's affairs elevated the
Jews, for the fear of Mordecai fell upon them. 4. For Mordecai
was great in the king's house, and his fame went forth throughout
all the provinces, for the man Mordecai waxed greater and greater.
5. And the Jews smote all their enemies with the stroke of the
sword and with slaying and destruction, and they did to their
enemies as they wished. 6. And in Shushan the capital, the Jews
slew and destroyed five hundred men. 7. And Parshandatha and
Dalphon and Aspatha, 8. and Poratha and Adalia and Aridatha,
9. and Parmashta and Arisai and Aridai and Vaizatha:

3. **and those that conduct the king's affairs**—*those who were appointed to conduct the king's affairs.*—[*Rashi*]

for the fear of Mordecai fell upon them—Unlike the common people, who were unfamiliar with Mordecai, and who did not stand up before the Jews merely because "their fear had fallen upon all the peoples," the princes of the provinces, the satraps and the governors elevated the Jews because they were aware of Mordecai's greatness as viceroy.—[*Gra*]

4. **For Mordecai was great in the king's house, etc.**—Here it is not mentioned that Mordecai was the king's viceroy, for he had not yet attained that position. He had no voice in the politics of the empire. He was merely great in the king's palace, the overseer of the slaves and the other affairs of the palace. However, it became known throughout all the provinces that Mordecai waxed greater and greater. They were therefore apprehensive that he would ultimately gain power in the political realm, and feared him greatly.—[*Yosef Lekach*]

for the man Mordecai waxed greater and greater—The *Gra* renders: that the man Mordecai waxed greater and greater.

6. **five hundred men**—According to the *Targum*, these were all Amalekite dignitaries.

י עֲשֶׂרֶת בְּנֵי הָמָן בֶּן־הַמְּדָתָא צֹרֵר הַיְּהוּדִים הָרָגוּ
וּבַבִּזָּה לֹא שָׁלְחוּ אֶת־יָדָם׃ יא בַּיּוֹם הַהוּא בָּא
מִסְפַּר הַהֲרוּגִים בְּשׁוּשַׁן הַבִּירָה לִפְנֵי הַמֶּלֶךְ׃
יב וַיֹּאמֶר הַמֶּלֶךְ לְאֶסְתֵּר הַמַּלְכָּה בְּשׁוּשַׁן הַבִּירָה
הָרְגוּ הַיְּהוּדִים וְאַבֵּד חֲמֵשׁ מֵאוֹת אִישׁ וְאֵת עֲשֶׂרֶת
בְּנֵי־הָמָן בִּשְׁאָר מְדִינוֹת הַמֶּלֶךְ מֶה עָשׂוּ וּמַה־
שְּׁאֵלָתֵךְ וְיִנָּתֵן לָךְ וּמַה־בַּקָּשָׁתֵךְ עוֹד וְתֵעָשׂ׃
יג וַתֹּאמֶר אֶסְתֵּר אִם־עַל־הַמֶּלֶךְ טוֹב יִנָּתֵן גַּם־
מָחָר לַיְּהוּדִים אֲשֶׁר בְּשׁוּשָׁן לַעֲשׂוֹת כְּדָת הַיּוֹם
וְאֵת עֲשֶׂרֶת בְּנֵי־הָמָן יִתְלוּ עַל־הָעֵץ׃ יד וַיֹּאמֶר
הַמֶּלֶךְ לְהֵעָשׂוֹת כֵּן וַתִּנָּתֵן דָּת בְּשׁוּשָׁן וְאֵת עֲשֶׂרֶת
בְּנֵי־הָמָן תָּלוּ׃ טו וַיִּקָּהֲלוּ הַיְּהוּדִיים יתיר י׳ אֲשֶׁר־

תר"א עשרת בני המן. שם: ובבזה לא. שם: ויאמר המלך לאסתר המלכה. שם:

תרגום

וית ויזתא: י עשרתי בנוי דהמן בר המדתא מעיקא דיהודאין קטלו ובעדאה לא אושיטו ית ידיהון: יא ביומא ההוא עלא מנין קטילין בשושן בירנתא קדם מלכא: יב ואמר מלכא לאסתר מלכתא בשושן בירנתא קטילו יהודאין והובדו חמש מאה גובריא רופילין דמזרעית עמלק וית עשרתי בנוי דהמן במשאר פלכי מלכא מה עבדו ומה שאלתך ותהיהב לך ומה בעותיך עוד ותתעבד. (ת"א ואמר מלכא לאסתר מלכתא בשושן בירנתא קטילו יהודאי וגמרו חמש מאה גוברין וית עשרתי בנוי דהמן בשאר מדינתי דמלכא מה עבדו ומה שאילתיך ויתיהב לך ומה בעותך תוב ותתעביד): יג ואמרת אסתר אין על מלכא שפיר יתיהב רשו אוף מחר ליהודאין די בשושן למעבד יומא טבא וחדיא כד חזי למעבד על יומא דניסא וית עסרתי בנוי דהמן יזדקפון על קיסא. (ת"א ואמרת אסתר אין על מלכא שפיר יתיהיב אוף למחר ליהודאי דאית בשושן למעבד היך גזירת יומא דין וית עסרתי בנוי דהמן יזקפון על צליבא): יד ואמר מלכא לאתעבדא כדין ואתיהיבת גזירת דינא בשושן וית עשרתי בנוי דהמן צליבו: ודין סדור צליבתהון דאצטליבו עם המן אבוהון על קיסא דזמין למרדכי רומיה חמשין אמין תלת אמין הוה נעיץ בארעא וארבע אמין ופלגא הוה רחיק פרשנדתא מן ארעא ופרשנדתא הוה צליב בתלת אמין והוה רחיק מן דלפון פלגות אמתא. דלפון הוה צליב בתלת אמין והוה רחיק מן אספתא פלגות אמתא. אספתא הוה צליב בתלת אמין והוה רחיק מן פורתא פלגות אמתא. פורתא הוה צליב בתלת אמין והוה רחיק מן אדליא פלגות אמתא. אדליא הוה צליב בתלת אמין והוה רחיק מן ארידתא פלגות אמתא. ארידתא הוה צליב בתלת אמין והוה רחיק מן פרמשתא פלגות אמתא. פרמשתא הוה צליב בתלת אמין והוה רחיק מן אריסי פלגות אמתא. אריסי הוה צליב בתלת אמין והוה רחיק מן ארידי פלגות אמתא. ארידי הוה צליב בתלת אמין והוה רחיק מן ויזתא פלגות אמתא. ויזתא הוה צליב בתלת אמין והוה רחיק מן המן פלגות אמתא. המן הוה צליב בתלת אמין והוה רחיק על רישיה תלת אמין בגין דלא ייכול מגיה עופא וזרש ערקת עם שבעין בנין דאשתארו להמן דהוו הדרין על תרעיא ומתפרנסין ושמשי ספרא אתקטיל בסייפא ומאה ותמניא מיתו עם חמש מאה גוברין דאתקטילו בשושן דהוו אתמנן על אשקקי מלכא: טו ואתכנשו יהודאין די בשושן אוף ביומא ארבע עסר לירח אדר וקטלו בשוש

שפתי חכמים

למלך והלא כל הפסוק כיום הם למלך. נ"ל דה"פ אותם בשם ממונים לעשות צרכי המלך כלומר אשר למלך שב על המלאכה לא על עושי

רש"י

המלך: (י) **עשרת בני המן.** ראיתי בסדר עולם אלו י' שכתבו שטנה על יהודה וירושלי' כמש"כ בספר עזרא (עזרא ד) ובמלכות אחשורוש בתחלת מלכותו כתבו שטנה על יושבי יהודה וירושלים. ומה היא השטנה לבטל העולים מן הגולה בימי כורש שהתחילו לבנות את הבית והלשינו עליהם הכותי' והחדילום וכשמת כורש ומלך אחשורוש והתנשא המן דאג שלא יעסקו אותן שבירושלים בבנין ושלחו בשם אחשורוש לשרי עבר הנהר לבטלן: **ובבזה לא שלחו את ידם.** שלא יתן המלך עין צרה בממון: (יג) **ואת עשרת בני המן יתלו על העץ.** אותן שנהרגו: (יד) **ותנתן דת.**

אבן עזרא

על טעם הרידתא וכן פורתא והם השמהים ללא דבר כי אלה השמות הם פרסיים לא עבריים: (י) ובבזה לא שלחו. שם מפעלי הכפל על משקל רבה גם זאת עלה טובה שהיתה הבזה להוראות המלך לרצותו: (יב) בשושן הבירה הרגו היהודים. הם אנשי מרדכי הם היהודים אשר בשושן הרגו אויביהם בשושן על כן אמר הכתוב ליהודים אשר בשושן ותנתן דת בשושן ויקהלו היהודי' אשר בשושן ולא הזכיר הביר' (טו) וטעם ויקהלו. שהיו מפוזרים במסלות:

קיצור אלשיך

להראות למלך כי לא מחמת ממונם להתעשר הרגו אותם. רק לא יוכלו נשוא שנאתם הגדולה.

(יא) **בא** מספר ההרוגים לפני המלך. להראותו מה רבו צורריהם. וע"כ נתן המלך רשות לבני שושן

10. The ten sons of Haman the son of Hammedatha, the adversary of the Jews, they slew, but on the spoil they did not lay their hands. 11. On that day, the number of those slain in Shushan the capital came before the king. 12. And the king said to Queen Esther, "In Shushan the capital the Jews slew and destroyed five hundred men, and the ten sons of Haman; in the rest of the king's provinces what have they done! Now what is your petition, and it shall be granted you, and what is your request, and it shall be done." 13. And Esther said, "If it please the king, let tomorrow too be granted to the Jews to do as today's decree, and let them hang Haman's ten sons on the gallows." 14. Now the king ordered that it be done so, and a decree was given in Shushan, and they hanged Haman's ten sons. 15. Now the Jews who were

10. **The ten sons of Haman**—*I saw in Seder Olam* (ch. 29): *These are the ten who wrote a* [false] *accusation against Judea and Jerusalem, as it is written in the Book of Ezra (4:6): "And in the reign of Ahasuerus, in the beginning of his reign, they wrote an accusation against the dwellers of Judea and Jerusalem." Now what was the accusation? To stop those who ascended from the exile during the days of Cyrus, who had commenced to build the Temple, and the Cutheans slandered them and stopped them, and when Cyrus died, and Ahasuerus reigned, and Haman was promoted, he feared that those in Jerusalem would engage in the construction, and they sent in the name of Ahasuerus to the princes of the other side of the river to stop them.*—[*Rashi*]

but on the spoil they did not lay their hands—*so that the king should not cast an envious eye on their money.*—[*Rashi*]

12. **In Shushan the capital the Jews slew and destroyed**—These were Mordecai's followers [who resided in the palace area], but the Jews who resided in the city of Shushan, [outside the palace area, where most of the Jews resided] slew their enemies in the city. This distinction is evidenced by the absence of the word הַבִּירָה, *the capital*, in verses 14 and 15.—[*Ibn Ezra*]

in the rest of the king's provinces what have they done!—They surely slew many more, but nevertheless, what is your petition and it shall be granted you. This is what Solomon said (Prov. 21:1): "A king's heart is like rivulets of water in the hand of God; wherever He wishes, He directs it." Just as water turns hither and thither, so does the Holy One, blessed be He, turn the hearts of the kings to His will, may His mention be blessed!—[*Midrash Lekach Tov*]

בשושן גם ביום ארבעה עשר לחדש אדר ויהרגו
בשושן שלש מאות איש ובבזה לא שלחו את־ידם:
טז ושאר היהודים אשר במדינות המלך נקהלו
ועמד על־נפשם ונוח מאיביהם והרוג בשנאיהם
חמשה ושבעים אלף ובבזה לא שלחו את־ידם:
יז ביום־שלושה עשר לחדש אדר ונוח בארבעה
עשר בו ועשה אתו יום משתה ושמחה:
יח והיהודיים יתיר י׳ אשר־בשושן נקהלו בשלושה
עשר בו ובארבעה עשר בו ונוח בחמשה עשר בו
ועשה אתו יום משתה ושמחה: יט על־כן היהודים
הפרוזים הפרזים קרי הישבים בערי הפרזות עשים
את יום ארבעה עשר לחדש אדר שמחה ומשתה
ויום טוב ומשלח מנות איש לרעהו: כ ויכתב
מרדכי את־הדברים האלה וישלח ספרים אל־כל־
היהודים אשר בכל־מדינות המלך אחשורוש
הקרובים והרחוקים: כא לקים עליהם להיות
עשים את יום ארבעה עשר לחדש אדר ואת יום־

רמ״א יום משתה ושמחה. פסחים סח: על כן היהודים הפרוזים. מגילה ב יט: שמחה ומשתה ויום טוב. מגילה ה: ומשלח מנות איש לרעהו. מגילה ז: להיות עשים את יום ארבעה עשר. מגילה ב

תלת מאה גוברין מדבית עמלק ובעדאה לא אושיטו ית ידיהון: טז ושאר יהודאין די בפלכי דמלכא אתכנשו וקימו ית נפשיהון ואשכחו ניחא מבעלי דבביהון וקטלו בסנאיהון שבעין וחמשא אלפין מדבית עמלק ובעדאה לא אושיטו ית ידיהון: יז ביום תלת עסרי לירח אדר הוה קטול בזרעית דעמלק וניחא הוה לישראל בארבע עשר ביה ומעבד יהיה יום משתיא וחדוא: יח ויהודאין די בשושן אתכנשו לשיצאה ית בנוי דעמלק בתלת עשר ביה ובארבע עשר ביה ונחו בחמשא עשר ביה ומעבד יהיה יום משתיא וחדוא: יט בגין כן יהודאין פציחאי דיתבין בקרוי פציחיא עבדין ית יום ארבע עשר לירח אדר חדוא ומשקיא ויומא טבא ומשדרין דורון גבר לחבריה: כ וכתב מרדכי ית פתגמיא האלין ושדר פטקין לות כל יהודאין די בכל פלכי דמלכא אחשורוש דקריבין ודרחיקין: כא לקיימא גזירת דינא עליהון למהוי עבדין

רש״י

נגזר חוק מאת המלך: (יט) הפרזים. שאינם יושבים בערי חומה בארבעה עשר ומוקפין חומ׳ בט״ו כשושן והיקף ר זה צריך שיהיה מימות יהושע בן נון כך דרשו ולמדו רבותינו: ומשלח. שם דבר כמו משמר משמע לפיכך

שפתי חכמים

המלאכה: ר פי׳ מדקאמר פרזים בי״ד ש״מ מוקפין אינם בי״ד ומדלא כמו לך הכתוב אימה היא והשכחן שושן שעשו בט״ו משתברא שאותו היום שייך למוקפים וזהו שאמר כשושן וכדי שלא תבין שמה שכתב השי״ן נקודה רפי: (כ) ויכתב מרדכי. היא המגילה הזאת

אבן עזרא

(טז) ועמוד על נפשם ונוח מאויביהם והרוג. שמות הפעלים: (יט) הפרזים. כמו הדלו פרזון: ומשלוח. שם התואר מבנין הכבד הנוסף בעבור תוספת המ״ם ומנהגו הנני משליח בך: מנות. חלקים כמו מנה אחת אפים: (כ) ויכתוב מרדכי.

קיצור אלשיך

שושן להרוג צורריהם גם מחר. שייראו מהיום והלאה לעשות רע להיהודים:

(טז) ושאר היהודים וגו׳. לכאורה קשה כי נראה מהמשך המקרא שהנוח מאויביהם היה קודם שהרגו בשונאיהם. ובאמת נהפוך הוא יום ההריגה היה בי״ג והמנוחה היה בי״ד. ואפשר לומר דהמקרא אומר בתחלה בדרך כלל ואחר כך מפרש בדרך פרט. בתחלה אומר נקהלו ועמוד על נפשם ונוח מאויביהם. זהו הכלל. ואח״כ מפרש מה עשו בעת אשר נקהלו ועמוד על נפשם והרגו בשונאיהם ע״ה אלף. ומתי היה ההריגה ביום י״ג לחודש אדר. ומה שאמר מקודם ונוח מאויביהם. מתי היתה המנוחה מפרש במקרא שלאחריו ונוח בי״ד בו:

(כא) לקיים עליהם וגו׳. הנה מרדכי מחלק בין הפרזים והמוקפים שהפרזים יעשו פורים בי״ד והמוקפים עושים פורים בט״ו. כי הגזרה של המן שהיה להשמיד ולהרוג את כל היהודים ביום אחד. בודאי לא היתה מוגבלת לאמר שאין להם רשות להרוג רק ביום י״ג ואם יותרו יהודים אשר לא יהרגו ביום י״ג יהיו לפלטה. כי מחשבת המן היה להכחידם מגוי עד שלא יזכר שם ישראל עוד. ובודאי היה כונתו שביום י״ג יתחילו להשמידם בכל מדינות המלך. ואם יתראה אח״כ יהודי אשר יסתר ביום י״ג יהרגוהו גם אח״כ. וכן אם עיר אחת ישגבו בה היהודים ביום י״ג ולא יוכלו להאבידם בו ביום והיה הפקודה שיהרגום אח״כ עפ״ז אחר שבאו האגרות האחרונות אשר כתוב בם שיש רשות ליהודים להרוג את צורריהם ביום י״ג. והרשות הזה היה נגבל רק על יום י״ג. כי לא היה הפקודה שישמידו את כל האומות. וממילא כשהגיע יום י״ד היו היהודים בסכנה גדולה כי אחר שהפקודה הראשונה של המן לא נתבטלה ובה ניתן הרשות להרוג את היהודים גם אחר יום י״ג. ואם היו האויבים קמים עליהם להרגם. לא היו השרים יכולים להם להצילם וליתן להם תוקף ללחום באויביהם. כי התוקף שלהם נשלם ביום י״ד ומעתה פקודת המלך מצוה רק שאויבי היהודים ישלטו בם. לא המה בשונאיהם. ורק אחר שעבר יום י״ד וראו היהודים כי השרים העלימו הפקודה הראשונה לגמרי. ואויביהם לא הרימו יד. אז נודע

in Shushan assembled on the fourteenth day of Adar as well, and
they slew in Shushan three hundred men, but upon the spoils they
did not lay their hands. 16. And the rest of the Jews who were in
the king's provinces assembled and protected themselves and had
rest from their enemies and slew their foes, seventy-five thousand,
but upon the spoil they did not lay their hands 17. on the thirteenth
of the month of Adar, and they rested on the fourteenth thereof,
and made it a day of feasting and joy. 18. And the Jews who were
in Shushan assembled on the thirteenth thereof and on the
fourteenth thereof, and rested on the fifteenth thereof, and made it
a day of feasting and joy. 19. Therefore, the Jewish villagers, who
live in open towns, make the fourteenth day of the month of Adar
[a day of] joy and feasting and a festive day, and of sending
portions to one another. 20. And Mordecai inscribed these things
and sent letters to all the Jews who were in all the provinces of
King Ahasuerus, both near and far, 21. to enjoin them to make the
fourteenth day of the month of Adar and the

13. **and let them hang Haman's ten sons on the gallows**—*those who were slain.*—[*Rashi*] *Megillath Setharim* explains that Esther requested another day for the inhabitants of Shushan because Shushan possessed sanctity, being the seat of the Sanhedrin. Mordecai had previously been endowed with the spirit of prophecy, but when the decree to annihilate the Jews was issued, the spirit of prophecy left him, and the sanctity could not resume until the spirit of impurity would be totally eliminated. When Esther perceived that the Shechinah had not yet rested upon Mordecai, she realized that the impurity had not yet been eradicated. She hoped to eradicate it by having Haman's sons hanged.

14. **and a decree was given**—*a statute was decreed.*—[*Rashi*]

15. **three hundred men**—According to the *Targum*, these too were Amalekite dignitaries.

16. **seventy-five thousand**—These were Amalekite civilians.—[*Targum*] [No doubt, Esther seized this opportunity to "erase the remembrance of Amalek," to rectify Saul's failure to do so when he spared Agag.]

19. **the...villagers**—*who do not dwell in walled cities,* [celebrate] *on the fourteenth, and those who dwell in walled cities* [celebrate] *on the fifteenth, like Shushan, and* [these cities] *must be surrounded* [by walls] *since the days of Joshua the son of Nun. So did our Sages expound and learn.*—[*Rashi* from *Meg.* 2b]

חֲמִשָּׁה עָשָׂר בּוֹ בְּכָל־שָׁנָה וְשָׁנָה׃ כב כַּיָּמִים אֲשֶׁר־
נָחוּ בָהֶם הַיְּהוּדִים מֵאֹיְבֵיהֶם וְהַחֹדֶשׁ אֲשֶׁר נֶהְפַּךְ
לָהֶם מִיָּגוֹן לְשִׂמְחָה וּמֵאֵבֶל לְיוֹם טוֹב לַעֲשׂוֹת אוֹתָם
יְמֵי מִשְׁתֶּה וְשִׂמְחָה וּמִשְׁלֹחַ מָנוֹת אִישׁ לְרֵעֵהוּ
וּמַתָּנוֹת לָאֶבְיֹנִים׃ כג וְקִבֵּל הַיְּהוּדִים אֵת אֲשֶׁר־הֵחֵלּוּ
לַעֲשׂוֹת וְאֵת אֲשֶׁר־כָּתַב מָרְדֳּכַי אֲלֵיהֶם׃ כד כִּי הָמָן
בֶּן־הַמְּדָתָא הָאֲגָגִי צֹרֵר כָּל־הַיְּהוּדִים חָשַׁב עַל־
הַיְּהוּדִים לְאַבְּדָם וְהִפִּל פּוּר הוּא הַגּוֹרָל לְהֻמָּם

תו"א כימים אשר נחו בהם היהודים. בב: לעשות אותם ימי משתה ושמחה. שם דף ה: וקבל היהודים זוהר פ' כי תשא:

תרגום

יַת יוֹם אַרְבַּע עֲשַׂר לְיֶרַח אֲדָר וְיַת חַמְשָׁא עֲשַׂר בֵּיהּ בְּכָל שַׁתָּא וְשַׁתָּא׃ כב כִּזְמַן יוֹמַיָּא דִי נָחוּ בְהוֹן יְהוּדָאִין מִבַּעֲלֵי דְבָבֵיהוֹן וּבְיַרְחָא דִי אִתְהַפַּךְ לְהוֹן מִדְוָנָא לְחֶדְוָא וּמֵאֶבְלָא לְיוֹמָא טָבָא לְמֶעְבַּד יַתְהוֹן יוֹם מִשְׁתַּיָּא וְחֶדְוָא וּלְשַׁדָּרָא דוֹרוֹן אֱנָשׁ לְחַבְרֵיהּ וּמָעֲהָא דִצְדָקְתָא מַתְּנָן דַּחֲשִׁיכֵי׃ כג וְקַבִּילוּ עֲלֵיהוֹן כּוּלְהוֹן יְהוּדָאִין כַּחֲדָא יַת דִּי שָׁרִיאוּ לְמֶעְבַּד וְיַת דִּי גְזַר כְּתַב מָרְדְּכַי בְּגִינְהוֹן׃

כד אֲרוּם הָמָן בַּר הַמְּדָתָא דְמִן יְחוּס דַּאֲגַג מְעִיק כָּל יְהוּדָאִין חֲשִׁיב עַל יְהוּדָאִין לְהוֹבָדוּתְהוֹן

אבן עזרא

לבדו לקיים בשנה הבאה וככה כל השנים שמחת ימי הפורים: (כב) וטעם כימים אשר נחו בהם היהודים. בעבור שחשבון שנותינו יוחשב בסוף המחזור בשנת החמה רק חדשינו הם אחר הלבנ' והנה פירוש כימים שיהיו הימים קרובים באורך לימים הראשונים שהיו בהם הפורים וזה יתכן לנו תוספת אדר שני על כן הוצרך הכתוב לו' והחדש אשר נהפך להם ולעולם יהי' בחדש הסמוך לניסן בשנה פשוט' או מעוברת ומפרשי' אמרו כי טעם והחדש על אדר שני ואחרים אמרו כי כימים יום ארבע' עשר וחמש' עשר ואם כן היה ראוי שיאמר ובחדש ולא והחדש: (כג) וקבל. כמו לשון ארמית ובא לשון יחיד שכל אחד ואחד קבל כמו בנות צעד' או שתחסר מלת כל והראשון הוא הנכון ומדקדק אמר כי וקבל שב למרדכי והוא יוצא לשנים פעולים א"כ מה טעם את אשר החלו לעשות רק הוא שקבלו אשר עשו בתחל' כי עשו בשנ' הבאה פורים: ואת אשר כתב מרדכי. לעשות כן בכל שנה ושנה: (כד) כי המן בן המדתא. הטעם דין הוא שיקבלו זה כי לולי זאת התשוע' נמח' שמם ושם זרעם ויזכרו אותה בכל שנה להודות השם אשר לו נתכנו עלילות: דגשות מ"ם להמם. לחסרון מ"ם הכפל:

רש"י

כמות שהיא: (כד) כי המן בן המדתא. חשב להומם

קיצור אלשיך

עיקר הנס. מעתה אחר שעשו הפורים ביום שנחו מאויביהם הנה כל המוקפים לא נחו עד יום ט"ו. ולכן צוה שיעשו פורים ביום ט"ו. אבל הפרזי' ששם לא היו השרים ולא נמצאו כלל. והם בעצמם גברה ידם על שונאיהם היה נודע להם שעבר הסכנה מהם תיכף ביום י"ד. כי אחר שהתגברו בי"ג לא היו מפחדים עוד. ולכן תקן להם הפורים ביום י"ד:

(כב) **והחדש** אשר נהפך וגו' ומתנות לאביונים. הרלב"ג כתב שמרדכי תקן להם לישראל שיתנו בפורים מתנות לאביונים. דאיתא במדרש שאליהו הנביא בא אצל משה רבינו וספר לו הגזרת המן ובקש ממנו שיתפלל להקב"ה לבטל הגזרה. ומשה אמר לו אם יש איזה צדיק בעולם שישתתף עמו בתפלה. ואמר לו אליהו יש צדיק אחד ומרדכי שמו. ואמר משה לאליהו שיאמר למרדכי שיתפלל. ובאותה עת שמרדכי יתפלל גם הוא יתפלל. וע"י תפלת שניהם היתה הגאולה. ע"כ תקן מרדכי שבכל שנה בפורים יתנו צדקה ומתנות לאביונים עבור נשמת משה:

(כג) **וקבל** היהודים את אשר החלו לעשות וגו'. ולמעלה פ' (י"ט כ') נא' על כן היהודים הפרזים וגו' ויכתוב מרדכי וגו'. כמה וכמה יש לדקדק באלו הפסוקים. תחלה אמר על כן היהודים הפרזים עושים. ואחר כך ויכתוב מרדכי. למה מקדים העשיה למצות מרדכי. ותחלה כתב יום ארבעה עשר לחדש ואח"כ כתב י"ד וט"ו. והתחלה כתב משלוח מנות איש לרעהו. ואח"כ הוסיף מתנות לאביונים. ועוד כמה דקדוקים. ולחבר אלו הפסוקים על נכון נאמר כי המן כתב בגזרותיו להרוג את כל היהודים ושללם לבוז. וכונתו היה למהר האומות לבא על ישראל להרגם. למהר שלל חיש בז וכל אחד מן האומות יהי' זריז ונשכר קופץ והורג כדי לזכות באותו השלל. והנה גזרה זו היתה על העשירים יותר מן העניים. כי מי שהוא יותר עשיר בודאי היה נהרג תחלה כי היו כמה קופצים על ממונו. וכל מי שהיה יותר עני ואין בידו מאומה לא היה מפחד כל כך. והנה כי כן יהיה פירוש הפסוקים כאשר נתבטלה הגזרה היו היהודים בכל מקומות מושבותם עושים את יום ארבעה עשר לחדש אדר יום משתה ושמחה ומשלוח מנות איש לרעהו. כל זה עשו מעצמם. טרם כתב מרדכי עליהם כי לב כולם היה שוה לדבר זה להיות שמח ביום זה ולשלוח מנות איש לרעהו. דהיינו עשיר לעשיר חברו ועני לעני חברו. אף שלא היה העני כל כך שמח כמו העשיר. כי כל אחד שמח לפי ערכו. והיו סוברים כי כן נכון לעשות. כי גם הגזרה היתה על העשירים יותר מן העניים. ולא היו אומרים לשלוח מתנות לאביונים כדי שישמחו גם הם בשמחה גדולה כמו העשירים לזה לא נשא לבם. וגם לא ידעו מן יום חמשה עשר כי הרחוקים לא ידעו עדיין מה שנעשה בשושן הבירה. אך מרדכי כתב אליהם כי לא כן הוא כאשר דמו כי מחשבות המן היה לאבד כל היהודים העניים עם העשירים עד שלא יזכר שם ישראל עוד. א"כ כשנתבטלה הגזרה יתחייבו לשמוח העניים בשמחה רבה כמו העשירים. וא"כ אם יאכלו וישתו כל אחד כפי ערכו לא יהיו העניים והאביונים בשמחה כמו העשירים. על כן כתב מרדכי אליהם שישלחו מתנות גם להאביונים שגם המה ישמחו במאכלי העשירים. וז"ש הפסוק על כן היהודים הפרזים עושים וגו' ר"ל הם מעצמם עשו דבר זה בלי כתיבת מרדכי ואח"כ אמר ויכתוב מרדכי וגו' להיות עושים וגו' עד ומתנות לאביונים. ואח"כ אמר הכתוב קבלו היהודים את אשר החלו [מעצמם] לעשות כן יעשו לעולם. וגם לעשות את אשר כתב מרדכי אליהם. שהמוקפים יעשו את יום חמשה עשר. ויתנו מתנות לאביונים ומפ"ש הפסוק הטעם כי המן היה צורר כל היהודים בין עשירים בין עניים. את כולם חשב לאבדם. וא"כ כשנתבטלה הגזרה ראוי ששמחת כולם יהיה שוה בערך אחד •ואיך יהיה זה כשהעשירים יתנו מתנות לאביונים:

ילאבדם

fifteenth day thereof, every year, 22. as the days when the Jews
rested from their enemies, and the month that was reversed for
them from grief to joy and from mourning to a festive day—to
make them days of feasting and joy, and sending portions one to
another, and gifts to the poor. 23. And the Jews took upon
themselves what they had commenced to do and what Mordecai
had written to them. 24. For Haman the son of Hammedatha the
Agagite, the adversary of all the Jews, had devised to destroy the
Jews, and he cast the *pur*—that is the lot—to terrify them

joy and feasting—Note that in the preceding verse, the order is "feasting and joy." *Yosef Lekah* explains that at the time of the deliverance, the people were spontaneously instilled with joy, and to celebrate that joy, they engaged in feasting. In later generations, however, they celebrate the past deliverance with feasting, which, in turn, generates joy. Therefore, the sequence of the words in the preceding verse, which tells of the institution of future celebrations, is "feasting and joy." The sequence in this verse, which describes the time of deliverance, is "joy and feasting."

and...sending—Heb. וּמִשְׁלֹחַ. *This is a noun, like* מִשְׁמָר, *watch*, מִשְׁמָע, *hearing. Therefore, the "shin" is vowelized soft* (without a דָּגֵשׁ).—[*Rashi*] [When the letter following the "mem" is punctuated with a דָּגֵשׁ, it means that the "mem" takes the place of the word מִן—*from*. Since וּמִשְׁלֹחַ is not punctuated in that manner, we know that the "mem" is part of the noun.]

and of sending portions one to another—Based on this verse, the Rabbis require each one to send at least two portions of ready-to-eat food to one person.—[*Meg. 7a*]

Manoth Halevi rationalizes this practice of sending portions of food to one another. This was to promote friendship and brotherly love. Since their salvation was due to their uniting in their towns to protect themselves against their enemies, it is fitting that they should promote unity and friendship every year in commemoration of this event. *Responsa Terumath Hadeshen* explains that food should be sent so that everyone be assured of having enough food for his Purim feast.

20. **And Mordecai inscribed**—*this scroll, as it is.* [i.e., in its present state.]—[*Rashi*]

22. **and gifts to the poor**—at least two gifts to two poor people, one gift to each.—[*Meg.* 7a]

24. **For Haman the son of Hammedatha, the Agagite**—*devised to terrify them and destroy them.*—[*Rashi*]

וּלְאַבְּדָם׃ כה וּבְבֹאָהּ לִפְנֵי הַמֶּלֶךְ אָמַר עִם־הַסֵּפֶר
יָשׁוּב מַחֲשַׁבְתּוֹ הָרָעָה אֲשֶׁר־חָשַׁב עַל־הַיְּהוּדִים
עַל־רֹאשׁוֹ וְתָלוּ אֹתוֹ וְאֶת־בָּנָיו עַל־הָעֵץ׃ כו עַל־כֵּן
קָרְאוּ לַיָּמִים הָאֵלֶּה פוּרִים עַל־שֵׁם הַפּוּר עַל־כֵּן עַל־
כָּל־דִּבְרֵי הָאִגֶּרֶת הַזֹּאת וּמָה־רָאוּ עַל־כָּכָה וּמָה
הִגִּיעַ אֲלֵיהֶם׃ כז קִיְּמוּ וְקִבְּלֻ הַיְּהוּדִים עֲלֵיהֶם
וְעַל־זַרְעָם וְעַל כָּל־הַנִּלְוִים עֲלֵיהֶם וְלֹא יַעֲבוֹר
לִהְיוֹת עֹשִׂים אֶת־שְׁנֵי הַיָּמִים הָאֵלֶּה כִּכְתָבָם וְכִזְמַנָּם
בְּכָל־שָׁנָה וְשָׁנָה׃ כח וְהַיָּמִים הָאֵלֶּה נִזְכָּרִים וְנַעֲשִׂים
בְּכָל־דּוֹר וָדוֹר מִשְׁפָּחָה וּמִשְׁפָּחָה מְדִינָה וּמְדִינָה
וְעִיר וָעִיר וִימֵי הַפּוּרִים הָאֵלֶּה לֹא יַעַבְרוּ מִתּוֹךְ
הַיְּהוּדִים וְזִכְרָם לֹא־יָסוּף מִזַּרְעָם׃ ס כט וַתִּכְתֹּב
אֶסְתֵּר הַמַּלְכָּה בַת־אֲבִיחַיִל וּמָרְדֳּכַי הַיְּהוּדִי אֶת־
כָּל־תֹּקֶף לְקַיֵּם אֵת אִגֶּרֶת הַפֻּרִים הַזֹּאת הַשֵּׁנִית׃

תו"א ותלו אותו ואת בניו על העץ. מגילה יט: ומה ראו על ככה ומה הגיע. שם: קימו וקבלו היהודים. שבת פח מגילה ז מכות כג שבועות לט: ולא יעבור. מגילה ב': להיות עושים את שני הימים האלה. שם יז: בכל שנה ושנה. שם דף ד ודף ז: והימים האלה. מגילה יז יח כ: משפחה ומשפחה מדינה ומדינה ועיר ועיר. שם ב ג: וימי הפורים האלה לא יעברו. עקידה שער סט: וזכרם לא יסוף מזרעם. שם ז: ותכתב אסתר המלכה

תרגום

צבע פיסא איהו הוא עדבא לשגושיהון ולהובדיהון: כה וכד עלת אסתר קדם מלכא אמר לה מלכא יתוב זמיוניה בישא דחשיב למעבד למרדכי וליהודאין על רישיה ויצלבון יתיה וית בנוי על קיסא: כו בגין כן קרו ליומיא האלין פוריא על שום פיסא בגין כן נטרין ליה זמן שתא בשתא בגין כן דיפרסמון יומי ניסא ופתגמי מגלתא הדא לאשתמעא לכל עמא בית ישראל למהוייהון ידעין מה חזו למקבע יומי פוריא האלין בגין כן דאתעביד בהון ניסא למרדכי ואסתר ויִדעון פורקנא דמטת להון: כז קימו וקבילו יהודאין קימא עלויהון ועלוי בניהון ועלוי כל דיירי דמתוספין עליהון ולא יעבר קימא די יהון עבדין ית תרין יומיא האלין למקרי ית מגלתא כמכתב רושם עבראי בבית כנישתהון בחד עסר ותרי עסר ותלת עסר וארבע עסר ובחמשא עסר בגו פציחיא ולחיתא דפלכיא בקרויא כפום זמניהון: כח ויומיא האלין אתחיבו למהוי להון דכרנא ולאתעבדא בהון משתיא בכל דרא ודרא יחוסא דכהני וליואי ויחוסא דכל בית ישראל דשרין בכל פלכא ופלכא ודיירין בכל קרתא וקרתא ויומי פוריא האלין לא יעברון מגו יהודאין ודכרנהון לא ישתיצי מבניהון: כט וכתבת אסתר מלכתא בת אביחיל ומרדכי היהודי ית כל מגלתא

רש"י

ולאבדם: (כה) ובבאה. אסתר אל המלך להתחנן לו: אמר עם הספר. אמר המלך בפיו וצוה לכתוב ספרים שתשוב מחשבתו הרעה בראשו: (כו) על כן על כל דברי האגרת הזאת. נקבעו הימים האלה ולכך נכתבה לדעת דורות הבאים: ומה ראו. עושי המעשים האלה כשעשאום: ומה הגיע אליהם. מה ראה אחשורוש שנשתמש בכלי הקודש ומה הגיע אליהם שבא שטן ורקד ביניהם והרג את ושתי. מה ראה המן שנתקנא במרדכי ומה הגיע אליו שתלו אותו ואת בניו. מה ראה מרדכי שלא יכרע ולא ישתחוה ומה ראתה אסתר שזימנה להמן: (כז) הנלוים עלידם. גרים העתידים להתגייר: ככתבם. שתהא המגילה כתובה כתב אשורית: (כח) נזכרים. בקריאת מגילה: ונעשים. משתה ושמחה ויום טוב לתת מנות ומתנות: משפחה ומשפחה. מתאספין יחד ואוכלים ושותי' יחד וכך קבלו עליהם שימי הפורים לא יעברו: וזכרם. קריאת מגילה: לא יסוף. תרגום של ש יתום דמתרגם עד תום עד דסף וא"א לומר להיות מגזרת (בראשית יט טו) פן תספה ומגזרת (שמואל א כז א) עתה אספה יום אחד שאם כן היה לו לכתוב לא יספה מזרעם: (כט) את כל תקף. תוקפו של ת נס של אחשורוש ושל המן ושל מרדכי ושל אסתר: השנית. לשנה השנייה הזרו

שפתי חכמים

כשושן קאי ג"כ אמוקפין חומה דהיינו שהיו מוקפין חומה מימות אחשורוש כשושן לכ"ע והיקף זה צריך שיהיה מימות יהושע בן נון כך דרשו ולמדו רז"ל בג"ם בפ"ק דמגילה ע"ש: ש וקשה הרי תרגומו לא ישתיצי ופעולת הוא ברש"י וס"ג לא יסוף תרגום יתום עד דסף ודברי רש"י הוא שמפרש לא יסוף לא יתום וכ"ה בספרים מדוייקים ויותר נראה לגרוס לא יסוף. לא יתום דמתרגם עד תום עד דסף: ת דקשה ליה את תוקף מבעי ליה מאי כל תוקף אלא תוקפו של כולם:

חסלת מגילת אסתר

אבן עזרא

(כה) ובבא' לפני המלך. הטעם כי המן חשב לאבד היהודים וכאשר באה אסתר אל המלך ותבקש על עמה אמר המלך שיכתוב עם הספר ישוב מחשבתו הרעה על כן בטלו הספרים הראשונים פירוש על כן השני: (כו) על כל דברי האגרת הזאת. מגזרת אגרה בקציר מאכלה והטעם מחברת המלים: ומה ראו בעבור שראו הפלאים: ומה הגיע. באמצעות האזנים: (כז) הנלוים. הם הגרים: ולא יעבור. אין רשאי יהודי לעוברו: ככתבם. הטעם שתקרא המגלה בעבור שעזרא הסופר הפסיק הפסוקים ולא היה אחר שנים רבות ציוו חכמינו ז"ל שלא יפסיק הקורא אלא בסוף הפסוק: בכל שנה ושנה. פשוט' או מעוברת והנה עתה הזכיר מה שקיימו היהודים כאשר כתב מרדכי לקיים עליהם: (כח) והטעם והימים האלה נזכרים ונעשים. לעשות כן כל המשפחות וכל המדינות שלא יחשוב אדם כי אינו חייב מי שהוא במקום שלא היה שם יהודי בימי הניסים או במדינה חדשה: יסוף. יכלה כמו יחדיו יסופו והם מהשניים כי תמלא בעלומי הלמ"ד והנה זאת הפרשה הגידה שמרו ישראל זאת המצוה ואח"כ נעשה על כן הוצרך מרדכי שתכתוב אסתר בעבור היותה מלכה: (כט) את כל תוקף. כמו חוזק וכמוהו ואם יתקפו האחד והג' כתבה היא והוא:

וטעם

and destroy them. 25. And when she came before the king, he commanded through letters that his evil device that he had devised against the Jews return upon his own head, and to destroy him and his sons on the gallows. 26. Therefore, they called these days Purim after the name *pur*; therefore, because of all the words of this letter, and what they saw concerning this matter, and what happened to them. 27. The Jews ordained and took upon themselves and upon their seed and upon all those who join them, that it is not to be revoked to make these two days according to their script and according to their appointed time, every year. 28. And these days shall be remembered and celebrated throughout every generation, in every family, every province, and every city, and these days of Purim shall not be revoked from amidst the Jews, and their memory shall not cease from their seed. 29. Now, Queen Esther, the daughter of Abihail, and Mordecai the Jew wrote down all [the acts of] power, to confirm the second Purim letter.

25. **And when she came**—[when] *Esther* [came] *to the king to beseech him.*—[*Rashi*]

he commanded through letters—*The king stated orally and commanded to write letters that his evil device return upon his own head.*—[*Rashi*]

26. **therefore, because of all the words of this letter**—*these days were established, and therefore it was written for future generations to know.*—[*Rashi*]

and what they saw—*those who did these deeds, that they did them.*—[*Rashi*]

and what happened to them—*What did Ahasuerus see that he used the sacred vessels, and what happened to them? That Satan came and danced among them and slew Vashti. And what did Haman see that he became envious of Mordecai, and what happened to him? That they hanged him and his sons. And what did Mordecai see that he did not kneel or prostrate himself, and what did Esther see that she invited Haman?*—[*Rashi*]

27. **who join them**—*proselytes who were destined to convert.*—[*Rashi*]

according to their script—*that the Scroll* [of Esther] *should be written in the Ashuri script.*—[*Rashi*]

28. **remembered**—*with the reading of the Scroll* [of Esther].—[*Rashi*]

and celebrated—*banquet and rejoicing and a festive day, to give portions [to friends] and gifts [to the poor].*—[*Rashi*]

every family—*gather together and feast and drink together, and so they took upon themselves that the*

ל וַיִּשְׁלַח סְפָרִים אֶל־כָּל־הַיְּהוּדִים אֶל־שֶׁבַע וְעֶשְׂרִים
וּמֵאָה מְדִינָה מַלְכוּת אֲחַשְׁוֵרוֹשׁ דִּבְרֵי שָׁלוֹם וֶאֱמֶת׃
לא לְקַיֵּם אֶת־יְמֵי הַפֻּרִים הָאֵלֶּה בִּזְמַנֵּיהֶם כַּאֲשֶׁר
קִיַּם עֲלֵיהֶם מָרְדֳּכַי הַיְּהוּדִי וְאֶסְתֵּר הַמַּלְכָּה וְכַאֲשֶׁר
קִיְּמוּ עַל־נַפְשָׁם וְעַל־זַרְעָם דִּבְרֵי הַצֹּמוֹת וְזַעֲקָתָם׃
לב וּמַאֲמַר אֶסְתֵּר קִיַּם דִּבְרֵי הַפֻּרִים הָאֵלֶּה וְנִכְתָּב
בַּסֵּפֶר׃ ס י א וַיָּשֶׂם הַמֶּלֶךְ אֲחַשְׁרֵשׁ | אחשורוש קרי
מַס עַל־הָאָרֶץ וְאִיֵּי הַיָּם׃ ב וְכָל־מַעֲשֵׂה תָקְפּוֹ
וּגְבוּרָתוֹ וּפָרָשַׁת גְּדֻלַּת מָרְדֳּכַי אֲשֶׁר גִּדְּלוֹ הַמֶּלֶךְ
הֲלוֹא־הֵם כְּתוּבִים עַל־סֵפֶר דִּבְרֵי הַיָּמִים לְמַלְכֵי מָדַי
וּפָרָס׃ ג כִּי | מָרְדֳּכַי הַיְּהוּדִי מִשְׁנֶה לַמֶּלֶךְ אֲחַשְׁוֵרוֹשׁ
וְגָדוֹל לַיְּהוּדִים וְרָצוּי לְרֹב אֶחָיו דֹּרֵשׁ טוֹב לְעַמּוֹ
וְדֹבֵר שָׁלוֹם לְכָל־זַרְעוֹ׃ חזק

תו"א וגר ומרדכי: שם יט: לקיים את אגרת הפורים הזאת השנית. מגילה שם: דברי שלום ואמת. שם טז: ומאמר אסתר קים. שם: וישם המלך אחשורוש מס על הארץ. מגילה יא חגיגה ה: על ספר דברי הימים למלכי מדי ופרס. מגילה ו ודף יב: כי מרדכי היהודי. מגילה ט:

סכום פסוקי מגלת אסתר מאה וששים ושבעה וסימן על כן קראו לימים האלה פורים: וסדריו חמשה וסימן גב המזבח ופרקיו עשרה וסימן בא גד והליו ותען אסתר ותאמר:

נשלם מגלת אסתר בעזרת האל יתברך

תרגום

הדא ית תוקפא דנסא לקימא ית אגרתא דפוריא הדא תניינותא: ל ושדר פטקין לות כל יהודאין למאה ועסרין ושבע פילכין מלכות אחשורוש פתגמי שלמא והימנותא: לא לקימא ית יומי פוריא האלין באדר בהראה בזמן עבורא היכמא דקים עליהון מרדכי יהודאי ואסתר מלכתא והיכמא דקימו יהודאי על נפשהון ועל בניהון למהויהון דכירין פתגמי צומיא וצלותהון: לב ועל מימר אסתר אתקימו פתגמי פוריא האלין ועל ידוי דמרדכי אתכתבת מגלתא בפטקא: א ושוי מלכא אחשורוש כרגא על ארעא והפרכי ימא: ב וכל עובדא דתוקפיה וגבורתיה ופירוש רבות מרדכי די רבייה מלכא הלא אנון כתיבין על ספר פתגמי יומיא למלכי מדאי ופרסאי: ג מטול מרדכי יהודאה פתשגר דמלכא אחשורוש גוברא וסבא דיהודאי רב על כל עממיא ומסוף עלמא ועד סופיה אשתמע ליה שמעיה וכל מלכיא דחילו מקמיה וכד מדברין ליה מזדעזעין מניה הוא מרדכי דמי לכוכב נוגהא דמזהר ביני כוכביא ודמי לשפרפרא די נפק בעדן צפרא והוא רבהון דיהודאי ורעי בסגיאותהון דאחוי ותבע טבתא לעמיה וממלל שלמא לכל זרעיתיה:

רש"י

ושלחו ספרים שיעשו פורים: (לב) ומאמר אסתר קים וגו'. אסתר בקשה מאת חכמי הדור לקבעה ולכתוב ספר זה עם שאר הכתובים וזהו ונכתב בספר: (ג) לרוב אחיו. ולא לכל אחיו מלמד שפירשו ממנו מקצת סנהדרין לפי שנעשה קרוב למלכות והיה בטל מתלמודו: לכל זרעו. מוסב על עמו לכל זרע עמו. חסלת מגילת אסתר

אבן עזרא

וטעם השנית. בעבור אגרת מרדכי שכתב בראשונה: (ל) וטעם דברי שלום. שלא יפחדו בעבור שעזבו מצות פורים: וטעם אמת. שהם חייבים לשמור הפורים כאשר קבלו על נפשם והעד על זה הפי' שהוא אמת ומאמר אסתר קיים דברי הפורים והנה לא נתקיים על יד מרדכי לבדו עד שכתבה אסתר וטעם קיימו על נפשם ועל זרעם דברי הצומות על דעת רבים על יום תענית אסתר. והמכחישים אמרו כי על ג' ימים שהתענו בניסן הכתוב מדבר וכל ישראל ראויין להתענו' כן תמיד ולפי דעתי הכמינו ז"ל קבעו התענית יום האחד וטעם דברי הצומות על הנזכרים בספר זכרי' שהן בתמוז ואב ותשרי וטבת והטעם כי קיימו היהודים על נפשם לשמוח בימי הפורים כאשר קיימו על נפשם ועל זרעם להתענות בימי אבלם כאשר הובקע' העיר ונשרף הבית כי הנביא לא ציום שיתענו כאשר אפרש במקומו ואנחנו חייבים שלא נסיג גבול ראשונים: (לא) וטעם זעקתם. להתפלל ולזעוק אל השם בימי התענית: (לב) ומלת האלה. שב אל דברי לא אל הפורים: ונכתב בספר. בפתחו' הבי"ת הוא הידוע בימיהם ואבד הספר כאשר לא מצאנו מדרש עדו וספרי שלמה וספרי דברי הימים למלכי ישראל וספר מלחמות ה' וספר הישר: (א) וישם המלך אחשורוש מס על הארץ. שאיננה תחת מלכותו רק פחדו ממנו וכן על איי הים הרחוקים ממנו והזכיר זה הכתוב להודיע כי הצליח בכל דרכיו ונראתה גבורתו אחר היות מרדכי לו למשנה: (ב) תקפו. כמו את כל תוקף: ופרשת. מגזרת כי לא פורש: המלך. כאחד בחשבון שאין דומה לו והמשנה כמספר שנים והשלישי תחתיו כשלש': (ג) ורצוי לרוב אחיו. כי אין יכולת באדם לרצות הכל בעבור קנאת האחים: דורש טוב לעמו. די לו שיעש' טוב לאשר ידרשנו מעמו והנה הוא היה דורש לעשות טוב: וזרעו. הם בניו ובני בניו ולעולם הבנים יפחדו מאביהם והנה היה דובר שלום בתחלה אפילו לבניו שהם כעבדיו ואף כי לעמו והנה הזכיר הכתוב גודל מעלתו וענותנותו כאשר הזכיר כן על משה אדונינו והאיש משה עניו מאד מכל האדם:

חסלת מגלת אסתר

נשלם מגלת אסתר בעזרת האל יתברך

30. And he sent letters to all the Jews, to one hundred twenty-seven provinces, the realm of Ahasuerus, words of peace and truth, 31. to confirm these days of Purim in their appointed times, as Mordecai the Jew and Esther the queen had enjoined them, and as they had ordained for themselves and for their seed, the matters of the fasts and their cry. 32. Now Esther's order confirmed these matters of Purim, and it was inscribed in the book.

10

1. And King Ahasuerus imposed a tribute on the land and on the isles of the sea. 2. And all the acts of his power and his might and the full account of Mordecai's greatness, how the king advanced him—are they not written in the book of the chronicles of the kings of Media and Persia? 3. For Mordecai the Jew was viceroy to King Ahasuerus, and great among the Jews and accepted by most of his brethren; seeking the good of his people and speaking peace to all their seed.

Purim days would not be revoked.—[*Rashi*]

shall not cease—Heb. לֹא יָסוּף. *This is the Aramaic translation of* יִתַּם, *will end, for the Targum of* (Deut. 2:14) "עַד תֹּם" *is* עַד דְּסַף, *until it finished, and it is impossible to say that it is derived from the same root as (Gen. 19:15): "lest you perish* (תִּסָּפֶה)," *or from the same root as (I Sam. 27:1): "Now I shall perish* (אֶסָּפֶה) *one day," for if that were so, Scripture should have written:* לֹא יִסָּפֶה מִזַּרְעָם.—[*Rashi*]

29. **all [acts of] power**—*the power of the miracle of Ahasuerus, of Haman, of Mordecai, and of Esther.*—[*Rashi* from *Meg.* 19a] The power of the miracle commences from (6:1): "On that night"; the power of Ahasuerus commences from (1:1): "Now it came to pass in the days of Ahasuerus"; the power of Haman commences with (3:1): "After these events, King Ahasuerus promoted Haman, etc."; the power of Mordecai commences with (2:5): "A Judean man." The power of Esther is not mentioned in the Talmud. It probably commences with (2:17): "And the king loved Esther, etc." *Midrash Lekah Tov* interprets this to mean that Esther and Mordecai wrote only the main part of the narrative, but the many incidents that transpired at that time, such as those included in *Aggadoth* in *Midrash Esther,* were not all written. The Talmud derives the ruling that one is obligated to read the entire Megillah from this verse.

the second—*In the second year they again sent letters that they should celebrate Purim.*—[*Rashi*] *Midrash Lekah Tov* states that the

first Purim was observed by the Jews of Shushan, whereas the second Purim was observed everywhere. *Megillath Setharim* writes that the second letter included the commandments of writing and reading the Megillah.

30. **words of peace**—that they should not fear punishment for having neglected the observance of Purim.—[*Ibn Ezra*]

and truth—that they are obligated to observe Purim as they took upon themselves. Since they had not observed the Purim feast as Mordecai had enjoined them in the first letters, it became necessary for Esther to join him in the second letters to enforce this enactment, as in verse 32: "Now Esther's order confirmed these matters of Purim."—[*Ibn Ezra*]

the matters of the fasts—The Jews took upon themselves to rejoice on the Purim days as they had taken upon themselves to fast on their mourning days, when the wall of Jerusalem was breached and when the Temple was burned.—[*Ibn Ezra*]

and their cry—to pray and cry out to God on their fast days.—[*Ibn Ezra*]

32. **Now Esther's order confirmed, etc.**—*Esther requested of the sages of the generation to commemorate her and to write this book with the rest of the Holy Writings, and that is the meaning of "and it was inscribed in the book."*—[*Rashi* from *Meg.* 7a] *Rokeach* explains that Esther's order confirmed all the words of Purim, i.e., all the readings and recitations, viz. the reading of the Megillah, the prayer: עַל הַנִּסִּים, the Torah reading of (Exod. 17:8): "And Amalek came," and other Purim recitations.

10

1. **tribute on the land**—that was not under his realm, but whose inhabitants feared him. He also imposed tribute on the distant isles of the sea. This verse tells us that Ahasuerus prospered and that his might became known after Mordecai became his viceroy.—[*Ibn Ezra*]

3. **and accepted by most of his brethren**—*but not by all his brethren, for part of the Sanhedrin separated from him when he became close to the government and neglected his studies.*—[*Rashi* from *Meg.* 16b] *Ibn Ezra* writes that it is impossible for a person to be accepted by everyone because there will always be someone who is jealous of him. Therefore, even Mordecai was accepted only by most of his brethren, but not by all of them.

to all their seed—Lit. to all his seed. *This refers back to "all his people," to all the seed of his people.*—[*Rashi*] *Ibn Ezra* renders: to all his seed. They are his children and his grandchildren. Although the children are the parents' servants, he treated his children with friendliness and peace; he surely treated the rest of his people likewise. This verse illustrates Mordecai's humility, just as the Torah writes of Moses' humility.

BIBLIOGRAPHY

BIBLIOGRAPHY

I. Background Material

1. Five Scrolls with commentaries, including *Rashi*, *Ibn Ezra*, and abridged edition of *Alshich*.

2. *Talmud Bavli* (Babylonian Talmud). Multi-volume corpus of Jewish law and ethics compiled by Ravina and Rav Ashi, ca. 500 C.E.

3. *Esther Rabbah*. Homiletic explanation of the Book of Esther, believed to be of a later date than the other volumes of *Midrash Rabbah*.

4. *Midrash Abba Gurion*. Early midrash on the Book of Esther, the source of much material found in *Esther Rabbah*. Published by Salomon Buber, 1886, in *Sifrei d'Aggadta*. Reprinted later without place or date.

5. *Midrash Panim Aherim*. See *Midrash Abba Gurion*.

6. *Midrash Lekah Tov*. Talmudic and Midrashic anthology on Pentateuch and Five Scrolls, by Tobias the son of Eliezer, medieval scholar and exegete, believed to have lived in Greece at the end of the eleventh and beginning of the twelfth centuries.

7. *Pirké d'Rabbi Eliezer*. Eighth century Aggadic compilation, attributed to Rabbi Eliezer ben Hyrcanus, early Tannaite of the first generation after the destruction of the Second Temple. Also called *Beraitha d'Rabbi Eliezer*, or *Haggadah d'Rabbi Eliezer*. There is a commentary on this work by *Redal* (R. David Luria, 1798–1855.) New York: Om Publishing Co., 1946.

II. Medieval Commentaries and Source Material

1. *Commentary on the Hagiographa*, Rabbi Isaiah da Trani. Includes Proverbs, Job, Daniel, Ezra, Nehemiah, and the Five Scrolls. Jerusalem: Wertheimer, 1978.

2. *Midreshei Torah*. Commentary on Isaiah, Psalms, and Esther, by Hakkadosh Shelomo Asteruk, obscure Bible scholar of mid-fourteenth century. Berlin: Rabbi Simon Effenstein, 1898.

3. *Commentary on Esther, Song of Songs, and Ruth*, by Rokeach, Rabbi Eleazar of Worms, noted German scholar in fields of halachah and ethics, mid-twelfth century. Bnei Brak: Julius Klugman, 1975.

III. Modern Commentaries

1. *Commentary on Tanach*, by R. Meier Leibush, *Malbim* (1809–1879), leading nineteenth century scholar, who combined ancient tradition with keen insight into nuances of meaning in Hebrew language.

2. *Commentary on Book of Esther*, by Rabbi Elijah Gaon of Vilna (Gra), outstanding scholar in all fields of Torah learning (1720–1797).

3. *Yosef Lekah.* Commentary on Book of Esther by Rabbi Eleazar the son of Elijah Ashkenazi, sixteenth century scholar. Pardes Publishing House, 1951.

4. *Ohr David.* Homiletic exegesis on the Book of Esther by Rabbi David Meisels, nineteenth century scholar. Zalmen Leib Meisels, 1965.

D0910777